社会福祉士養成課程対応

事例中心で学ぶ
相談援助演習

中川 千恵美
峯本 佳世子　編
大野 まどか

（株）みらい

執筆者一覧および分担 (五十音順)　　○は編者

執筆者	所属	分担
石川　久仁子	大阪人間科学大学	第4部4-1、4-3
梅谷　進康	桃山学院大学	第6部6-2
遠藤　洋二	関西福祉科学大学	第3部3-2
○大野　まどか	大阪人間科学大学	第2部2-1～2-5、第3部3-11
岡本　和久	神戸市垂見区福祉事務所	第4部4-2
奥西　栄介	福井県立大学	第6部6-1
木村　容子	日本社会事業大学	第3部3-6
京　俊輔	島根大学	第3部3-10
佐光　健	大阪人間科学大学	第3部3-9
曽田　里美	神戸女子大学	第3部3-8
竹中　麻由美	川崎医療福祉大学	第1部1-3
田中　八州夫	京都市山階地域包括支援センター	第3部3-3
鶴野　隆浩	大阪人間科学大学	第3部3-5
○中川　千恵美	大阪人間科学大学	オリエンテーション、第1部1-1・1-2
野村　裕美	同志社大学	第3部3-4
フォーク阿部まり子	ミシガン大学ヘルス・システム	第5部5-1
古川　隆司	追手門学院大学	第3部3-7
○峯本　佳世子	元甲子園短期大学	第5部5-2、5-3
與那嶺　司	神戸女学院大学	第3部3-1

まえがき

　社会福祉専門職の国家資格は、1987（昭和62）年に「社会福祉士及び介護福祉士法」が制定され、それから20年以上を経た。その間に、さらに少子高齢化が進むとともに社会保障制度の改変、福祉ニーズの増加と複雑化により専門職にも新たな知識、技術が求められるようになってきた。

　そこで2007（平成19）年12月、「社会福祉士及び介護福祉士法」が改正され、それに伴い養成教育内容も見直された。社会福祉士養成において、履修教科の大幅な再編成と、それぞれの教科内容の充実が図られた。とくに顕著な変化は実習及び演習の時間を増加し、実践力を身につけるための相談援助演習の拡充と実習教育とのリンクの強化をめざしている点である。

　このような状況のなか、新カリキュラムに基づいた演習プログラムをより効果的、より具体的に組み立てることに腐心して実践経験、教育経験豊富な方々から知恵と力をいただき本書の刊行に至った。本書は、次ページの「本書の活用にあたって」で詳しく紹介されているように全6部で構成されており、新カリキュラムに対応した教育内容と本書オリジナルの演習となっている。新カリキュラム対応の内容についてはオリエンテーションでもふれているとおり、第1～4・6部で小講義、講義、演習、事例演習の形式にまとめ、また本書オリジナルの内容となる第5部では、「コミュニケーション困難」と「問題解決のためのコミュニケーション力」についてアメリカの教材をもちいた演習を組み込んでいる。この本書オリジナルの「コミュニケーション演習」は、実践現場で遭遇する困難な場面におけるコミュニケーションのポイントが"4つのP"にまとめられた演習内容である。これらを150時間の相談援助演習でぜひ効果的に活用していただきたい。

　また本書は、学生はテキストとして、あるいは教員が教材として活用するようつくられているが、同時に実践現場で相談援助専門職として携わる方、現任研修を担当する方にも有用である。実践において困難な場面に出会うとき、本書のどこかの部分が新たな知識と技術を修得させ、自信を取り戻してくれるかもしれない。いろいろなかたちで本書が長く多くの相談援助専門職に役立つことを願っている。

　最後に、刊行にあたっては多くの執筆者からお忙しいなか、貴重な事例や講義内容が寄せられ豊かな内容となったことを特記したい。さらに株式会社みらいの荻原太志氏、米山拓矢氏に多大なご尽力を賜ったことをご報告し、ここに感謝したい。

2009年11月

編者一同

> はじめにお読みください

― 本書の活用にあたって ―

● 本書の特徴と構成

　本書は、社会福祉士養成課程における「相談援助演習」に対応したテキストです。

　冒頭で相談援助の意義や基礎的な理論や方法をガイダンスした後、豊富な事例を演習課題によってひも解きながら学習していく構成となっています。本書の事例は、福祉施設の一線で活躍している現役の専門職や福祉現場に通暁した教員らによって集められた、いわば"生きた事例"です。下記の一覧表のように、個別ケースから地域福祉まで多種多様な事例を掲載しているため、さまざまな分野において相談援助がどのように行われているのかを疑似体験しながら学ぶことができるでしょう。

● 学習の進め方

　本書は、「小講義」「講義」「演習」「事例演習」を組み合わせて構成しています。「講義」の内容を受けた「演習」または「事例演習」となっていますので、順番に読み進めて学習してください。

● グループワークと自主学習

　本書の巻末には「演習課題の解説」をまとめて掲載しています。授業では、演習課題の後に教員による解説やふりかえりが行われることと思いますが、この「演習課題の解説」を活用していただくことによって、学生が自主的に学ぶことも可能です。クラスで行うグループワークと自主学習を使い分けて効果的に学習してください。

本　書　の　構　成	
オリエンテーション	相談援助演習の意義を説明します。
第1部　基礎的なコミュニケーション演習	相談援助にとって、いかにコミュニケーションが大切かを学びます。
第2部　相談援助のプロセス（過程）	相談援助の基本的な援助過程（進め方）を学びます。
第3部　相談援助事例演習	相談援助演習の現場を疑似体験します。
第4部　地域福祉の基盤と開発にかかる演習（コミュニティワーク演習）	地域福祉に関わる事例によってマクロな視点から相談援助を考えます。
第5部　問題解決に向けての　コミュニケーションスキル演習	問題を解決するための実践的なコミュニケーションの技術を学びます。
第6部　実習の学びをより深めるために	相談援助演習と相談援助実習のふりかえりを行い、学びを深めます。
演習課題の解説	各章に設けた演習課題について、解説しています。

※なお、本書では基本的に、ソーシャルワーカーを相談援助専門職、クライエントを利用者として表記していますが、状況や文脈によって使い分けて掲載しています。

目　次

まえがき
本書の活用にあたって

オリエンテーション

ソーシャルワーク教育における相談援助演習の意義 …………………… 2

第1部　基礎的なコミュニケーション演習

1-1　小講義・演習　自己覚知 ……………………………………………… 8
1-2　小講義・演習　基本的なコミュニケーション ……………………… 15
1-3　小講義・演習　基本的な面接技術 …………………………………… 22

第2部　相談援助のプロセス（過程）

2-1　講義　相談援助のプロセス（過程） ………………………………… 34
2-2　演習　インテーク ……………………………………………………… 41
2-3　演習　アセスメント …………………………………………………… 44
2-4　演習　プランニング …………………………………………………… 47
2-5　演習　モニタリングからアフターケアまで ………………………… 50

第3部　相談援助事例演習

3-1　講義　相談援助事例演習の方法 ……………………………………… 54
3-2　事例演習　アウトリーチ［テーマ・児童］ ………………………… 61
3-3　事例演習　チームアプローチ［テーマ・高齢者］ ………………… 66
3-4　事例演習　社会資源の活用・調整［テーマ・障害児］ …………… 72
3-5　事例演習　社会的排除［テーマ・家族］ …………………………… 78

3－6　事例演習　児童虐待 …………………………………… 84
　　3－7　事例演習　高齢者虐待 …………………………………… 89
　　3－8　事例演習　家庭内暴力（DV）［テーマ・母子］………… 94
　　3－9　事例演習　ホームレス …………………………………… 99
　　3－10　事例演習　権利擁護［テーマ・知的障害］…………… 105
　　3－11　事例演習　インフォームド・コンセント［テーマ・医療SW］…… 111

第4部　地域福祉の基盤と開発にかかる演習（コミュニティワーク演習）

　　4－1　講義　地域福祉の基盤と開発にかかる技術 ……………… 118
　　4－2　事例演習　行政・社協現場における地域福祉の基盤形成 …… 124
　　4－3　事例演習　NPO法人による地域福祉の基盤形成 ………… 131

第5部　問題解決に向けてのコミュニケーションスキル演習

　　5－1　講義　対人援助専門職とコミュニケーションスキル ……… 138
　　5－2　講義　コミュニケーションの困難な人への対応 …………… 144
　　5－3　演習　問題解決のためのコミュニケーションスキル
　　　　　　　　―4Pをもちいた演習の実際― ……………………… 153

第6部　実習の学びをより深めるために

　　6－1　相談援助演習のふりかえり ………………………………… 178
　　6－2　相談援助実習のふりかえり ………………………………… 188

演習課題の解説 ……………………………………………………………194

オリエンテーション

ソーシャルワーク教育における相談援助演習の意義

1 ソーシャルワーク教育における相談援助演習の役割

　ソーシャルワークは、社会福祉原論や各分野論などの理論的要素を講義で学ぶ形式と、相談援助技術の習得や実践を演習形式で学ぶ2つの側面を含んでいる。本書では、ソーシャルワーク教育における演習の役割として以下の3点を強調する。

①　理論で学んだことを実践につなげる基礎となる

　実践につなげていく演習授業では、福祉の価値はこうである、相談援助の方法としてこうしたアプローチがあると知的に理解するだけでなく、それはどういうことだろうか、実際どうもちいるのかと自分に照らし合わせて考える機会を提供する。

②　体系的に学んでいく

　実践につなげていく演習授業は、幅広い内容を含んでいる。福祉の価値に関連する自己理解や自分の価値観への気づきを深めることを目的とした感受性訓練的な内容から、相談援助の過程や対象となる分野、個人、集団、地域に向けた相談援助方法への理解を深める演習内容が必要となる。

　重要なことは、こうした広範に及ぶソーシャルワークの内容や価値、相談援助技術の習得を体験的かつ体系的に学んでいくことである。そのため演習授業のクラス編成は20名弱の小グループとし、参加する学生同士また担当教員の指導のもと、体験活動とそのふりかえりを基本にして実施される。

③　社会福祉士養成の新カリキュラム

　2009(平成21)年からの社会福祉士養成課程における新カリキュラムの導入により、相談援助演習の授業時間数は150時間になり、従来から30時間増加することになった。

　厚生労働省が示した相談援助演習のねらいでは、「相談援助の知識と技術に係る他の科目との関連性も視野に入れつつ、社会福祉士に求められる相談援助に係る知識と技術について、次に掲げる方法をもちいて、実践的に習得するとともに、専門的援助技術として概念化し理論化し体系立てていくことができる能力を涵養する」としている。

　特に総合的で包括的な援助及び地域福祉の基盤整備への援助を演習で取り上げる点と、相談援助実習後に経験した個別な体験を演習授業で取り上げて、普遍的な援助技術と再度確認・連携する点が新たに強調されている。

また、社会福祉士養成課程の講義概要[1]にも、150時間となる演習の学習内容として、おおよそ以下の内容が盛り込まれていると考える。

相談援助の専門職となる知識と技術を他科目で学んでいく基礎段階で、社会福祉士に求められている対人援助職としての自己理解を深め、自分自身の基本的なコミュニケーションのあり方を吟味する。社会福祉士に求められる具体的な課題分野に関する相談援助に関わる知識と技術について包括的な理解をすすめ、実践的に学習する。個別指導や集団指導を経て、具体的な課題分野の相談援助事例の援助過程を想定した実技指導（ロールプレイ）を実践的に学習する。地域福祉や福祉行政と福祉計画に関連する相談援助の知識と技術を、実践的に学ぶ。相談援助実習後にふりかえりを実施し、相談援助の知識と技術内容を学生の相談援助実習体験と関連させて、専門的援助技術として概念化し理論化することをめざしていく。このように、従来以上に日本のソーシャルワーク教育において演習授業で学ぶ内容と実習での学習との関連が意識されているのである。

2 演習の意味

元来演習は、『広辞苑』[2]では「予行、練習、ゼミナールなど実践の状況に向けて準備訓練として行う内容」を意味し、社会福祉士養成課程における演習は、担当する教員の進行に基づきつつ複数の学生がテーマに即してお互いの意見を交換し検討することを示している。つまり教員からの一方通行といえる知識の伝達が主となる講義とは異なり、参加する学生が主体となる学習を展開していく点に、演習の学習特徴がある。

このように、相談援助演習は、感受性訓練や少人数での意見交換での自己理解の促進、事例研究やロールプレイによる知識と相談援助技術の具体化を通して、社会福祉の専門知識と実習現場とをつないでいく学習方法としての意味や目的をもつと考えられる。

さらに演習授業は、担当教員、少人数での授業参加クラスメンバーとの交流と授業内で単に体験するだけでなく、その体験をふりかえることで、学生自身が利用者の立場になる機会や自分自身の価値観や人権意識にも触れつつ、実践現場につなげていく役割をもつのである。

3 演習の学びを効果的に進めるために

筆者の演習授業で強調している点を以下に5つ挙げるので、これから受講する学生のみなさんも、受け身にならず以下の留意点を意識し、主体的に演習授業に参加してほしい。また、担当する教員も受講学生の参加への動機づけを促す工夫が必要である。

① 講義科目で学んだ内容を常にフィードバックしていく

　各分野論や制度に関して学んだ内容との関連を意識しておくと、演習授業の意義といえる理論と実践をつないでいく重要性が理解しやすい。

② 主体的に考えるプロセスを重視する

　演習授業は、実習に向けて、また相談援助専門職としての練習となる技術とその態度を習得していく授業である。そのため、自分がどのように関わり、どのように考えたかが演習授業ではたいへん重要になる。加えてソーシャルワーク実践に求められている生活者の視点で「この援助のあり方はどうなんだろう」と考察することも心がけたい。

③ 演習参加者の権利と義務を守る

　演習授業において自己覚知や学生自身のある場面への関わり方を問うことがあり、そこでは、一定の自己開示や関連する個別の情報が話される可能性もある。演習授業が学生にとって安全な場になるよう、教員・学生相互で人権感覚を大切にしたい。

④ 一定の流れや段階的な学習をしていく

　講義型の授業と異なり、学生が主体的に授業に参加するためには、学生と学生、教員と学生の相互交流が必要になる。親しい友人同士で受講するわけではないので、いきなり「○○についてあなたの意見を聞かせてください」「△△についてグループで話し合ってください」と告げられても困惑するのが本音であろう。そこで、その日の授業で実施する演習の目的（何のねらいがあってこうした体験をするのか）をしっかりと確認しておくことが大切である。同様に、演習にはアクティビティが導入されることもあるが、これらは相談援助技術を段階的に習得していくための内容となっている。こうしたねらいや意図を読み取り、主体的に授業に参加したい。

⑤ ふりかえりの重要性

　演習授業は体験をするだけではなく、実習やソーシャルワーク実践に向けて位置づけられている授業である。そこでは、実施した演習内容（体験やロールプレイ、事例検討等）を自分がどう理解したか、自分にとってどんな意味があったかをふりかえることが、重要である。同じ授業を履修しているグループの他メンバーのふりかえりを聞くことで、物事や体験のとらえ方の多様な理解へとつながる。ふりかえりは非常に重要である。ふりかえりを行う際に、参加する学生間においてお互いのもっている力をいかに引き出していくかというストレングスやエンパワメントの視点で演習を展開することを心がけたい。

【引用文献】
1）厚生労働省『社会福祉士介護福祉士　新カリキュラム説明会資料』2007年12月
2）新村出編『広辞苑　第六版』岩波書店　2008年

【参考文献】
相澤譲治・植戸貴子編『ソーシャルワーク演習ワークブック』みらい　2008年
岡本民夫編著『社会福祉援助技術演習』川島書店　1995年

第1部

基礎的なコミュニケーション演習

1-1 小講義・演習 自己覚知

1 小講義

　社会福祉を学ぶうえで、相談援助演習や相談援助方法論等の科目において相談援助専門職の基本的な素養として、自己覚知の大切さが強調されている。それはどうしてなのだろうか？　自己覚知は、自己理解や自分自身を知ることと言い換えることができる。つまり自分自身の行動特徴、考え方や価値観に気づくことである。

　相談援助専門職にとって、自己覚知を進めていく意義は以下の理由からである。

　第1に相談援助は、基本的には利用者と相談援助専門職が相互に専門的な援助関係をもちいて進めていくからである。もちろん相談援助専門職として必要な知識、技術、基盤となる価値観に基づき、利用者に対応している。ただ、専門的な援助関係をもちいての援助となるため、援助者自身の人間性（価値観、性格や行動パターン等）という個別な要素が、その援助関係に影響を与えることを考慮しなくてはならない。

　第2には、先の意義とも関連するが、相談援助専門職であっても人間である。絶えず相談援助専門職の土台となる自分自身をみつめることが必要である。

2 演習―自己覚知のねらいと留意点

　自己覚知は、この演習授業をこなすだけで終了するわけではない。それぞれの段階での自己覚知があり、それを楽しみに演習授業に積極的に取り組んでほしい。まず自分への理解を深める、さらに専門職をめざす技術の演習や事例検討等における自分の関わり方から、自身の判断や傾向を知る機会になる。つまり援助者として必要な技術を学ぶ過程においても、なぜその技術や援助が大切だと考えたかを、ふりかえることで相談援助の問題解決に向けての自分の傾向やパターンを知ることができるからである。

　本章では、自己覚知の第1段階となる自分自身の考え方や価値観への理解を深めることをめざしていく。最初は自分自身に注目する。つまり自分についてのイメージからはじめて、社会福祉を学ぶことになった自分をみつめる。

　次に社会福祉の現場にかかわる自分の価値観を探る。そのためにまず、福祉の現場で出会う利用者についての自分がどのように考えているか、また葛藤が生じる場面での自分の考え方や見方をふりかえる。

　その時、自分だけでなくグループの他メンバーとの意見交換を行い、さらに自分の考え

方や価値観をみつめることが大切である。自分と他者との違いやお互いのやり取りから自分をみつめ直し、また他者の具体的なフィードバックを受けることで、自分への理解が総合的に深まり、自己覚知へと至っていくのである。

　ここでは自己覚知の理解を深める第1歩として、演習を通して自分に向き合うことからはじめる。まずはワークシートに自分の現状を書き、次に小グループでの意見交換を行い、お互いに具体的な相手へのフィードバックを大切にしながら進める。

3　演習「自己覚知」

(1) 演習1　私・私たちにとって社会福祉とは
1)「私シート」
　私（自分自身）についてとにかく思いつくことを、以下の手順でワークシートをもちいて10個書き出してみましょう。

① 次頁のワークシート1－1－1「私シート」に「私は………」ではじまる文章を思いつくままに書いていきます。自分自身について思い浮かぶ内容を、簡単な名詞や形容詞、動詞などをもちいて完成させましょう。

＊記入上の注意事項
・1つの文章に2つ以上の内容を書かないようにする。
・できるだけ10個完成することが望ましいが、記入ができない場合は、5個は完成させる。
・難しく考え過ぎずに書いてみる。

② 文章が完成した後は、以下の分析を行います。
　〈1〉ワークシート右端のチェックボックスにそれぞれの完成した文について、次の内容を記入します。自分にとって肯定的な内容に思える場合は**肯**、事実関係に基づく中立的な内容は**中**、否定的に思える内容は**否**、両面的な内容（肯定でもあるが、否定的な要素がある）には**両**と記入してください。
　〈2〉作成した「私シート」のなかで、本日の段階で最も自分らしさを表現できていると考える内容を3つ選んで、本日のベスト3を選び、書き出しましょう。

③ 本日の「私について」ベスト3を近くの人同士で紹介し合いましょう。

ワークシート１－１－１ 「私シート」

1. 私は	
2. 私は	
3. 私は	
4. 私は	
5. 私は	
6. 私は	
7. 私は	
8. 私は	
9. 私は	
10. 私は	

○本日の私ベスト３
・
・
・

２）私と福祉

　自分のイメージを書き出し整理した後に、自分自身にとっての「社会福祉」についての考えを、さらにみつめてみましょう。みなさんが社会福祉に関心をもち、学ぼうとしている理由は何でしょうか？

＊記入上の注意事項
・「私シート」と同様に難しく考えずに記入する。
① 「社会福祉を大学で学ぼうとした理由は何ですか？」と聞かれて答えるつもりで、ワークシート１－１－２「私と社会福祉シート」に思い浮かぶ内容を簡単な名詞や形容詞、動詞をもちいて文章を完成させましょう。
② ４～５人のグループで話し合いましょう。
〈１〉配布されたＡ４用紙にグループメンバー名を記入し、進行役、書記、発表者を決めます。
〈２〉進行役は、個々で書いた内容を他メンバーに紹介してもらうよう依頼し、全員の発表が終わったら、グループで共通した「社会福祉に関心をもった理由」と独自（固有）の理由をメンバーで確認します。話し合った内容を、書記が用紙に記入しましょう。
〈３〉発表者は、上記〈２〉の内容を報告します。教員の進行で他グループの意見を聞き、質問やコメントがあれば意見交換しましょう。

ワークシート1−1−2　「私と社会福祉シート」

私が社会福祉に関心をもったのは、＿＿＿＿＿＿＿＿＿＿＿＿＿＿＿＿＿＿＿＿＿＿＿
私が社会福祉に関心をもったのは、＿＿＿＿＿＿＿＿＿＿＿＿＿＿＿＿＿＿＿＿＿＿＿
私が社会福祉に関心をもったのは、＿＿＿＿＿＿＿＿＿＿＿＿＿＿＿＿＿＿＿＿＿＿＿
私が社会福祉に関心をもったのは、＿＿＿＿＿＿＿＿＿＿＿＿＿＿＿＿＿＿＿＿＿＿＿
私が社会福祉に関心をもったのは、＿＿＿＿＿＿＿＿＿＿＿＿＿＿＿＿＿＿＿＿＿＿＿

メモ欄・社会福祉に関心をもった理由

グループメンバー（　　　　　　　　　　　　　　　　　　　　　　　　　　　）

共通の理由
・
・
・

独自の理由
・
・
・

（2）演習2　価値観について考える

1）利用者についてのイメージをふくらませる

　みなさんは今後、ボランティアや相談援助実習で福祉現場に出向いて、その現場を利用する多くの方々に出会うことになります。そこで、まず自分がもっている"利用者に対するイメージ"を改めてみなおしてみましょう。

① 「子ども」「障害者」「高齢者」という言葉から1つを選びます。その言葉について、「子ども（あるいは障害者、高齢者）」と聞いて、イメージする内容や修飾語を次頁の語群から複数選び、記入欄に書き出し、一番ぴったりするイメージを○で囲みます。自分が思いついたイメージ語句があれば、その他（　　）に書き入れてみましょう。

かわいい、親しみがわく、純粋、無邪気、現実的、よくわからない、夢みがち、こわい、
接したことがない、落ち着きがない、とっぴな行動をする、やさしい、単純な、動作が鈍い、
ゆっくりしている、うるさい、繰り返しが多い、悪さをする、わが道を行く、
言うことをきかない、自分の世界がある、じっとしていない、
実はいろんなことを知っている、おもしろい、甘えん坊、自由な、こだわりが多い、
身近な存在、独自のペースで動く、私たちをよくみている、エネルギーがある、
助けが必要である、尊敬できる点がある、自分にはないものをもっている、人なつっこい、
一定のパターンがある、同じ人間である、わかりあえる、弱い、以前から関わりがある、
心が癒される、よく笑っている、よく泣いている、複雑な、裏表がない、
何かと行動が決められている、小さい、守ってあげる、本当は強い、学ぶことが多い、
想像がつかない、存在感がある、よく怒っている、
その他（　　　　　　　　　　　　　　　　　　　　　　　　　　　）

・イメージ記入欄

② グループになり、それぞれの選んだイメージをつき合わせて、意見交換しましょう。

・グループでの意見交換内容

2）自分が現場で経験する葛藤を感じる場面から考える

① あなたは実習で児童養護施設（何らかの理由があって、親や家族と一緒に生活できない児童たち（2歳から概ね18歳）がともに生活する施設）に行き、そこで出会った子どもと次のようなやりとりを経験しました。

> 　小学5年生位の児童があなたの名札をみて、「実習生の○○って言うの?」と話しかけてきた。
> 実習生「そうだよ」
> 児　童「ふん、ここで何するつもり?」とややきつい口調で、にらみながら話す。
> 実習生「えっ…（少々口ごもりながら）みんなと一緒に遊んだり、いろんなことができればと思って来てるんだけど」
> 児　童「どうせ何日か過ぎたら、さよならって帰るだろ?」
> 実習生「………（しばし無言）」
> 児　童「(あなたをにらみながら)はやく帰れよ!　結局何もできないくせに!」と言い放ち、あなたの前を去っていく。

②　2人ペアになってロールプレイを行い、実習生と児童の役割を交互に経験してみましょう。

③　実習生役を体験して、相手から拒否・攻撃的な態度をされた時どんな思いをもったか、その時の自分の反応について、気がついたことを考えてみましょう。さらに、児童に対してどんなイメージや先入観をもっていたかなどをグループで話し合ってみましょう。

メモ欄

・実習生役を体験した時の自分の反応について

・グループで話し合ったこと

4 演習課題

① 演習（1）の1）「私シート」で文章を書いてみて、改めて気づいたことはありましたか？　また、肯定的、中立的、否定的、両立的等の分量はどうでしたか？
② 演習（1）の2）「私と福祉」で「社会福祉に関心をもった理由」についてグループでつき合わせて、共通する内容と独自の意見を整理し、グループ発表で他グループの意見も聞き、改めて自分が関心をもった理由に立ち戻り、気づいたことを考えてみましょう。
③ 演習（2）の2）「自分が現場で経験する葛藤を感じる場面から考える」から、自分が実習生（支援者的立場）として、最初どんな価値観をもっていたかをふりかえってみましょう。また、演習を通して、自分と利用者のかかわりから自分の価値観について気づいたことを挙げてみましょう。

5 演習のまとめ

「自分のことは自分がよく知っている」といわれる。確かに自分について、「私ってこんな人！」という自分についての枠組みとなる自己概念を各自がそれぞれにもっている。

自己覚知の演習のポイントは、各自が理解している自己概念（私ってこんな人）を、豊かにすることである。さまざまな角度から自分をみて、こういう一面もあったのだと、自己理解を深めてほしい。

利用者との専門的な人間関係を通して相談援助を進めていくうえでは、自己覚知は欠かせない。人間関係を相手と育んでいくために、自分が相手と関わっている時どうしているのか、この状況は緊張を感じる（もしくは落ち着く）、相手の言うことに自分が同感できる（あるいは反発を感じる）など、相手との関係性のなかで生じることを冷静に受け止め分析するためにも、自分の物事への受け止め方など、自分についてよりよく知っておくことが大切である。

1-2 小講義・演習 基本的なコミュニケーション

1 小講義 コミュニケーションとは

(1) コミュニケーションのプロセスについて

　相談援助の関わりを利用者と進めていくためには、私たちはまず他者に対する自分のコミュニケーションのあり方に注意することが必要である。本章では、基本的なコミュニケーションとして、非言語的（ノンバーバル）コミュニケーションと言語的（バーバル）コミュニケーションを取り上げる。

　コミュニケーションでは発信者（何らかのメッセージや情報を発信する・伝え手）と受信者（何らかの情報を受信する・受け手）が存在している。この両者のコミュニケーションプロセスを簡略化して示したのが図1-2-1である。

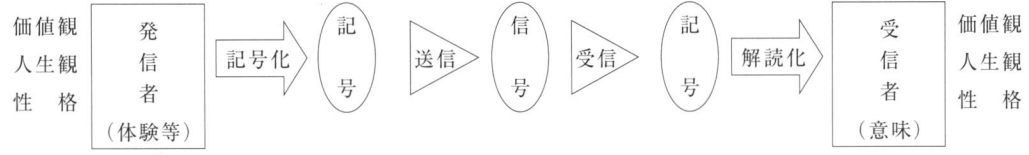

図1-2-1　コミュニケーションプロセスについて
出典　津村俊充・山口真人編『人間関係トレーニング第2版』ナカニシヤ出版　2005年

　私たちはいつもこうしたコミュニケーションプロセスを意識しているわけではない。ただ、このプロセスからもわかるように、発信者、受信者それぞれに自分の価値観や人生観などといった枠組みがあり、そうした影響のもとコミュニケーションの発信、受信が行われているのである。加えて記号化・送信・受信・解読化の段階においても、伝え手と受け手それぞれの枠組みに基づいた操作が行われる。そのため、発信者が「△△△のことを連絡した」と思っていても受信者は「私は□□□だと理解した」と、情報をきちんと伝達したはずが相互に誤解を生じたり、思うようにコミュニケーションができないといった場合が出てくる。

　私たちはこうしたコミュニケーションプロセスから、まずコミュニケーションには誤解が生じるということを意識しておくことが大切である。続いて誤解が生じた際に、「こう言った」「いや、こう聞いた」と双方が相手の非を責めるのではなく、どの段階で行き違いが生じたのかを吟味し、相手との関わり合いによって再度それを修正し、よりよいコミュニケーションに転じていってほしい。

（2）非言語的コミュニケーション

　通常コミュニケーションというと、言葉でのやりとりを中心とした言語的コミュニケーションが中心に考えられる。しかし、よく言われていることだが、言うべき情報や内容を"どのように"伝えるかという、伝達時の雰囲気や印象に相当する非言語的コミュニケーションの要素もたいへん重要である。

　以下に代表的な非言語的コミュニケーションについて、簡単に説明する。①視線、②声の調子、③姿勢（座る姿勢など）、④表情、⑤生理的表出である。それぞれの非言語コミュニケーション内容について、視聴覚教材[1]などと照らし合わせて確認するとなおよい。

① 視線

　目は口ほどにものを言うとされるが、伏し目がちな視線、キョロキョロした視線の動き、視線が合わない、強く凝視するなどはそれぞれ、元気がない様子、不安や緊張、威圧的な態度などを示していると考えられる。

② 声の調子

　声の抑揚（高い・低い）、話すスピード、メリハリをつけて話すか一本調子かなどによって相手に与える印象が違ってくる。緊張や興奮、元気がない様子が表現されている。

③ 姿勢

　肩に力が入ってうつむき加減に座っている、もち物である鞄を抱えて、またハンカチなどをさわりながら話す姿勢などは、その場面への緊張を示すことが考えられる。一方、反り返って腕組みをして話す場合などは相手を威嚇する印象をもたらす。

④ 表情

　通常、人は現在感じている喜怒哀楽に伴った感情が顔の表情に表れる。悲しい時やつらい時は険しい表情になり、うれしいことがあると口元がほころび笑顔がみられる。

⑤ 生理的表出

　緊張し、発汗している場合や体調不良や貧血で顔色が悪い、また発熱のため顔が赤くなるなど、人の生理的状態を表すサインにも注意を向ける。

（3）言語的コミュニケーションと非言語的コミュニケーションの一致・不一致

　一般的に言葉で話している内容と非言語で表現されている内容が一致していれば、その言語内容は非常に強調されていることを示している。一方、非常につらい状況であるにもかかわらず表情も変えずに淡々と話をし、うれしい内容なのにその様子が表情に表れていない等、言語内容と非言語コミュニケーションが一致しない時は、事態が複雑であることを意味している場合が多い。こうした不一致点について、聞き手がタイミングを図って確認することができれば、相手の表現したい内容の理解をより深めることができる。

2　演習―基本的なコミュニケーションのねらいと留意点

　少人数（3〜5人）でのグループになってコミュニケーションに関するロールプレイを行う。非言語的コミュニケーションや言語的コミュニケーションを実際に表現し、基本的な自分のコミュニケーションスタイルへの理解を進めるのがねらいである。また、自分の表現と他メンバーの表現の違いから、多様な表現の仕方があることを知る。そして、よりよいコミュニケーションを進めていくための聞き方や話し方についても考察を深めていく。

　普段気づきにくいことや表現しにくい内容もあるかもしれないが、ロールプレイを行う際は笑わずに相手とともにその状況に入り込んで、真摯に取り組むことが重要である。

3　演習「基本的なコミュニケーションについて」

(1) 演習1「絵しりとり」

　4〜5人のグループに分かれて、教員が提示した内容を、配布された紙に絵を描いて伝える「絵（イラスト）しりとり」を順番に進めていく。絵の得意、不得意は気にせずに、各自なりの「絵しりとり」にチャレンジしてみよう。また、「絵しりとり」で伝える内容を分割して描きやすい絵にして伝達しても構わない。

（演習手順）
① 各グループは一定の間隔で離れて一列に並ぶ。各グループメンバーは、自分の前で「絵しりとり」を行っているメンバーの様子がみえないように、背を向ける。後ろの人に伝える時は、次に伝える相手の肩をたたく。それを合図にふりむいてもらって両者が向き合う。

　各伝達時間は、絵を描いている時間も含めて最大1分間。教員がタイムキーパーとなり、1分経過したら途中であっても「次の人へ交替」と指示し、2番目の人が絵を描いて伝達を開始する。

　ちなみに、伝言方法には2パターン（以下のパターン1とパターン2）あるが、いずれも最後の伝達を受けたメンバーが「絵しりとり」を完成させたら「終了しました」と宣言し、それを合図にグループメンバー全員がその場で座る。教員は、各グループが開始してから座るまでにかかった時間をメモしておく。

② パターン1の伝達方法

　教員から提示された題（言葉）を、先頭メンバーから順番に絵（イラスト）で描いていく。2番目以降の人は描かれた絵のみをみて次のメンバーに伝達していく。

③　パターン2の伝達方法

　　絵を描いて伝えるというやり方は同じだが、2番目以降の人は描かれた絵の内容について最大3つまで質問ができる。ただし、描かれた絵そのものを「それは○○ですか？」と直接に聞いてはいけない。できるのは、「それは○○の時に使いますか？」「△△地域の名産ですか？」などといった、題に関連する間接的な質問である。

④　全グループが伝達を終了したら、1番最初に終了したグループから順番に絵をみせ合い、しりとり内容を確認する。最後に教員から具体的な経過時間をフィードバックする。

(2) 演習2　感情リレー[2]

　さまざまな感情の言葉が書かれている「感情カード」(例：「怒っている」「イライラしている」「楽しそう」「落ち込んでいる」「悲しい」など)を表現し、チームで行うアクティビティである。教員が「感情カード」をみせて、1人がその感情について非言語的コミュニケーションをもちいて体全体で表現し、他のメンバーがその感情が何なのかを当てる。最後に、演習課題として、所定のワークシート1-2-1に記入する。

(演習手順)

①　まず4～5人のチームに分かれる。各チームは中央にいる教員から均等に離れた位置に立つ。各チーム内で出る順番を決めておく。

②　全員の準備ができたら「はじめ」の合図とともに、最初の人が中央にいる教員のところへ行き、「感情カード」を受け取る。その場でカードを黙読し、カードを教員の足元に置いて自分のグループに戻り、指定された感情を表現する。グループの誰かが当てたら、次の人が教員のところに行き、はじめの人と同様にカード内容を読み取り、グループに戻って感情を身ぶりで表現する。

③　グループメンバー全員が1人1回、感情を表現したらゴールとなる。出されたカードを最初に全部答えたチームが出た時点で終了してもよいし、時間に余裕があれば全グループが終了するまで待ってもよい(終了したチームは他グループの様子を観察する)。

④　終了したらワークシート1-2-1にふりかえりを記入し、チーム内でみせ合う。

ワークシート1−2−1

●1人目

伝達者氏名	伝達した感情	非言語コミュニケーションをどのように表現したか
受信者氏名	伝達した感情	コメント（非言語的コミュニケーション表現方法の工夫や課題など）

●2人目

伝達者氏名	伝達した感情	非言語コミュニケーションをどのように表現したか
受信者氏名	伝達した感情	コメント（非言語的コミュニケーション表現方法の工夫や課題など）

●3人目

伝達者氏名	伝達した感情	非言語コミュニケーションをどのように表現したか
受信者氏名	伝達した感情	コメント（非言語的コミュニケーション表現方法の工夫や課題など）

●4人目

伝達者氏名	伝達した感情	非言語コミュニケーションをどのように表現したか
受信者氏名	伝達した感情	コメント（非言語的コミュニケーション表現方法の工夫や課題など）

●5人目

伝達者氏名	伝達した感情	非言語コミュニケーションをどのように表現したか
受信者氏名	伝達した感情	コメント（非言語的コミュニケーション表現方法の工夫や課題など）

（3）演習３　大学生活でのコミュニケーション場面から考える

３～４人のグループで次の２つの場面設定で、コミュニケーション体験の話し合いをする。

① 顔見知りの友人との場面から（全員が仲のよい友人と話す設定）

　　入学後、仲よくなった友人３～４人で、昨夜みたＴＶ番組のおもしろかった（印象に残った）場面をお互いに紹介している。「ここがおもしろかった」「これは意外とつまらなかった」など気軽に話し合っている場面で、あなたも昨夜の番組レポートをしている。

② 緊張する場面から（あまり親しくない人と一緒に目上の人と話す設定）

　　あなたが所属している大学の学科長に、あなたと、顔に見覚えがある程度の間柄の同期生数名が研究室に呼ばれた。そして、入学後の大学での様子を聞かれ、各自が答えている。同期生たちはあなたが思うよりすらすら答えている。いよいよあなたの番になった。学科長から「さて、○○さん、大学に入って少し過ぎたけれど、大学生活はどうかな？」と尋ねられた。あなたはどのように説明するか。

　　２～３分位で現在の様子を話してみよう。グループの１人が学科長役となり、他のメンバーが同期学生役を担当する（教員が学科長役となり、他のメンバー全員がみているなかで話すという設定でも可能）。

③ ２つの場面での違いを考えてみる。打ち解けた時の非言語的コミュニケーションスタイルや言葉遣いと、緊張した時の非言語的コミュニケーションスタイルや言葉遣いの違いについて、それぞれの観察と体験のふりかえりから話し合う。

4　演習課題

① ２つのパターンの「絵しりとり」を体験して、異なる伝達パターンからどのような印象を受けたかをグループで考えてみましょう。

② 感情リレーを行ったふりかえりを、ワークシート１－２－１に記入してみよう。示された「感情カード」をみて、自分が非言語コミュニケーションによってどのようにその感情を表現したかを具体的に書いてみましょう。

　　他のメンバーはその表現についてコメント（表現者の工夫と自分が行う場合であればどうやって表現したか、など）を具体的に書いてみましょう。

③ 演習３で、自分が緊張した時や相手の緊張した場面を観察し、一般的に緊張した場合の非言語的コミュニケーションや言語的コミュニケーションの特徴を整理し、よりよい聞き手や話し手としての接し方を考えてみましょう。

5 演習のまとめ

　私たちは話しっぱなし、聞きっぱなしで普段のコミュニケーションを終えていることが多い。また、言葉によって「何を」伝えるかということは重視しているが、それが「どのように」伝えられているか、という非言語的コミュニケーション（視線、表情、声の調子など）の要素には十分注意しているとはいえない。

　今回の演習を通して、自分が思っていることを相手に伝達することを、難しく、面倒に感じた人もいたかもしれない。ただ、私たちは日々多くの人とコミュニケーションを通して生活しているため、自分自身の感情表現やコミュニケーションスタイルを知ることは、たいへん重要である

　実際の相談援助の場面では、利用者は理路整然と話をしてくれるわけではない。そのため、ますます私たちのコミュニケーション能力が試されることになる。利用者の話す言葉とその内容だけでなく、非言語メッセージも含めて相手が何を伝えたいのかをよく観察することからはじめなければならない。非言語的なコミュニケーションに気づく感受性を養いつつ、その非言語メッセージや感情を言葉にする語彙力や表現力も豊富にしたい。

　そのためには、自分の思い込みや聞いたつもりにならず、相手とのコミュニケーションが取れていない場合には、思い切って確認することも必要である。「あなたがおっしゃったことは〇〇についてですか？」と確認してもいいし、「△△についてあなたの言いたいことを聞かせてください」と自由に話してもらうことも可能である。

　さらに、自分の話し方とその際の表情にも注意しつつ、なるべく「誰が・いつ・どこで・何を・なぜ・どのようにしたか」（5W1H）の状況説明を意識し、一文は短く話すよう心がけたい。

【引用文献】

1）杉山真監修・指導『信頼関係を結ぶ面接技術　第2巻　ラポールの確立につながるノンバーバルコミュニケーション』ジェイコム出版KK　2000年
2）ウイリアム・J・クレイドラー　リサ・ファーロン著（プロジェクトアドベンチャージャパン訳）『対立がちからに』CSL学習評価研究所　2001年

1-3 小講義・演習
基本的な面接技術

1 小講義

（1）面接技術とは

　面接は、コミュニケーションの一形態である。面接には目的があり、目的を達成するためにもちいられるのが面接技術である。相談援助における面接では、相談援助専門職と利用者の間に「専門的援助関係」が存在する。利用者は相談援助専門職を利用することによって、自分の力では解決できない課題を解決する。相談援助専門職は文字通り対人援助の専門職であり、専門職としての価値観、倫理観に基づき、知識、技術をもちいて利用者を支援する。相談援助過程における主導権は利用者にあり、利用者と相談援助専門職との関係は対等である。しかし、現実の利用者は不安や混乱のために自分の課題を整理して考察することはもちろん、自分の状況を説明することすら困難なことも多い。相談援助専門職が適切に関わることによって、利用者は自分の経験した事実や自分がもっている感情を自由に話せるようになるだけでなく、今まで気がつかなかった事柄にも気づくことができる。相談援助専門職の関わりによって、利用者は自らの課題について洞察を深め解決方法を模索していく。

　相談援助専門職と利用者は対等な関係とはいえ、相談援助専門職が知識や情報をもった専門職である以上、二者の関係が交代することはあり得ない。利用者は相談援助専門職に対し「どんな人だろう」「ちゃんと私の相談にのってくれるだろうか」という不安や「こんなことを話してもよいのだろうか」という遠慮の気持ちをもつ。だからこそ相談援助専門職は、利用者の不安や遠慮を取り除き、利用者の権利を守り、自己決定を支援するように関わることが重要となる。

　相談援助専門職がもちいる面接技術は、利用者から聞き出すための技術ではなく、利用者にすすんで話していただくために「意図的」にもちいる技術である。そして、利用者が自らの課題を検討し、解決していく過程を支援するために「意図的」にもちいる技術である。

（2）利用者との信頼関係を築く

　面接は利用者が自分の課題を解決していく過程であり、相談援助専門職と利用者の協働作業である。協働作業を適切に進めるためには二者間に信頼関係が築かれていることが前提となる。

　信頼関係もまた、相談援助専門職の意図的な関わりによって形成される。たとえば、有名な「バイスティックの7原則」は、利用者が「このように対応されたい」と願う欲求に

対し相談援助専門職が適切に対処することによって、利用者と信頼関係を築くための原則である。「私を信用してください」「私はあなたを騙したりしません」という言葉をもちいるのではなく、態度や姿勢、話す内容などによって、利用者が「この人は私のことを真剣に考えてくれる」「この人は信頼できる」と感じられる関わりが重要になる。

　相談援助専門職が利用者を信頼することも必要である。「バイスティックの7原則」にもあるように、まず利用者を受容することが重要となる。利用者は、わざと事実を語らない場合もあれば、無意識に自分なりの事実をつくりだしている場合もある。相談援助専門職は、今の利用者にとっての真実を受け止める。そして利用者が潜在的にもつ力を信頼することも必要である。利用者のもつ力をみつもり、高めて顕在化し、利用者が自分の能力を自覚して活用できるような関わりが重要となる。

　面接過程は利用者との信頼関係によって支えられる。相談援助専門職の不適切な関わりによって、それまで築いてきた信頼関係が崩れてしまうこともある。面接技術は、利用者との信頼関係を樹立し、より強め継続していくための技術でもある。

（3）基本的な面接技術の実際
　ここでは多くの面接技術から、ごく基本的な技術を学習する。
1）相談者が話しやすい雰囲気をつくる
① 視　線

　「目は口ほどにものを言う」との言葉通り、視線は多くの情報を伝える。視線を合わせてうなずくだけで相手を励ますことができる反面、じっとみつめることによって相手を緊張させたり威嚇することもできる。

② 位置や距離

　正面から向き合うのではなく、少し斜めに向き合う方が相談者は緊張しにくい。親密な関係でない場合120～180cm程度離れていると緊張しにくいといわれている。しかし、面接は面接室だけで行われるのではなく、居室や病室、待合室、廊下の片隅や、時には相談者の自宅でも行われるため、常に理想的な位置や距離を保てるわけではない。

　また、位置や距離が与える影響は、その時の相談者の心理的状況及び相談援助専門職と相談者との関係によって左右される。たとえば、何度か面接を繰り返している相談者が疲れ果て心細い感情を抱いている時には、相談援助専門職がしばらく傍に寄り添うことによって安心感を与えることができるだろうが、はじめて出会う相談者に近づき過ぎると相談者は緊張してしまう。相談援助専門職は相談者がリラックスしているかを表情などの非言語的表現を通じて察知しながら、相談者との位置や距離を調整する。

③ 姿勢、身ぶり手ぶり

　腕組みや足組みは相手に対して壁をつくることを意味し、大きな身ぶり手ぶりは相手を威嚇する行為となる。しかし、相談援助専門職がまるで置き物のように動かなければ、相談者は相手が自分の話を聞いてどう感じているのか、そもそも相手が自分の話を聞い

ているのか不安になる。相談援助専門職の姿勢や身ぶり手ぶりが相談者に威圧感を与えていないか、話を聞く気がないように映ってはいないかを意識する。

④ 話し方

　話す内容だけでなく、相談者が理解しやすい速度や声の大きさなど「どのように話すか」に気を配る。特に相談者と信頼関係を築こうとして親しげな言葉遣いをもちいることは避ける。相談援助専門職と相談者との間の信頼関係は「近い関係」や「親しい関係」とは違う。相談者を尊重した丁寧な言葉遣いを意識する。相談者が元気なく小声で話す時には、相談援助専門職も少し小さめの声で応答し、うれしそうにいきいきと話す時には相談援助専門職も明るい話し方で応答するなど、相談者の感情に合わせた応答をする。相談者が激しい言葉で怒りや憤りを表出している時は、逆に声の調子を落とし、ゆっくりした話し方で相談者の感情を受け止めながら、相談者の感情が落ち着くのを待つ。

2）相談者の話を受け止め、相談者の話を促す

① あいづち

　「それで」「なるほど」などの短いあいづちを適切にもちいることによって相談者の話を聞いていることを伝え、「もっと話してください」という意図を伝えることができる。日常生活でも無意識にあいづちを打っていることは多いが、面接場面では自分の日頃の癖が出てしまわないように気をつける。頻繁に速い速度で「ふん、ふん」と繰り返されると落ち着かないが、「ふーん」と間延びした応答をされると話し続ける気持ちがなくなってしまう。あいづちそのものの言葉が短いだけに、うなずくなどの態度や視線、表情とともに適切にもちい、豊富なバリエーションをもつことが重要である。

② 繰り返し

　相談者の話のなかから、その一部分を相談者の話した通りの言葉を使って繰り返す。相談者は、自分の話した言葉であるため受け入れやすく、相談援助専門職は「あなたの話をちゃんと聞いています」という意図を伝えることができる。また、相談者が多くの内容を語った時には、話のどの部分を繰り返すかによって相談援助専門職が聞きたいと考える事柄に焦点を当てることができる。

3）相手に積極的にかかわり面接を進める

① 言い換え

　相談者の話した内容を別の表現に置き換えて伝え返すことによって、相談援助専門職が相談者の話した内容を本当に理解しているかを確認することができる。また相談援助専門職が適切な言い換えをすることによって、相談者は自分の考えをより明確に自覚したり、より具体化したり、より深めることができる。言い換えには、相手の話の内容を理解する能力とともに豊富な語彙や表現力が求められる。

② 質　問
　a）情報を確認する事務的な質問
　　　生年月日、保険証番号、住所、連絡先、薬剤名、機関名など、正確な情報を得るための質問である。「間違ってはいけませんので」と前置きしたうえで、一つひとつ復唱しながらメモを取り、保険証や薬剤などは現物を確認する。
　b）閉じられた質問
　　　「はい」「いいえ」や短い単語で答えることができる単純な質問である。質問した側は明確な答えを得ることができ、答える側にとっては気楽に答えやすいという利点があるが、「どちらともいえない」場合や詳細な情報が必要な時にもちいると、かぎられた答えしか得られず必要な情報を得られない。
　c）開かれた質問
　　　「いかがですか？」「どのような〜」などの答える側が自由に答えることができる質問である。「〜について自由にお話しください」「〜について詳しく話してください」という意図をもってもちいられる。「今日はどのようなご相談でしょうか？」と質問されれば、答える側は自分の話したいこと、話しやすいことから話すことができる。しかし、混乱している時や十分に自分の考えがまとまっていない時には「いったい何から話せばよいのか……」と考え込んでしまうこともある。また、話の内容が答える側に任されるため、相談援助専門職が必要とする情報が得られないこともある。
　　　「なぜ」「どうして」という質問は、開かれた質問の1つとしてもちいられる。しかし、たとえば「その時は義母を病院に連れて行きませんでした」と話す相談者に対し「なぜ連れて行かなかったのですか？」と質問すると、相談者は病院を受診させなかった自分を非難されているように感じてしまうこともある。「なぜ」「どうして」という質問は時には非難・批判・詰問と受け止められることがある。このような場合には「その時の状況についてお話しください」と客観的状況に焦点を当てて質問する。
　d）否定形の質問と肯定形の質問
　　　「お義父さまの介護ができなかったのはどのような事情があったのですか？」とできない事情を質問する否定形の質問と「どのような状況があれば、お義父さまの介護が続けられたと思われますか？」とできる状況を質問する肯定形の質問がある。一般的に肯定形の質問をもちいた方が、相談者は自分の状況を前向きに分析し解決方法を模索できる。
③ 要　約
　　面接の途中で相談者の話が混乱したり、とりとめがなくなってきた時に今までの話を整理し焦点を当てるべきところを検討したり、おおよその情報が語られた時に、それまでの話を明確にして次の段階に面接を進める時にもちいる。
　　まず「ではここで今までのお話をまとめて確認させて下さい」などの言葉で前置きをしてから、相談援助専門職が要約する内容を相談者に確認してもらう。「これまでに、

まず……ということがあって、そして今は……と考えていらっしゃるのですね」「つまり……ということですね。では、ご本人はどうおっしゃっているのでしょうか？」といったもちい方ができる。

　面接の終了時には、その日の面接の内容を要約し、次回までに相談援助専門職及び相談者が準備しておくべきことを確認する。「今日は……についてお話しましたね。来週までに……ということでよろしいでしょうか」。その日の面接の内容を確認できるうえに、相談援助専門職であれ相談者であれ、疑問などがあれば、この時点で確認できる。そして終了時の要約を次回の面接開始時にもちいると前回からの面接を継続することができる。「先週は……についてお話しましたね。今週までに……ということでしたが、いかがでしたか」という導入ができる。

　要約することによって相談援助専門職と相談者が面接の内容を正確に共有し、面接を次の段階に進めることができる。

4）相手の感情にかかわる

　相談者は「理解してほしい」「助けてほしい」という欲求や、怒りや悲しみ、喜びなどのさまざまな感情をもっているが、必ずしも感情を言語で表現するとはかぎらない。また、言語化された感情の裏に、より複雑な感情が含まれている場合も多い。たとえば「義母がショートステイしている間は、ほっと安心します」と語る相談者の内心には、介護や気遣いから解放される喜びや安堵感と、そんな気持ちをもつ自分自身への罪悪感という対立する感情が混在しているかもしれない。

　相談者の非言語的表現や話の内容から、内面にもっているであろう感情をアセスメントできた場合でも、それを相談者に伝えるタイミングは慎重に判断すべきである。相談者が感情を言語化しない時は、感情を表すことをいけないことだと感じていたり、自分の感情を他者に知られたくないと感じている場合がある。時には自分自身が自分の感情に気づいていないこともある。たとえ相援助専門職のアセスメントが適切なものであったとしても、伝える時期が不適切だと「私はそんなことは言っていない」と相談援助専門職に対して拒否的な感情を抱く可能性がある。まず相談者が言語的に表現した感情を繰り返しや言い換えによって伝え返す。もしも面接の過程で相談者が言語化していない感情を取り扱わねばならない時には「私には、あなたが……と感じていらっしゃるように思えます」「あなたのような立場であれば、多くの人が……と感じられるのではないでしょうか」などの婉曲的な表現をもちい、相談援助専門職の一方的な押しつけにならないように気を配る。

5）具体的な面接技術を意図的にもちいた応答の例

　以下に面接技術を意図的にもちいた例を挙げる。この2つの例を演習課題として取り組むことにより面接技術を学ぶこともできる。

【例1：配偶者の母について相談する相談者】
相談者「このごろ、おばあちゃんの様子が変なんです。夜中に大きな声を出したり、ご飯を食べていないって言ったり、ぼけてきたのではないかと思うのです。でも夫はそんなことはないって言い張るんです。もう……私なりにがんばってお世話をしているのに、何もかも嫌になってしまいました」

> 相談者がこのように話した時、相談援助専門職としてどのような意図でどのような面接技術をもちいて応答するか考える演習を行うことができる。

○相手が話しやすい雰囲気をつくる：相談者が話を続けるように促す。
　相談者の目をみながらうなずく。
○繰り返し：相談者が語る内容で、相談援助専門職が重要だと感じた部分に焦点を当てる。
　「ご飯を食べていないっておっしゃるのですね」
　　→おばあちゃんの様子に焦点を当てるための"繰り返し"
　「ご主人さまはそんなことはないっておっしゃるのですね」
　　→夫の考えに焦点を当てるための"繰り返し"
　「もう何もかも嫌になってしまったのですね」
　　→相談者の感情に焦点を当てるための"繰り返し"
○言い換える：相談者の話をより具体化して伝え直す。
　「お義母さまの様子が以前と変わってこられたのですね」
　「ご主人さまとあなたの意見が違っているのですね」
○相手の感情に関わる：相談者が明確に表現している感情を受け止めて伝え直す。
　「私には、あなたがずいぶん疲れていらっしゃるようにみえるのですが……」
　「あなたのようなご経験をすれば、多くの人はもうお義母さまのお世話などしたくないと感じるのではないでしょうか」

【例2：デイサービスの利用者と相談援助専門職（以下、Sw）の会話】
Sw「デイサービスはいかがですか？」
　→"開かれた質問"
利用者「ええ、まあまだ慣れませんが、なんとかやっています」

> さて、次にどのように応答できるだろうか。この例では、Swが適切に関わることによって、利用者の課題が明らかになっていく。このようにSw役と利用者役を決め、利用者にデイサービスについて話していただくように関わる演習を行うことができる。

Sw「なんとかやっていらっしゃる」（と相手の目をみてうなずく）。
　→非言語的表現による促し、"繰り返し"による促し
利用者「ええ、なんとか。慣れないこともたくさんありますが」

Sw「どんなことが慣れないですか？」
　　→焦点を当てる"繰り返し"と"開かれた質問"
利用者「うーん、人に慣れないですね、とにかく人あたりするというか、1日が終わると、もうくたくたになることがあります」
Sw「デイサービスで多くの人に接すると、とても疲れたと感じられることがあるのですね」
　　→相手の話した内容を"言い換え"、相手が話した感情を"言い換え"により確認する
利用者「そう、そう、疲れ果ててしまう」（※利用者はSwの言い換えた内容に同意している）
Sw「疲れる原因について何か具体的に思い当たることはありますか？
　　→焦点を絞った"開かれた質問"
利用者「原因ですか？　とにかく朝のバスから、食事に体操、いつも隣に人がいますよね。あれには参ります」
Sw「なるほど」（と相手の目をみてしっかりうなずく、気遣う表情を示す）
　　→"非言語的表現"である表情と"うなずき"による促し
利用者「特に食事を他人さまと一緒に食べるのには疲れますね」
Sw「食事時間が疲れる原因なのですか？」
　　→確認するための"閉じられた質問"
利用者「ええ、その通りです。私は、これでも小さいころから行儀だけはしつけられましてね。くちゃくちゃ音をたてて食べる人が目の前にいると、とたんに食べる気が失せてしまうんですよ」（※利用者はより具体的状況を話す）
Sw「なるほど、食事の時に近くにどんな人がいるかによって、食欲まで影響されてしまうのですね」
　　→確認するための"言い換え"

2　演習—基本的な面接技術のねらいと留意点

（1）演習のねらい

　面接技術を身につけるためには、まず基本となるコミュニケーションや面接技術について知識をもつことが重要である。しかし、いくら知識をもっていても実践で活用できなければ技術を身につけたとはいえない。

　たとえば、テニスを例に考えてみよう。「テニス上達法」に類する本を多く読んだとしてもそれだけではテニスは上達しない。まずグリップの握り方やボールに与える回転によってボールの飛び方がどう変化するかなどの基本理論を知ってから、壁や人を相手に練習する。「何でもよいから、とにかく打つ」だけでは上達しない。自分の状態を意識しながら素振りを繰り返すことによってボールに対して適切なラケット面をつくることを身体に覚えさせる。たとえ自分の意図した通りにボールを打てるようになったとしても、相手

が打ったボールを返す時には常に自分の思い通りにはならない。相手とのラリーでは相手がどのようなボールを打ってくるかだけではなく、風や日光など周りの環境からの影響も受ける。多様な環境のなかでさまざまな相手に対して自分の意図した通りに打てるようになるために繰り返し練習し、試合に臨む。そして試合をするためには単にラリーができるだけでなくルールを知る必要がある。

面接も同様である。まず面接や面接技術に関する知識を学んだうえで、練習してみる。この段階が演習で学ぶ基本的な面接技術である。面接技術の特徴を理解し、相手との応答のなかで適切に意図的にもちいることを意識しながら演習することによって面接技術を身につけることができる。

（2）演習を進めるうえでの留意点

使い慣れていない道具は武器にはならない。経験を積むことは重要であるが、ただ単に面接の回数をこなしても面接技術は向上しない。常に自分の面接をふりかえり、目的を達成するための意図的なかかわりができたか、面接技術を適切にもちいることができたかを確認することが重要である。ロールプレイをする場合には、ビデオ録画し逐語記録を作成してみよう。言語的・非言語的反応をもちいて相談者の話に適切に応答しつつ面接の目的を達成しているかを検討する。観察者や相談者役からのフィードバックも大切である。

そしてテニスのルールを知ることと同様、社会資源の知識をもつことも重要である。面接で明らかになったニーズを解決するためには社会資源の活用が不可欠であり、利用者に社会資源を適切に説明する能力も必要である。

3　演習「基本的な面接技術」

（1）演習1　相手の話についていきながら適切な面接技術をもちいて応答する。

（演習の手順）

①4人1組になる。まず各自で「私が今から相談したいこと」の内容を考えてメモする。相談内容は、たとえば配偶者の母親が認知症ではないかと心配している50歳の女性など、自分の年齢や生活実態とは異なったものでよい。自分なりに相談者像をつくりあげる。相談援助専門職はある機関の「なんでも相談窓口」の相談員だと仮定する。面接の目的は（1）相談者と信頼関係を築く、（2）相談者が困っていることを話していただく、という2点である。具体的な社会資源とつなぐことができなくても構わない。

②「相談者」「相談援助専門職」「相談者の観察者」「相談援助専門職の観察者」を決める。後でふりかえるために、できればビデオカメラで録画する。

③面接の導入から20分間をロールプレイする。「相談援助専門職」は、相談者ができるだけ自由に話せるように面接技術をもちいて応答する。「相談者」はあらかじめ考えた利

用者像にそって話す。
④終了後、ワークシート１－３－１のチェックポイントを活用しながら相談者役と相談援助専門職役、観察者でふりかえる。ロールプレイを通じて面接技術を身につけるためにはワークシート１－３－２の逐語記録が有効である。相談者の言葉や態度に相談援助専門職がどのように応答しているかという「横のやりとり」と、面接の過程がどのように進んでいるかという「縦の流れ」を確認する。
⑤役割を交代してロールプレイし、全員が相談者援助専門職と相談者の役割を演じた後に、まとめのふりかえりをする。

ワークシート１－３－１　面接過程をふりかえる際のチェックポイント

相談者	相談援助専門職
□面接を終えてどんな気持ちか □面接前と面接後で気持ちにどのような変化があるか □面接中の援助職者の関わりで、「うれしい」や「ほっとする」と感じたのは、どのような関わりだったか □面接中の援助職者の関わりで、「答えにくい」あるいは「不愉快」だと感じたのは、どのような関わりだったか □話し足りなかったのは、どのようなことか □質問したかったことで質問しそびれたことはどのようなことか □その他、感想や気づいたこと	□面接の目的はどの程度達成できたか □面接によって明らかになったこと □この後面接を継続するならば、どのようなことを明らかにしたいか □どのような具体的面接技術を意図的にもちいたか □面接中、困ったことや戸惑ったのはどのようなことか □こうすればもっと適切な面接ができたと感じることはどのようなことか □その他、感想や気づいたこと

ワークシート１－３－２　逐語記録

相談者の言葉（逐語）	相談者の気持ち	相談援助専門職の言葉（逐語）	相談援助専門職の意図	観察者が気づいたこと

4 演習課題

①演習1を行ったうえで、はじめて出会う人に自分の困っていることや弱みを打ち明けなければならないとしたら、どんな気持ちになるかを考えてみましょう。相談援助専門職と相談者、観察者のそれぞれの立場から感じたことを話し合ってみましょう。
②相談者の話に適切に応答しながら、面接の目的を達成するためには、どのような工夫や面接技術が必要となるかを話し合ってみましょう。

5 演習のまとめ

　相談援助専門職は相談者の話を聴く際に、自分が相談者の目にどのように映っているか、自分の話が相談者にどのように伝わっているか、という点にも気を配らなければならない。相談者は相談援助専門職のどのような態度や姿勢や言葉に「話しやすい」「聴いてもらえている」と感じるだろうか。相談援助専門職と相談者、観察者のそれぞれの立場から考えることが大切である。

　「傾聴する」は、ただ一生懸命に相手の言葉に耳を傾けるだけではなく、専門職としてのアセスメントを含んだ面接技術の1つである。聴覚や視覚を通じて得た情報を整理・分析し、焦点化してより深めるところを判断し、どう応答するかを考え実行する、この連続した過程が面接である。ただ、最初からこのような面接をすることは難しい。まず相談者の言語的表現にしっかりついていくことが第1歩である。わからないことがあれば「今話された○○について教えてください」「それは△△ということですか？」と確認しよう。相談援助面接では「わかったふりをしない」ことが重要である。相談援助専門職は面接技術を駆使して必要な情報を収集しようと思う前に、相談者の話を聴かせていただきたいという真摯な気持ちで相談者に向かい合うことが求められる。

【参考文献】
平山尚・平山佳須美・黒木保博・宮岡京子『社会福祉実践の新潮流』ミネルヴァ書房　1998年
D.N.クリスチャンセン, J.トダール, W.C.バレット(曽我昌祺・杉本敏夫・得津慎子・袴田俊一監訳)『解決志向ケースワーク』金剛出版　2002年
D H.Hepworth, R H.Rooney, J A.Larsen, Direct Social Work Practice, Wadsworth Pub Co, 2002
渡部律子『高齢者援助における相談面接の理論と実際』医歯薬出版　1999年
F.P.バイステック（尾崎新・福田俊子・原田和幸訳）『ケースワークの原則』誠信書房　2006年
長寿社会開発センター『介護支援専門員実務研修テキスト』2007年
V.P.リッチモンド, J.C.マクロスキー（山下耕二編訳）『非言語行動の心理学』北大路書房　2006年

第2部

相談援助のプロセス（過程）

講 義
2-1 相談援助のプロセス（過程）

1 相談援助のプロセスとは

（1）相談援助のプロセスの意味

　相談援助は多様な問題や対象に対し、さまざまな相談機関や施設等で行われるため、相談の内容により実際の援助の方法についても個別性が高いものである。しかし、相談援助の展開に共通する機能を十分に理解することは、どのような場面での援助においても重要なことである。援助の実際では、インテーク面接において部分的にアセスメントを行いながら面接を進めることもあるし、モニタリングの結果によっては、アセスメントやプランニングの作業に立ち戻ることもあり、援助の過程は必ずしも常に段階ごとに順を追って進められているとは限らない（図2-1-1参照）。

　援助において、相談援助専門職（ソーシャルワーカー）が「今、自分が考えていること、行っていること」の意味をしっかりと理解し、また説明できることは非常に重要なことである。そのため、相談援助専門職はそれぞれの過程の目的や働きをよく理解し、意図的にかつ柔軟に援助を進めることができるようにしなければならない。

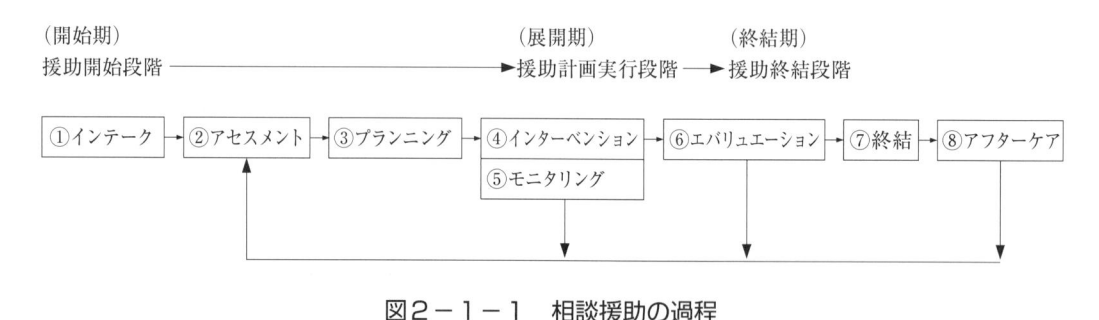

```
(開始期)                          (展開期)          (終結期)
援助開始段階 ──────────────→ 援助計画実行段階 ──→ 援助終結段階

①インテーク → ②アセスメント → ③プランニング → ④インターベンション → ⑥エバリュエーション → ⑦終結 → ⑧アフターケア
                                                ⑤モニタリング
```

図2-1-1　相談援助の過程

（2）相談援助のプロセス

1）インテーク

　インテーク面接とは、初期面接、受理面接ともいわれ、利用者（クライエント）と相談援助専門職との出会いの段階である。しかし、常に利用者の方から相談援助専門職のところへ相談にやってくるわけではない。多くの人々は、友人や知人、親戚に相談をしたり、自分たちなりに考えたやり方で対応するなど、自分の人生のなかで起こった困難な出来事に対し、できる限り自分の力で対処し何とかその困難をしのごうとする。つまり本当は困っていることがあるにもかかわらず、相談援助の窓口には訪れていない人が多く存在するの

である。また、そもそもそういった相談機関のことを知らない人たちもいるであろう。相談援助専門職が利用者と出会うのは、利用者が自分たちの問題を誰かに相談したい、相談して解決したいという意思をもち、うまく相談窓口につながった人たちともいえる。

このようにして何らかの不自由や心配ごとを感じている人と出会う際に行われるのがインテーク面接である。インテーク面接においては、初対面である相談援助専門職に対してできる限り安心できる雰囲気のなかで、利用者に生活の状況や困難なことを話してもらえるようにしなければならない。そのために相談援助専門職は、言語的、非言語的なコミュニケーションスキルを使いこなし、そのような利用者の訴えを傾聴し利用者の思いや考えへの感受性を高めることが必要となるのである。

① 信頼関係（ラポール）の礎を築く

インテーク面接においてまず重要なことは、利用者にとってはじめて相談をする場なのであるから、安心できること、面接が終わった時に「この人に話を聞いてもらえてよかった」「この人ならまた相談してもいいな」と思ってもらえることであるといえる。利用者の抱えている問題の多くはそう簡単に解決できることではなく、１度や２度の面接で解決の糸口はみえてこないこともある。しかし、問題が解決していなくても相談ができたことで安心した、少し前向きに考えられるようになったと利用者が感じることは非常に大切なことである。このような思いを利用者がもつことは援助の関係にとって非常に重要な信頼関係（ラポール）の第１歩を築くことになるのである。

② 情報収集と問題となっている状況の把握

次に重要なことは、利用者は何を主訴としているのか、自分の置かれている状況をどのように感じているのか、抱えている困りごとのおおよその状況はどのようなものか、どのような援助を希望しているのかなどについて理解することであり、そのための情報収集が必要である。ここで留意すべきことは身体のどこが動かないのか、日常生活の何ができないのかなどの客観的事実に関する情報だけでなく、主観的事実であるその人の思いや考えも聞き取るようにしなければならないことである。

利用者の置かれている事情が概ね理解できれば、次にそれに対して相談援助専門職の所属する機関が提供できるサービスや相談援助専門職の役割等を利用者に説明する。ここでいうサービスとは「ホームヘルプサービス」や「デイケアサービス」といった個々のサービス事業者から提供されるものだけを必ずしも指すのではない。これらのサービスは非常に有効な援助手段ではあるが、インテーク面接の段階では利用者のニーズを充足するのに最も適したものであるかどうかはまだわからないことが多いからである。

インテーク面接においては何より、「これからのことはあなたと一緒に考えていきます」というメッセージを利用者に伝えることが重要である。そして、それと同時に、「あなた自身がよく考え、選択や決定をしてください」ということも伝えなければならない。

利用者は相談に来た時点では、困りごとに疲れ、望む生活を考えることもできない心境であったり、社会福祉のサービスや制度のことを何も知らない状況に置かれていることもある。あるいは専門家としての相談援助専門職への信頼から「すべてお任せします」という利用者もいるかもしれない。そのような場合であっても側面的な援助者であることを忘れずに、利用者が自身の生活・人生の主体であるという意識をもって問題解決に望むことができるようになることをめざさなければならない。このように、利用者が同意し、相談援助専門職も援助の必要性を認めれば、双方が援助関係を取り結んでいくという契約が行われることになる。

2）アセスメント

アセスメントは事前評価などとも訳され、これから援助を進めていくにあたり、利用者の問題、ニーズ、利用者やその家族等の置かれている状況、それらの相互作用について整理し、見立てを行う作業である。インテーク面接において相談援助専門職は利用者の主訴を傾聴したのであるが、気をつけなければならないのは主訴がニーズとはかぎらないということである。

たとえば、高齢の夫婦の世帯で、主たる介護者である妻が介護疲れを強く訴えているとする。事情を聞けば確かに妻は一日中、夫の介護に追われているようである。しかし、ニーズが「介護疲れ軽減のためにサービス事業者の導入」になるとは限らない。妻であることの役割を強く感じており、家のことや家族のことは自分が取り仕切らねば、という思いの裏返しで介護を抱え込んでいるのであれば、サービス事業者の導入という援助は、妻の考えるところの「妻としての役割」を損なうことになるかもしれない。あるいは、そもそも夫婦関係が悪く、介護疲れは夫の世話を拒否したいという思いを訴える手段かもしれないとする。その場合は、「サービスを利用して、奥さんも楽になったでしょう？　夫婦2人でがんばって暮らしていきましょうね」などという言葉は、全く的が外れていることになる。むしろ、妻が本当にしてほしかったことは、夫への不満をゆっくりと聞いてくれること、夫の世話をしている自分をねぎらってくれることだったかもしれない。主訴や困りごとの内容を吟味するとともに、ニーズを把握することはアセスメントにおける非常に重要な点である。

また、利用者の訴えは、困難なこと、不自由なことから話されることが多いが、相談援助専門職は問題となっていることやできないことにのみ焦点を当てるのではなく、利用者のもつ能力にも目をむけなければならない。

ここでいう能力は、ＡＤＬにおける「できること」「自立していること」だけを指すのではない。「今できること」とともに、利用者がしたいと思うこと、したいと思う気持ちをもてるきっかけとなるものなども援助においては力となってくれるものであり、このような利用者のもつ強さ（ストレングス）に着目することは、生活モデルにおいては非常に大切なことである。

アセスメントの際に役に立つのが、マッピング技法といわれるものであり、「ジェノグラム（genogram）＝家族関係図」や「エコマップ（eco map）＝社会関係地図」などは、さまざまな関係を表す線や記号をもちいて、問題や問題を取り巻く状況、人との関係性をわかりやすく表現したものである。このようなツールをもちいることで、「人とその環境との関係性のなかで問題をとらえる」ことが容易となるであろう。また、このような関係図を作成するにあたり、利用者とともに話し合いながら進めることにより、利用者自身が自分の置かれている状況を整理し、客観的にみることができるように促すこととなる。何よりも利用者を主体とした援助を進めていくうえでも有効な手段である。

3）プランニング

プランニングとはアセスメントの結果に基づいて具体的な援助計画を策定することである。プランニングでは、援助の目標、ゴールを計画し、援助の方向性を定める。相談援助専門職と利用者がともにめざしていく方向が決まれば、次にそれを実現させるためのサブゴールを検討する。これらはそれぞれ長期目標、短期目標とも呼ばれており、アセスメントの結果と、ゴール（長期目標）、それを達成するまでに必要ないくつかのサブゴール（短期目標）は、一連のつながりをもって策定されなければならない。このような目標設定において大切なことはアセスメントと同様にできるかぎり利用者の考えや思いを組み入れるということである。利用者自身が「めざす生活」（長期目標）と、「そのために必要なこと」「それならできると思えること」（短期目標）を援助計画に盛り込んでいくことが重要である。また、利用者が自分は何をすればよいのか、何をめざせばよいのかを具体的に理解できるようにわかりやすい形で表すように工夫しなければならない。

サブゴールを実現させるための方法として、さまざまな社会資源の有効な活用がある。各種の公的なサービスを熟知することは相談援助専門職にとって大切なことであるが、社会資源とはそのようなフォーマルなサービスだけではない。「利用者とその周囲の環境」という視点で利用者の周囲に目を向けると、家族や身内、友人、近隣住民、民生委員、自治会やボランティア、ＮＰＯ団体などのさまざまな地域の組織が存在していることに気づく。これらがインフォーマルなサービスである。フォーマルなサービスとインフォーマルなサービスはその性格が違うため、それぞれの特徴を活かして援助計画に盛り込むことで利用者にとってより豊かな生活の実現に近づくこととなる。

インフォーマルなサービスを利用する際に難しい点は、それらのサービスが地域のどこに存在しているのか、どのような内容のサービスを提供してくれるのかなどがわかりにくい点にある。フォーマルなサービスは市役所の窓口、市の広報誌、インターネットなどを通じてかなりわかりやすく周知されるようになっており、これらの情報については容易に入手できるだろう。しかし、たとえばボランティアなどは同じグループでも、時によって、あるいはサービスを担う人によって支援内容が変わることもある。このようなサービスは、相談援助専門職による細やかな連絡調整、情報収集によってはじめて利用者にとって有効

な「社会資源」となるのである。また時には相談援助専門職自身がインフォーマルな社会資源を開発する必要もある。

　援助計画を実現させるための方法としてこのような社会資源を活用することに加えて最も重要なことは、利用者のワーカビリティを最大限に活用することである。ワーカビリティとは、利用者自身がもっている援助を活用する能力（身体的・知的・情緒的能力）を指す。利用者は、援助を活用しながら、自分自身が直面する問題に対して、適切な機会（opportunity）に、適切な動機づけ（motivation）をもって、適切な能力（capacity）を発揮することにより問題を解決[1]していく。相談援助専門職は、利用者のワーカビリティを尊重し、動機づけが高まるような計画を策定する必要がある。

4）インターベンションとモニタリング

　策定した援助計画について利用者と合意が形成されれば、そのプランにしたがって援助の実行、つまりインターベンションという段階になる。インターベンションにおいては、相談援助専門職はさまざまなサービス事業者、施設・機関とその担当者等と連絡を取りながら進めていく。相談援助専門職は相談援助において利用者のニーズを引き出し、問題解決への計画を立てる重要な役割を担っているが、実際の利用者の生活を支えるすべてのサービスを提供するわけではない。利用者の生活を支えるためには専門職によるチームで援助を行うことは重要な方法であり、相談援助専門職はこのチームづくりを支援するのである。ここでのチームメンバーは、サービス事業者だけでなく、近隣住民やボランティアなども含むことはいうまでもない。具体的、個別的に提供されるサービス内容だけをチームメンバーに伝えるのではなく、アセスメントと援助計画全体についても説明し、めざす生活とニーズをメンバー間でしっかりと共有できるようにしなければならない。

　相談援助専門職はサービス提供等が開始された後も、できるかぎり細やかに利用者やフォーマル・インフォーマルなサービス提供者と連絡を取るように心がけなければならない。生活は1日、1日の積み重ねであり、今日感じたこと、起こったことの小さな一つひとつが翌日の利用者の動機づけを高めることも、また失うことにもなるのである。相談援助専門職と利用者の間のみで連絡を取り合うだけではなく、利用者の生活に関わる人たちが顔を合わし、話し合いの機会（カンファレンス、サービス提供者会議など）をもつことも非常に大切なことである。このような機会から、利用者の最近の生活の様子を多様な視点から知ることができ、問題点や援助の方向性を共有することができる。

　当初に策定した援助計画の通りにはいかないことが起こることも生活のなかでは珍しくない。そのため計画の通りに援助が行われているか、それが効果的な援助となっているかどうかを常に確認しなければならない。これをモニタリングという。

　利用者の心身の状態の変化により計画の見直しをすることもある。提供されるサービスの頻度や内容を変更することで対応可能な状況であればプランニングの段階に立ち戻ることとなる。しかし、そもそも利用者のニーズに変化をきたしている場合や、実施されてい

る援助内容に利用者が満足できていないといった場合には、アセスメントを再度行うことが必要となる。このようにして常にプランニングとインターベンション、モニタリング、その結果による再アセスメント、計画の変更・修正を繰り返しながら援助は進められるのである。

5）アフターケアまで

　以上のように援助が進められた結果、援助の必要がなくなった場合に終結となる。終結は、利用者が抱えていた問題が解決された場合以外にも、問題は依然として何らかの形であるものの、利用者が自分自身でその問題に対処できるようになった場合もある。たとえば、相談援助専門職と相談面接を通して抱えていた問題状況が整理されて、前向きに考えたり、利用者自身で対処できるようになることがある。あるいは援助を通してインフォーマルな社会資源との関係が強化され、家族や友人、近隣住民との助け合いで生活が円滑に進むようになることもある。ソーシャルワークの援助は利用者の自立支援をめざしており、人生のなかで起こり得るさまざまな問題に対し利用者が対処できるようになることは、援助において最も重要なことである。

　相談援助専門職による相談援助は終結するものの、利用者の問題軽減のためにサービスの利用は継続するという場合もある。また、ある病院に入院していた患者が、病状の変化により別の病院へ転院することに伴い、病院の相談援助を行う相談援助専門職が変わるという場合もある。このような場合においては、最初の相談援助専門職による相談援助は一旦終結となるのであるが、次にこの患者の相談を担当する相談援助専門職へ継続性をもった相談援助が展開されるようにつなげていかなければならない。

　援助の終結にあたり利用者とともにプロセスをふりかえり、援助が適切であったか、援助の内容や問題点を評価するエバリュエーション（事後評価）も必要である。

　このような援助の結果として援助の必要性がなくなり、利用者の自立性が高まることは相談援助専門職からみれば非常に望ましいことであるが、同時に利用者の将来的な心身の状態の変化や問題状況の予測することも重要である。一旦援助を終結しても、何か困ったことや心配なことがあればいつでも相談できるような方法を必ず利用者に明示するようにしなければならない。利用者が自分の状況を的確に判断することが難しい場合や自ら連絡を取ることが難しいと想定されるような場合には、利用者の了承のもとに相談援助専門職から終結後に利用者や周囲の人々に連絡を取ることも考えられる。

　相談援助はこれらの過程を円環的に展開し、常に利用者と利用者の問題を取り巻く環境とに働きかけることにより、利用者の生活の質を高めるように行われる援助でなければならない。

【引用文献】
1）成清美治・加納光子編『第8版　現代社会福祉用語の基礎知識』学文社　2001年　p.292

【参考文献】
大野まどか「第2章ケアマネジメントとソーシャルワーク」鶴野隆弘・大野まどか編『ケアマネージャーのための家族福祉論』相川書房　2009年

演習 2-2 インテーク

1 演習―インテークのねらいと留意点

　困りごとや不安をもって相談に来た人とはじめて出会う、という場面への理解を深めるとともに、言語的（バーバル）コミュニケーションと非言語的（ノンバーバル）コミュニケーションについて体験的に学習する。

2 演習「インテーク面接」

(1) 演習

　ロールプレイをしてみよう。

　まず、4～5人のグループに分かれる。はじめにロールプレイを行う人（相談援助専門職役と利用者役）を決める。残りの人は観察者となる。

　以上の役割が決まったら次の事例を読んでみよう。この事例は、相談援助専門職のところに来談者が相談に来た場面である。インテーク面接の意義をよく思い出して、ロールプレイを行おう。

● 事　例

> 支援者：地域包括支援センターの社会福祉士　鈴木氏（仮名）
>
> 相談者：22歳　女性　山田千恵さん（仮名）　会社員
>
> 　市役所で紹介されたと電話が入った。簡単な事情は次の通りである。山田さんは10年前に両親が離婚して以来、母親（54歳）と祖母（82歳）と一緒に住んでいる。母親が働いていたため、祖母がいろいろと世話をして育ててくれた。1年位前から祖母の物忘れが目立つようになってきた。しっかり者だった祖母が歳をとっていく様子をみていると心配である。母親に相談したが、もともと母親と祖母はけんかが絶えない状態であり、さらに仕事が忙しいこともあり、「歳だから仕方ないわよ」との返事であった。市役所に問い合わせたら地域包括支援センターを紹介されたので電話をした、とのこと。翌日は相談者の仕事が休みなので、センターで面接をする約束をした。

　ロールプレイをやってみよう。以下のように自己紹介からはじめて、5分程度会話を続けてみよう。

> 相談援助専門職：「はじめまして。私は、○○○○です」（自己紹介を行う）。
> 来談者　　　　：「はじめまして。昨日電話した○○です」。
> 相談援助専門職：「(以下、5分程度会話を続ける)」。

(2) 演習課題

① ロールプレイを行ってどのような感じがしましたか？　相談援助専門職としては？　来談者としては？　相談援助専門職や来談者としてではなく、私個人としては？　それぞれの立場において感じたことを言葉にしてみましょう。また、観察者の人はロールプレイを観察している時にどのような感じがしたでしょうか。グループのメンバーにそれぞれの思いを伝え合ってみましょう。

② 来談者が落ち着いた雰囲気のなかで安心して話ができるように、相談援助専門職はどのような工夫や気遣いをしましたか？　自分なりに取り組んだ点について来談者役の人に伝えてみましょう。また、それが来談者役の人に伝わっていたかどうかも聞いてみましょう。
　　観察者は相談援助専門職役のよいところ（声の調子、表情、姿勢、話題など）をできるだけたくさんみつけて、伝えてあげましょう。

③ 観察者は、相談援助専門職がどのような話題から面接をはじめたのかを観察し報告しましょう。次に、グループメンバーはほかにどのような話題から面接をはじめることができるか、アイデアを出し合いましょう。そして、もう一度ロールプレイを行い、今度は最初と違う話題から面接をはじめてみましょう。話題の展開は最初の時とどう違ったでしょうか。

3 演習のまとめ

　ロールプレイを行うのははじめてである、という人もいるだろう。ロールプレイを行うことの意義についてよく理解をしてほしい。実習等において実際に支援者と利用者の会話を聞く機会があるだろう。その時、相談・面接といっても常に深刻な話をしているわけではなく、何気ない様子で世間話をしているように思われることもあるかもしれない。しかし、「みている（聞いている）」のと「実際にやってみる」のとは大いに違うのが面接である。何気ない様子のやり取りにみえても、自分で考え、自分の言葉で伝えようとすると簡単なやりとりさえうまくいかないということも多いものである。実習などにおいて実際に

利用者と出会った際に、慌てたり不適切な対応をしたりすることをできるかぎり避けるためにも事前に練習をしておくことは重要である。

　また、利用者の支援において、「共感」は非常に重要なことであるが、私たちは自分自身や親しい家族や友人以外の人の事情や感情をどのくらい推し量ることができるのであろうか。「こんな状況の人はどのように感じているのだろう？」「私なら〇〇と感じるが、グループの他の人はどのように感じるのだろう？」という疑問をもち、グループメンバーと意見交換を行ったり、利用者の状況を理解するために必要なことを検討したりすることは有効である。貧困や病気、虐待、その他の人権が侵害されている状態等が人々の心にどのような影響を与えるのか、どのような不自由を感じるのかをグループで調べよう。

　インテーク面接における留意点は、繰り返しになるが利用者ははじめて相談援助専門職と出会っている、という点である。社会福祉の相談機関を訪れるということ、相談援助の専門家と話をすることがはじめての人もいるであろう。そのような状況のなかで大きな不安を抱えながら、しかし相談することによって何とか困りごとを解決したいという複雑な思いの利用者に対し、できるかぎり安心感を与え、落ち着いた雰囲気のなかで面接をすることが大切である。来談者に安心感を与えるために有効なのが、非言語的コミュニケーションである。第1部で学んだ技法を、実際に来談者とのやり取りのなかで実行してみるとともに、それが来談者や観察者の目にはどう映っているのかを確認してみよう。優しい笑顔で話をしたつもりが、緊張のあまり強張ってみえていたということもあるだろう。できれば、ビデオカメラでロールプレイの様子を撮影し、ふりかえりのなかでみることは非常に役に立つ。

　実際の面接では、このように5分で終わることはない。インテーク面接においては、来談者の話しやすい話題に沿いながらも、アセスメントにおいて必要な情報を収集するために、相談援助専門職が適切な面接の展開を行う。

演習 2-3 アセスメント

1 演習―アセスメントのねらいと留意点

　アセスメントを行うためにはどのような情報が必要なのか、それらの情報をどのようにして入手できるかを理解する。情報を入手するためには、利用者や周囲の人から直接に話を聞くといった方法や、関係する施設や機関の担当者に聞く、記録物から読み取るなどの方法が考えられる。それぞれの方法において、個人情報の保護や守秘義務、あるいは利用者の感情に配慮するといった事柄についても留意しなければならない。

　また、集められた情報から、課題となること、ストレングスとなることを読み取り、利用者の望む生活と支援の方向性について検討できることをめざす。

2 演習「アセスメント」

（1）演 習
　前章2-2で取り上げた山田さんの事例をもとにアセスメントをしてみよう。

● 事 例

　相談援助専門職の鈴木氏は山田千恵さんにインテーク面接を行い、生活の状況や困っていることについての情報を得ることができた。またその後、山田さんの自宅を訪問し、山田さんの祖母と母親に直接会って、面接を行うことができた。以下がその概略である。

山田ちよさん（仮名）：82歳　女性　脳梗塞後遺症
＊家族：長女（54歳）と孫（22歳）と同居している。夫とは8年前に死別。子どもは、ほかに長男がいるが結婚し家族とともに遠方に住んでおり、1年に1度顔を合わせる程度で普段はほとんど連絡も取っていない。
＊生活歴：20歳で会社員の夫と見合い結婚した。専業主婦として、家事や育児をしてきた。10年前に長女が離婚して、孫とともに実家に戻ってきて以来同居している。長女は家計を支えるために仕事が忙しく、家事や育児はちよさんに任せきりであった。長女に対して離婚したことや母親としての役割を果たしていないことなどを注意することが度々あったため、長女とは口論が絶えない。もともとは人づきあいがよく、近所に友人が多かった。

3年前に脳梗塞を発症、後遺症の片麻痺のため1人で外出することはほとんどなくなった。自宅のなかでは大きな不便はなく過ごしていたが、1年前位から物忘れが出てきた。最近、とくにひどくなっており、昨日のことが全く思い出せない、台所で鍋を火にかけていたことを忘れるといったことがでてきた。また、最近は家のなかで転倒することが数回続いている。血圧も高く、病院に定期的に通院するように言われている。

＊本人と家族の気持ち
本人：最近、娘や孫から注意されることが多くなり、転ぶことも増えたため自信がなくなってきた。日中は1人で過ごすので少し不安である。娘や孫に迷惑をかけたくない。住み慣れた自宅で暮らしていきたい。
長女：しっかり者で自分がいくつになっても注意ばかりしている母親であった。家事能力も高く、頭が上がらない思いだった。そんな母親が最近になって以前とは別人のような様子であるのを目にして、どう対応したらよいかわからなかった。これまで世話になってきたのでできるかぎりのことはしてあげたいと思うが、何をしたらよいのかわからない。家計のために仕事も辞められず今後のことを考えると不安である。
孫：これまでかわいがって育ててくれた祖母なので、できるかぎりの世話をしたい。

（2）演習課題

① 事例の概略にある情報のほかに知りたいことはありますか？　またそれらの情報はどのようにして収集すればよいかを考え、ワークシート2-3-1に書き込んでみましょう。

ワークシート2-3-1

ほかに知りたい情報	どのようにして集めるか

② 山田ちよさんが望む生活とはどのようなものでしょうか。また、その生活を送るために力（ストレングス）となること・課題となることを挙げて、ワークシート2-3-2に書き込んでみましょう。

ワークシート2－3－2

ちよさんが望んでいる生活		
	ストレングスとなること	課題となること
健康状態		
心身機能・ＡＤＬ		
参加		
環境因子		
個人因子		

③ 山田ちよさんの現在の状況をエコマップに書いてみましょう。

3 演習のまとめ

　アセスメントは見立ての作業であり、利用者やその家族、彼らの置かれている状況や問題となっていること、それらの交互作用について整理をすることである。援助の実際においては、適切な見立てを行うためにはどのような情報が必要かを判断し、またそれらの情報を収集することも支援者のすべきことである。

　面接においては、利用者の語る言葉を大切にしながら進めていくが、利用者が自ら語ること、語りたいことだけをただ受動的に聞いていてもアセスメントのために必要な情報が得られるとはかぎらない。アセスメント面接ともいわれるように、必要な情報は何かを考え、分析しながら面接をすることが重要である。

演習 2-4 プランニング

1 演習―プランニングのねらいと留意点

　プランニングはアセスメントに基づいて具体的な援助計画を策定することである。プランニングでは、援助の目標（長期・短期）やゴールを計画するが、この演習においては、その前段階として、対応策を検討し社会資源を調べることをめざす。

2 演習「プランニング」

(1) 演 習

　前章2－3で取り上げた事例のアセスメントをもとにプランニングをしてみよう。
　ワークシート2－3－2で検討した「ストレングスとなること、課題となること」に対し、考えられる対応策はどのようなものだろうか。また、それらを実際の援助につなげていくためにはどのような社会資源が活用できるのだろうか？　この演習では、実際に個人であるいはグループで社会資源を調べることに挑戦してみよう。社会福祉の各分野のテキストなどから制度を調べる、地域にどのような機関やサービスが存在するのかをインターネットで調べる、地域の広報紙を読む、実際に役所や社会福祉協議会などを訪ねて話を聞くなど、さまざまな方法でプランニングを体験してみよう。

(2) 演習課題

① 　事例への対応策を考え、ワークシート2－4－1に記入してみましょう。次にグループでどのような対応策が考えられるのか話し合ってみましょう。

ワークシート2−4−1

ストレングスとなること	課題となること	考えられる対応策
	・高血圧と脳梗塞の後遺症の定期的な管理が必要	
・心身機能低下の初期とみられること	・認知症の疑いがある ・最近転倒が多く、ＡＤＬが低下している可能性がある	
・人づきあいがよく、近所に知り合いが多いこと	・1人で外出するのは危険	
・長女と孫ができるかぎり世話をしたいと考えている ・居室が1階にあり、トイレや風呂から近い	・長女と孫には仕事がある ・長女はちよさんの老いに戸惑っている ・具体的な介護の方法などがわからない	
・家族に迷惑をかけたくないので自分のことはできるかぎり自分でしたいという意欲がある ・人と接するのが好き	・最近、不安な気持ちがある	

② 演習課題①で挙げた「対応策」を援助として実施するためにはどのような方法が考えられるでしょうか。「対応策」を実行するために利用可能と思われるフォーマル・インフォーマルな社会資源をできるかぎりたくさん挙げてみましょう。また、それらの資源をどのように活用することができるでしょうか。グループで話し合い、ワークシート2−4−2に記入してみましょう。

ワークシート2－4－2

考えられる対応策	社会資源とその活用

③　演習課題②で挙げたフォーマル・インフォーマルな社会資源の実際の様子を調べてみましょう。また、調べるためにはどのようなやり方があるのかについてもグループで話し合ってみましょう。

3 演習のまとめ

　アセスメントにおいて確認したことを援助計画にいかに生かしていくかが実際の援助においては要求される。この時に気をつけなければならないことは、利用者やその家族の思いに沿ったプランニングとなっているかどうかである。事例においては、利用者と話し合いながら進める、ということができないが、利用者とその家族についてイメージをふくらませながら考えてみるようにしたい。

　相談援助専門職は非常に複雑な制度やサービスを熟知し、それを活用している。教育の場においてはそのような社会資源の活用は難しいが、できるかぎり体験的に学ぶ機会をもつことは大切なことである。

　また、フォーマルなサービスに偏ることなく、家族や隣人といった身近な人々をクライエントシステムとしての視点で活用する方法を検討してみることも重要である。

2-5 演習 モニタリングからアフターケアまで

1 演習—モニタリングからアフターケアまでのねらいと留意点

　インテーク、アセスメント、プランニングという一連の作業のなかで、どのような援助が利用者にとってよいのかを探ってきた。このようにして実行される援助であるが、それで終わりということではない。人間とそれを取り巻く環境は常に変化しているものであり、相談援助専門職はその変化に対し柔軟にかつ素早く対応しなければならないのである。

　ここでの演習では、利用者と家族の生活の様子の変化に気づき、どのように対応したらよいのかを検討することをめざす。また、援助の終結後のアフターケアについても考えることにより、利用者の生活を援助することの包括性、継続性について確認する。

2 演習「モニタリングからアフターケアまで」

(1) 演習

　前章2-3のアセスメントで取り上げた事例のその後の援助経過をみてみよう。

● 事 例

＜その1＞
　山田ちよさんは相談援助専門職との相談援助のなかで、介護保険サービスの利用や家族や近隣の人たちの手助けを受けながら自宅で生活することを要望した。介護保険を申請し「要介護2」という判定を受け、デイサービスを週に2日利用することとなった。また、家族が近隣に住むちよさんの友人に事情を説明したところ、協力を得られることとなり、日中はほぼ毎日のように知り合いが声をかけたり、お茶を飲みに訪ねて来てくれるようになった。ちよさんは「またお友だちとおしゃべりできるようになってうれしい。デイサービスでもみなさんがよくしてくださるので楽しい」と家族に話していた。

＜その2＞
　それから2か月経ったころ、ちよさんの長女が介護の疲れが溜まっているせいか体調がよくない日が続くようになった。ちよさんの足腰が少しずつ弱ってきているため、家族が家にいる時はちよさんから目を離さないようにしている。そのような生活が家族にとってストレ

スとなっているのであった。

<その3>
　さらに1か月ほど経ったころ、ちよさんが朝トイレに行こうとして廊下で転倒した。いつもは家族がつき添うようにしていたが、その日は家族が疲れていて起きることができなかったため、ちよさんが1人でトイレに行こうとしたのであった。病院へ家族が連れて行ったところ、大腿骨頚部骨折とのことであり、手術とリハビリで3か月程度、入院することとなった。

（2）演習課題

① 上記の経過を読んで、モニタリングの必要性について考えてみましょう。いつの時点で、誰に、何についてモニタリングを行えばよかったと思いますか？　事例の経過を追いながら具体的に検討してみましょう。

② モニタリングによって、利用者を取り巻く状況に変化が確認されれば、再度アセスメントやプランニングを行わなければなりません。事例ではどのような再アセスメントが考えられるでしょうか？

③ 山田ちよさんの入院によって、今後のちよさんへの相談援助は病院の相談援助専門職が担当することとなり、地域包括支援センターの相談援助専門職による援助は終結することとなりました。アフターケアとしてどのようなことができるでしょうか？

3　演習のまとめ

　実際の援助においては、モニタリングは「このように行えばよい」という決まりがあるわけではない。利用者の心身の状態、生活の安定性、援助計画などの個別な状況により異なるものである。
　モニタリングにおいてもアフターケアにおいても重要なことは、援助という枠組みのなかでソーシャルワーカー＝クライエント関係や援助にかかわるチームメンバー間の関係が円滑になり、今後発生しうる潜在的ニーズに対して素早く対応できる手立てはないかを検討することである。
　相談援助専門職のもつ調整機能を最大限に活用し、利用者がその社会資源を有効に活用し、望む生活を送ることができるような援助のあり方を探っていくのである。

第3部

相談援助事例演習

3-1 講義 相談援助事例演習の方法

1 「事例」を学ぶ

　相談援助実践を理解するうえで、「事例」を通して、講義を中心に獲得した相談援助の価値、知識、そしてスキルを追体験的に学んでいくことは、実践力のある相談援助専門職を養成するためには欠かせない。事実、臨床医学における「症例研究」や法学における「判例研究」などは、比較的古くから事例を扱い教育や研究に取り組んできた。また、福祉分野にかぎらず、経営学、応用倫理学、または看護学といった多様な学問領域において、個々の事例を分析・検討する方法が活用されている。これらのことからも、教育や研究において事例を活用する効果がわかるだろう。

　そこで、本書の第3部においても、相談援助実践に関する理解を深めてもらうために、多様な分野における事例を用意している。これらの事例を活用し、相談援助実践に対する学びを深めてもらいたい。ただし、それぞれの具体的な事例に取り組む前に、事例演習について、その意味、目的、そして方法などについて本章において解説する。

2 事例演習とは――事例研究？　それとも事例検討？

　まず、事例演習とは何なのか。少数または1つの事例を取り扱う教育や研究方法については、さまざまな定義や見解がある。一般的に、そのような方法を、「事例研究」や「事例検討」と呼ぶことが多いが、それらは必ずしも峻別してもちいられていない。そのため、このような「事例研究」と「事例検討」といった方法の定義に関する混乱は、福祉分野にかぎらず、臨床心理や看護分野においても同様にみられる[1]。

　そこで、まず、事例演習の具体的な目的や方法等を解説する前に、事例を活用したこれらの異なるアプローチを少し整理しておきたい。整理の仕方はいくつかあるが、中村[2]は、事例を活用するこれらの方法を「事例活用法（case method）」と総称し、「事例研究法」、「事例検討法」、そして「事例教育法」の3つに分類している（図3-1-1参照）。わかりやすい分類であるため、若干詳しく説明し、本書における事例演習の位置づけを考えたい。

第3部　相談援助事例演習

事例活用法　　　事例研究法（新しい知見を生み出す）
（case method）　事例検討法（実践における効果的な対応を導き出す）
　　　　　　　　事例教育法（必要とされる知識や情報などを伝える
　　　　　　　　　　　　　　◎本書における事例演習　　　　　　）

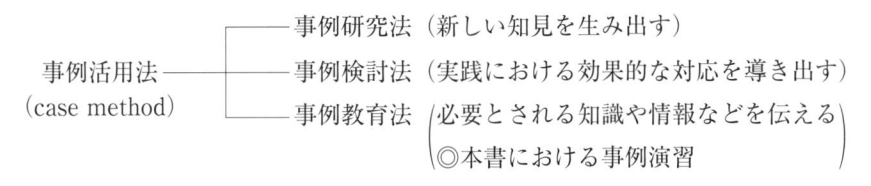

図3-1-1　事例活用法の3つの分類

① 事例研究法（case method for research）
　まず1つ目として、「新しい知見を生み出す」事例研究法が挙げられる[3]。一般的に、新しい知識や見解を導き出すことが事例研究においては求められる。もちろん、少ない事例だけで一般化できるような主張は難しいが、それらの「可能性」を示すことができ、それが事例研究の重要な役割であるといえる。また、岩間[4]によると、事例研究法は、「解決すべき内容を含む事実について、その状況・原因・対策を明らかにするため、具体的な報告や記録を素材として研究していく方法」とも定義される。このように考えると、事例研究法における焦点は、その名のとおり、事例を通じて、その状況、原因、そして対策に関する新しい知識や見解を明らかにし、または理論の生成や検証を行うといった「研究」にあるといえる。

② 事例検討法（case method for practice/ training）
　一方、事例検討法は、事例そのものについての理解を深め、より効果的な対応を検討するといった「実践」に焦点があるといえる。事例検討法とは、「援助者がその時点で関わっている事例（援助進行中の事例）に対して今後の具体的な援助方針を導き出す」ための事例活用法であるとされる[5]。そのため、事例研究法とは異なり、何らかの新しいアイデアを提示する必要はなく、実践的または研修的な要請から取り組まれるアプローチである。ケースカンファレンス（または、ケア会議など）やスーパービジョンなどにおいて事例を取り上げ、支援の質を向上する目的でこの方法が活用される場合が少なくない。

③ 事例教育法（case method for instruction/ teaching）
　最後に、事例教育法が挙げられる。学生や実践者を対象とし、事例の意味、事例の構造、そしてその分析法などを解説したり、または集団討議をもちいたりして事例に関する教育を行う際に活用する方法である。ここでの焦点は、字句どおり、必要とされる知識や情報などを伝える「教育」にある。この事例教育法が本書における事例演習にあたるといえる。

　事例活用法におけるこれらの分類と目的を理解し、それぞれの方法を適切に活用することが望ましい。たとえば、事例教育法が適しているにもかかわらず、他の方法を前提として事例演習を進めると、「専門用語や援助方法が高度で、事例を読み解くために必要な体験や知識と学生自身のものとの乖離が大きい」という問題や、「活用する事例では利用者や、

それを取り巻く環境について詳細に記されているが、援助者側が抱いた感情や利用者との間に生じる葛藤についてはあまり触れられていない」といった不都合が生じる可能性がある。そのような意味では、どの事例活用法を利用するのか、つまり、誰に（対象）、そして何のために（目的）事例を活用するのかについて明らかにしておくことが、効果的な事例の活用につながるといえる。

3 なぜ相談援助演習において事例を扱うのか——その教育的効果

相談援助演習において事例を扱う理由は何なのか。事例を活用する意義として、岩間[6]は、①「事例を深める」、②「実践を追体験する」、③「処遇を向上させる」、④「援助の原則を導き出す」、⑤「実践を評価する」、⑥「連携のための援助観や援助方針を形成する」、⑦「援助者を育てる」、そして⑧「組織を育てる」の8点を挙げている。相談援助専門職にとって、事例を活用した研修や学習には多くの利点があることがわかる。

ただし、「現場を経験している」相談援助専門職と、「これまで何ら実践現場を体験したことのない」学生とでは、事例を活用する意味合いは異なる。そこで、本書の事例演習が対象とする学生にとっては、とくに以下の3点がその教育的効果として挙げられるだろう[7]。

1つは、事例演習を通して、それぞれの講義で断片的に学習してきた相談援助の専門性（価値、知識、そして技術）を、具体的かつ総合的に学習することができる点であろう。そのなかで、利用者の状況やニーズ、その社会背景、支援者の視点やかかわり、支援の展開過程などを分析し、考察することが可能となる。

2つ目は、実習体験や実践経験の少ない学生にとっては、事例演習において援助実践に関連する多くの知識や情報も合わせて得ることが可能となる。講義において「とりこぼした」知識や情報を事例演習における学びによって補完することができる。また、すでに講義において学んだ知識や情報であっても、再度、事例演習で確認することで、それらの理解も深まる。

最後に、事例を通して、学生自身が自分を発見したり、再認識するといった自己覚知が可能となる。この点は、とくに現場経験のない学生にとっては重要であるだろう。具体的な事例場面の再現やロールプレイなどグループで検討したり、学生同士の意見交換などを通して、自らの価値観、生き方、考え方、そしてふるまいなどについて考察し、自己覚知としての再認識や気づきを導き出すことができる。そのような意味では、相談援助専門職としてだけではなく、学生自身の自己成長にもつながるといえる。

4 事例演習の方法——どんな方法があるのか？

　事例演習においては、「ハーバード方式」「インシデント・プロセス法」「ロールプレイング法」「KJ法」などさまざまな方法が活用される。どの事例演習方法を活用するのかについては、それぞれの事例の特徴や学習目的により異なるため、一概にどの方法が適切であるとは言い難い。ただし、相談援助実践に関連した事例活用の方法としては、援助プロセス全体を追った「ハーバード方式」と、ある援助場面を切り取って議論を進める「インシデント・プロセス法」に大別されるのが一般的であるとされる[8]。そこで、ここでは、比較的よく知られているこれら2つの方法を中心に説明したい。

　まず、事例活用法のなかで最も代表的なものは、事例全体の援助プロセスが把握できる「ハーバード方式」である。事例全体をはじめから終わりまでまとめて提示するため、援助プロセスが確認でき、援助実践の分析や考察を深めることが可能となる。ただし、「ハーバード方式」は、援助実践全体を要約的にまとめたものを素材とするため、事例研究の参加者は、事例を外から第三者的にみる「傍観者」となりやすいことがデメリットであるとされる[9]。そのため、問題解決策や援助方法を検討する際、利用者の立場に立ち主体的に検討する姿勢を引き出しにくいといわれる。また、この事例活用法がアメリカの大学院教育で発展した経緯を鑑みると、若干高度な知識やスキルが必要であるともいえる。

　もう1つの事例演習方法としては、「インシデント・プロセス法」がある。「インシデント・プロセス法」では、ある特定の問題が提示される発端となる出来事（インシデント）を中心にまとめた事例活用法である。「ハーバード方式」のように事例全体を要約したものを提示することはなく、少ない情報のなかに具体的な問題場面がリアルに描写される。また、「ハーバード方式」が抽象的な議論に陥りやすい、そして参加者に一定以上の関連知識がなければ難しいといった点があり、それらを補う形でこの方法が登場したとされる[10]。一般的に、「インシデント・プロセス法」において事例を提示する場合は、その特定された出来事を要約して示すこともあれば、利用者と相談援助専門職との会話を必要に応じて示していく方法がとられることもある。

　これらの特徴も踏まえ、志村[11]は、初歩段階としての「インシデント・プロセス法」、そして発展段階としての「ハーバード方式」といった事例の取り扱いを提案している。とくに、学部レベルであれば、まず、「インシデント・プロセス法」が事例演習において使用しやすいだろう。とくに、相談援助実習に臨む前の教育段階では、この方法を活用した支援のイメージづくり、動機づけ、そしてスキル教育が効果的である。一方、相談援助実習を終了し、事後学習などにおいては、「ハーバード方式」の活用も考えられる。

　また、先述したように、これら以外にも、「ロールプレイング法」や「KJ法」といった事例演習の方法がある。それぞれの事例の特徴や学習目的に合わせて適切に方法を選択することが望ましい。

5 事例演習のプロセス——演習の進め方

　事例の特性や目的、または事例演習の方法によってもその進め方は異なる。しかし、一般的には、以下のプロセスを経る場合が多い[12]。あくまでも一例であるが、これらの5つのプロセスを簡単に解説し、次章以降において事例に取り組む際の一助としたい。

① 事例提示と支援内容の説明
　事例に関する必要最低限あるいは事例における課題を検討するうえで必要と思われる情報が教員から提供される。事例演習においては、事例及び関連情報が記載された資料を配付する場合が多い。ここでは、教員がそれらを提示し、読み上げ、そして説明を加えるといった手順を踏む。

② 事実確認と情報整理
　事例について全体像をイメージできるように教員と学生で質疑応答を行い、事実を確認し情報を整理する。この際に、学生は難しい用語などについて質問したり、調べるなどして理解できるようにしておく。

③ 課題の設定
　学生はこれまでに明らかとなった情報をもとに、何が課題として取り上げられているかを明確に理解しなければならない。ただし、事例演習においては、本書のように事例とともにそれに関する課題が用意されている場合が少なくない。その場合はそれらの課題を中心に事例演習を進めることになる。どちらにしろ、課題の把握が明確になっていない場合、課題検討の際の討議における方向性が定まらず、単なる感想や不満を述べるだけで終わってしまう可能性がある。この点には注意したい。

④ 課題の検討
　合意または用意された課題を、学生はグループごとに討議する。そして、それらの討議結果をクラス全体で共有する作業が必要となる。

⑤ まとめ
　以上のプロセスを経て、課題において何が解決できたか、あるいは何がまだ解決されていないかについて、教員のフィードバックを聞く。

6 事例演習の枠組み——どこに焦点を置いて演習を進めるのか？

　それでは、具体的に、どのようなところに焦点を置いて、事例演習に取り組む必要があるのだろうか。この点について、田中[13]は、まず、事例における相談援助専門職の「かかわり」について検討することを提案している。つまり、事例における専門職が「ある個人や人々へかかわったのか」「制度・システムにかかわったのか」「その両者をつなぐ部分

にかかわったのか」または「政策へかかわったのか」といったかかわりの対象を検討する。もちろん、このなかの一つひとつにかかわることも、すべてにかかわる事例もあるだろう。

そして、このような相談援助専門職の「かかわり」に加えて、田中[14]は、相談援助専門職の「専門性」について検討することを提案している。事例演習において検討する具体的な項目として、以下の4点を挙げている。

まず、最も重要な点は、相談援助専門職の「専門価値」である。事例のなかで、専門価値とそれに基づいた相談援助実践の使命、意義、そして目的を検討することを意味する。それらを検討することにより、それぞれの事例においてどのような具体的課題に取り組めばよいのかが明らかになる。次に、明らかとなったこれらの具体的課題に即し、どのような役割を担う必要があるのかといった「専門的役割」、その役割を遂行するための実践理論やモデルなどの「専門知識」、そして、それらの実践理論やモデルに必要な技法や技能といった「専門技術」を事例のなかで検討することが望ましいと述べている。もちろん、事例内容によっては、これらすべての専門性について検討することは難しい場合も少なくない。そのような場合には、取り組み可能な項目を扱うだけでも十分であろう。

事例演習における上記の検討事項はあくまでも一例であるが、少なくともどのような視点をもって考察・分析するのかについては、学生も、教員も前もって理解しておく必要がある。ただし、それらの視点がどのようなものであっても、相談援助専門職として必要な価値、知識、そしてスキルに立脚したものでなければならない点には留意したい。

【引用文献】
1）山本力「研究法としての事例研究」山本力・鶴田和美編著『心理臨床家のための「事例研究」の進め方』北大路書房　2001年　pp.14-29
2）中村和彦「事例研究・事例検討の意味」米本秀仁・高橋信行・志村健一編著『事例研究・教育法：理論と実践力の向上を目指して』川島書店　2004年　p.27
3）前掲1）p.16
4）岩間伸之『援助を深める事例研究の方法』ミネルヴァ書房　2000年　p.18
5）前掲書4）p.19
6）前掲書4）pp.23-28
7）五十嵐雅浩「社会福祉援助技術演習と事例の活用」米本秀仁・高橋信行・志村健一編著『事例研究・教育法：理論と実践力の向上を目指して』川島書店　2004年　pp.96-105
8）前掲4）p.50
9）斉藤千鶴「事例研究の意味と方法」ソーシャルワーク演習教材開発研究会編『ソーシャルワーク演習ワークブック』みらい　2008年　pp.121-125
10）前掲書4）p.50
11）志村健一「社会福祉教育場面における事例教育の位置とその意義」米本秀仁・高橋信行・志村健一編著『事例研究・教育法：理論と実践力の向上を目指して』川島書店　2004年　pp.85-95
12）横山正博「ソーシャルワーカーのための事例検討方法論」『山口県立大学社会福祉学部紀要』第8号　2002年　pp.2-3

13）田中千枝子「事例研究の意味と方法」社会福祉教育方法・教材開発研究会編『新社会福祉援助技術演習』中央法規出版　2001年　p.185
14）前掲書13）　p.186

【参考文献】
社会福祉士養成講座編集委員会編『相談援助の理論と方法Ⅱ』中央法規出版　2009年
相澤譲治・津田耕一編『事例を通して学ぶ社会福祉援助』相川書房　1998年
西尾祐吾編著『保健・福祉におけるケース・カンファレンスの実践』中央法規出版　1998年

3-2 事例演習 アウトリーチ［テーマ・児童］

1 児童相談所のアウトリーチ

児童相談所の一般的な相談援助活動は、
① 保護者の死亡・家出・疾病などによる養育困難、保護者による虐待などの「養護相談」
② 未熟児・虚弱児・心身の疾患などの「保健相談」
③ 肢体不自由・発達の遅れ・広汎性発達障害などの「心身障害相談」
④ 触法やぐ犯などの「非行相談」
⑤ 性格行動・不登校・しつけなどの「育成相談」

を受け、児童福祉司・児童心理司・医師などがチームを組み、調査・診断（社会、心理、医学、行動診断）・判定（各診断担当者の協議により行う総合診断）・援助方針会議のプロセスを経て、児童や家族のもつ課題に沿った援助を行うことである。

しかしながら、地域で暮らす個人や家族には、児童養育上の問題を抱えながら、地理的・経済的・能力的理由などにより、援助機関やサービスに接近することが困難な人々も少なからずいる。そのような人々に対して、相談援助機関が地域に出向き、潜在化したニーズを発掘し、適切なサービスに結びつける取り組みも重要である。乳幼児健診での発達相談、保育所や幼稚園への巡回相談、要保護児童対策協議会（子どもを守る地域ネットワーク）の運営など、地域を基盤とした諸活動は、児童相談所が行うアウトリーチの典型例といえよう。

さらに、児童相談所では特定のニーズをもつ人々に対する援助だけではなく、
① 住民のニーズを的確に把握するための情報収集、調査　など
② 住民のニーズに対応した事業の企画及びその実施
③ 児童虐待防止のための活動
④ 子どもの福祉に関する多様なサービスの調整[※1]

を通じて、児童を養育する保護者全般に対する援助活動も実施している。

特定のニーズをもった保護者すべてが、自らの意志で児童相談所を利用するわけではない。昨今、児童福祉の中心的な課題として取り上げられている児童虐待において、児童相談所は、一般人や関係機関からの通告・送致に基づき、保護者の意向に関わらず強制的に介入する（児童を保護する）役割を担っている。

非行相談においては、児童と保護者の双方が援助に否定的な感情をもつことも稀ではなく、そのような場合、相談支援専門職は介入のポイントを慎重に模索しながら、タイミン

※1　厚生労働省「児童相談所運営指針の改正について」厚生労働省雇用均等・児童家庭局長　雇児発第1026003号　2007年　pp.7-8

グを逃さず積極的に介入することが必要となる。

　このような法的な権限に基づく強制的介入は、公的機関である児童相談所の特徴的なアウトリーチの形態といえよう。

2　事例　「触法行為を繰り返す小学生への援助」

（1）利用者・相談援助専門職の紹介

●利用者のプロフィール
・G君　性別：男性　年齢：10歳（小学校5年生）
　G君は政令指定市であるA市B区に、母（37歳）と6歳年上の兄と3人で暮らしていた。親権者である母は双極性障害のため就労できず、生活保護を受給していた。母は精神疾患だけではなく、飲酒や睡眠薬の大量摂取などの問題を抱えていた。炊事・洗濯など家事一切は、C区に住む母方祖母がしていたが、最近では、G君宅を訪れる祖母の姿を目にしなくなっていた。G君は5年生の10月ごろより、登校することができなくなっていた。当初は小学校教員が迎えに行き、週に数回登校していたが、やがて、学校に姿をみせなくなった。教員が路上でみかけて声をかけても反抗的な態度をみせ、衣服の汚れが目立ち、食事も十分にとれていない様子であった。
　また、深夜まで兄と行動をともにし、ナンバープレートのない単車に2人乗りしていたことや、公園でシンナーを吸引している集団のなかにいたことなどの情報が、同級生や近隣住民から寄せられていた。

●相談援助専門職のプロフィール
・A市児童相談所　K児童福祉司
　職歴：8年　資格：社会福祉士　性別：男　年齢：36歳
　K児童福祉司は福祉系の大学を卒業後、A市に相談援助専門職として採用された。初任から6年間は、福祉事務所で生活保護の地区担当員（ケースワーカー）をしていた。その後、人事異動により、A市に1か所設置されている児童相談所に配属された。A市児童相談所では、養護及び虐待・障害・育成・非行相談を問題分野別で担当するシステムをとっており、K児童福祉司は、非行相談を担当する4人のうちの1人であった。

（2）援助の開始に至る経過

　G君の様子を心配した教員は、家庭訪問を繰り返した後、ようやく母と会うことができた。深夜徘徊や衣服の汚れを指摘したところ、母は突然怒りだし、登校しない原因は同級生からのいじめであり、それを放置していると学校を責め立てた。また、G君との話し合

いや、今後の相談も一切拒否する態度であった。
　学校によるアプローチのみでは限界を感じた教員は、G君世帯の生活保護担当者に対して、母への指導を依頼した。生活保護担当者も簡単には母に会えなかったが、生活保護費の支払日に母を呼び止め、面接する機会を得た。「G君の不登校はいじめが原因」とする母の主張は変わらず、深夜徘徊や不良交友などは否定した。
　このような状況のなか、A市B区要保護児童対策地域協議会の定例会が開催され、G君の件が話題に上った。K児童福祉司は、児童相談所としても何らかのアプローチが必要な世帯と判断し、「予備的な調査を行うこと」「所内で援助方針を検討すること」を約束した。また、関係機関へは、引き続いて経過を観察することと、変化が生じた場合は児童相談所へ情報提供することを依頼した。

（3）援助の過程

　協議会の後、K児童福祉司は関係者への聞き取りを行った。
　その結果、以下のことが判明した。
- 祖母は約1月前に階段で転倒し足首を骨折、2週間ほど入院した後、自宅療養している。G君宅のことは心配している。長距離を歩くことが困難なため、G君の世話は難しいが、関係機関への協力を惜しまない（福祉事務所：保健師から聴取）。
- 母はこの1月に2回ほど、市民病院に救急受診した。病状聴取した結果、薬物（睡眠薬）の大量摂取による意識混濁がみられた。双極性障害の治療は中断している（福祉事務所：生活保護担当者から聴取）。
- 兄が交友している集団の2名を、ひったくりの現行犯で逮捕した。その供述から、兄やG君の名前も出てきている。また、数日前の街頭補導で、夜11時ごろG君を保護した。自宅へ送り母を玄関先まで呼び出したが、体調を崩しているとのことで十分に話ができなかった（警察から聴取）。

　G君の周辺情報がある程度集まった段階で、K児童福祉司は所内の援助会議を要請した。会議の結果、虐待事例として、直ちに立入調査を行うだけの根拠はないが、
- 不適切な養育状態であることは明らかであり、ネグレクトの疑いがある。
- 非行性の高い年長の集団と行動をともにしており、急激な非行化や年長者から犯罪行為に利用されている可能性も否定できない。
- 1学期は安定した学校生活をしていたことを考えれば、早期に手を打てば、元の状態に戻れる可能性が高い。
- シンナー吸引や暴走行為などにより、身体生命に危険が及ぶことが懸念される。

など、リスクが高いケースと判断されるため、早期に介入し、可能であればG君を職権一時保護するとの方針が出された。
　K児童福祉司は、関係機関による個別ケース検討会の開催を呼びかけた。集まった各機関に児童相談所の方針を伝えるとともに、それぞれの機関が受けもつ役割について調整した。

母が自らの意志で児童相談所へ相談をかける可能性は極めて低いため、警察が認知した事実（街頭補導）を口頭通告として受理し、K児童福祉司が家庭訪問することとした。また、母と接触できない場合も踏まえ、あらかじめ以下のような援助（介入）プランを立てておくことにした。
　　＜福祉事務所＞：祖母との関係を保つ一方、医療機関と協力して中断している通院を働きかけ、必要に応じて入院も含め検討する。母が受診等に応じない場合は、生活保護法による検診命令を実施する。
　　＜小学校・民生児童委員＞：母及びG君と接触する努力を続け、そのなかで不適切な養育環境に関する具体的な事実があれば記録し、児童相談所に報告する。
　　＜警察＞：街頭補導や触法行為でG君を保護した場合、母に引き取らすのではなく、児童相談所に身柄付通告する。
　　＜児童相談所＞：家庭訪問や各機関からの情報を集約するとともに、関係機関の動きを調整しながら、時期をみて積極的に介入する。

　K児童福祉司は、2回目の家庭訪問で玄関先まで出てきた兄と話ができた。G君と母は不在とのことなので、G君と母に対して児童相談所への来所を求める書面を手渡した。母からの連絡もなく、訪問しても不在が続くなか、警察からG君を保護したとの連絡が入った。窃取された単車の後部座席に乗っていたところをパトカーが発見し、逃走しようとしたG君のみを保護した。G君の供述によれば、単車を窃取し、運転していたのは兄とのことであり、現在、兄の行方を追っているとのこと。
　K児童福祉司は母に電話連絡したがつながらないため、生活保護担当者に児童相談所まで母を連れてくるよう依頼した。家庭訪問した生活保護担当者は、自宅で意識を失っている母を発見した。薬物を大量に摂取した様子で、救急搬送された結果、入院することになった。
　警察につき添われて児童相談所にやってきたG君は、頭髪を金色に脱色し、服装も"不良少年"そのものであった。それでも、話をすれば幼さは隠せず、一時保護に関しても素直に従った。その後、児童福祉司は、母の入院先を訪ね、G君を職権一時保護したことを伝えたところ、強い拒絶反応は示さなかった。
　兄はその日のうち逮捕され、今回の単車窃盗に加え、数件のひったくりに関与していたことが判明したため、当面は帰宅できないこととなった（後日、少年院送致の保護処分となった）。
　一時保護所でのG君は、集団に適応し、落ち着いて日課をこなしていった。男女を問わず、職員に甘える様子もみられた。心理検査や行動観察の結果、能力的には高くないが、対人関係は良好で、発達上の遅れや歪みは認められなかった。ただし、しつけの不足が影響してか、年齢相応の身辺自立には問題があった。
　母の入院は長期化しないものの、G君の養育を適切に行うまでには相当の時間が必要であった。祖母に関しては、G君の生活を全面的に支えるまでの体調回復は望めなかった。

このような状況から、児童相談所はG君を施設入所させる方針を固めた。当初母は、施設入所には真っ向から反対していた。K児童福祉司には抵抗と依存を繰り返し、時には強い口調で家庭引き取りを主張した。G君の施設入所と母の療養専念に関して、祖母が説得するとともに、福祉事務所からも強い指導がなされた。一時保護中の調査で判明した養育状況（祖母の不在中、母は炊事や洗濯などの家事は一切せず、食事をするための金銭も渡していなかった）から、施設入所に同意しないのであれば、児童福祉法第28条に基づき家庭裁判所に申し立て、親権者の同意なしに施設措置することも考えていることを伝えたところ、最終的に母は施設入所に同意した。

3 事例をふりかえって

表面的にG君は触法行為を繰り返す児童であるが、家庭基盤の脆弱さからみれば高い養護性が認められた。また、法に定義される虐待とはいえないまでも、母・兄・兄の仲間集団のG君へ対する態度は、マルトリートメント（おとなの子どもに対する不適切な関わり）といえるものであった。

児童虐待が国民的な関心を集めるなかで、児童相談所の認知度は高まり、被虐待児童に関する情報が以前に増して児童相談所に集約される傾向にある。虐待対応に関しては、法制度の整備や自治体の体制が強化されるなか、児童相談所が能動的に介入するノウハウが蓄積され、一定の効果を挙げているといえる。同様に非行・育成・障害相談においても、児童の身体生命に重大な危険を孕んでいる事例は少ないだけに、虐待以外の相談についても、一般市民や関係機関から寄せられるさまざまな情報を的確にアセスメントし、リスクの高い児童や家族を発見し、必要に応じて、積極的に介入する姿勢と体制の整備が求められている。

4 演習課題

① 公的機関が利用者の意思に反して積極的介入をする際、相談援助専門職として留意しなければならない点にはどのようなものがあるでしょうか。
② 機関連携がもつ意味について、本事例を通して考えてみましょう。
③ 児童相談所の介入が1つの契機となり、家族が別々に生活することになったことについてどのように考えますか。

【参考文献】
柏女霊峰『児童福祉改革と実施体制』ミネルヴァ書房　1997年
竹中哲夫『現代児童相談所論』三和書房　2000年

3-3 事例演習 チームアプローチ [テーマ・高齢者]

1 チームアプローチとは

　チームアプローチとは、福祉サービスの提供において専門職がチームを編成し、利用者に質の高い福祉サービスを提供していく方法である。チームの編成範囲として、事業所内での編成にとどまる場合と、他の事業所の専門職にまで拡大してチームを編成する場合がある。現代の福祉ニーズは多様化・複雑化しているため、このチームアプローチという手法は大変重要である。

　地域包括支援センターは2006（平成18）年4月の介護保険制度の改正の際に創設された機関である。このセンターにはいくつかの機能が期待されているが、そのうちの1つが高齢者の総合相談窓口としての機能である。このセンターには実にさまざまな相談がもち込まれる。高齢者自身の問題だけでなく、家族関係の問題や、地域での問題など内容や対象、難易度は多岐にわたる。こうした相談に対し、地域包括支援センターに配属されている保健師、社会福祉士、主任ケアマネジャーの3職種の職員が、総合相談支援、権利擁護、包括的・継続的ケアマネジメント及び介護予防ケアマネジメントという4つの業務をベースに相談を受けている。しかし、これらの相談に対してそれぞれの職員が、自分の担当範囲を限定的・機械的にとらえると、有効な相談・支援ができなくなる。

　地域包括支援センター業務マニュアルには、地域包括支援センターは、その設置目的と機能を十分に発揮するために、次の3つの視点に基づいた運営をしなければならないことが記されている。このうちの1つが本節のテーマである「チームアプローチ」である。

① 公益性

　　地域包括支援センターの原資は、介護保険料や公費により賄われていることから、行政直営のセンターはもちろん、法人委託のセンターもその事業運営に高い公益性が求められる。

② 地域性

　　地域包括支援センターは担当地域の特性や実情に応じ、求められるニーズを的確に分析し、これに対する柔軟な事業運営が求められる。

③ 協働性

　　地域包括支援センターには、3職種の職員配置が義務づけられている。各職種が自身の担当範囲を限定的・機械的に問題をとらえてしまうと「縦割り」に陥ることとなり、多面的な分析・援助が行えなくなる可能性が高い。3職種が互いに情報を共有し、得意とする

専門分野から分析し専門的助言や処遇を行うことが、チームアプローチの特徴である。

チームアプローチは、③の「協働性」に着目したものであり、3人の専門職が4つの業務を複合的に担当し、包括的に対象者を支えるシステムである。このチームアプローチを確実に運用するためには、次の3つが重要となる。

ⓐ 情報の共有

　これから支援を行おうとする際に大切なのが、情報の共有である。一定の様式に情報を集約し、職員の誰もが常に縦覧できる体制を整えておくことである。これはフェースシートだけでなく、継続記録も同様である。

ⓑ 主担当者の決定

　チームアプローチの結果、責任の所在があいまいになることがある。チームアプローチはそれぞれの専門職が知恵を出し合って、最善の対応をするものであるが、主となる担当者を決定し、責任の所在を明確にしたうえで、主たる担当者名を相談者に伝えておくことが大切である。

ⓒ 他の職種の業務に対する理解

　自身の専門以外の分野の知識でも、ある程度までは理解しておくことが大切である。たとえば週に一度、少しでも時間をとって定期カンファレンスを開催し、相互の理解と連携を図る機会を設けることは大切である。

チームアプローチとともに、「ネットワークの活用」も極めて重要である。この両者を十分活用しているかどうかが、地域包括支援センターの問題解決のカギを握っているといえる。ネットワークとは、保健・医療・福祉サービスのほかに、さまざまな地域のインフォーマルな社会資源を指す。これらを有機的に活用できてはじめて、地域での問題解決につながる。

次の事例においても、チームアプローチとネットワークの活用なくしてはとうてい解決に至らなかったと思われる。

2　事例　「ある日突然、周囲との接触を拒否しはじめた独居女性」

（1）利用者・相談援助専門員等の紹介

●利用者のプロフィール
・E子さん　80歳　女性
　古くからの住宅街のなかにある持ち家に住んでいる。結婚歴はなく、子どももおらず、近隣とのつきあいもほとんどない。唯一、判明している身内は兄の子（姪）であるが、利

用者に精神疾患による妄想の既往があるためか、つきあいは薄かった。
　利用者は大手企業に長年勤めていた関係で、十分な年金支給がある。10年前から物盗られ妄想はあったものの、ほかに大きな病気もなく、決まった通院先もなく、また妄想が原因で他人とトラブルを起こすこともなかった。老人クラブに所属し、コーラスに勤しむなどの面もあり、この方面での友人は少ないが何人かいる。

●相談援助専門職等のプロフィール
・主任ケアマネジャー
　措置制度の時代に、生活保護と高齢者福祉の現業員をしていた経験がある。介護保険の発足時から、ケアマネジャーとして在宅介護支援センターでの勤務の後、地域包括支援センターに主任ケアマネジャーとして異動してきた50歳の男性。

・姪夫婦
　ともに50代の世話好きな夫婦で、隣の市に住んでいる。姪は主婦で、姪の夫は自営業をしている。自家用車を所有しており、平日の昼間は比較的自由な時間がある。

・医師
　元々は総合病院の40代の勤務医であったが、1年前に近所に開業した。在宅医療や介護保険制度に強い関心をもっており、フットワークは極めてよい。専門は内科で、地域において多くの患者から信頼されている。

・民生委員
　古くからの住人で世話好きな性格。顔が広く、地域で知らないものはいない60代の男性。

・老人福祉員
　老人福祉員は、この市の独自の制度で、独居老人宅を定期的に訪問するために市から委嘱されたボランティアである。民生委員と連携して高齢者施策の普及活動も行っている。この老人福祉員は50代の女性で、古くからの住人であり、本人とは以前から面識がある。

（2）援助の開始にかかる経過
　2008（平成20）年9月20日の17時、民生委員から第一報があった。内容は次のとおり。9月15日の敬老会でコーラスに加わっていたE子さんを、9月18日の発表会の朝に友人が自宅に迎えに行ったが、応答がない。自宅はすべて鍵がかかっており、自宅警備も設置されていたので、姪夫婦が呼ばれ、警察と警備会社立会いのもと、自宅に入った。
　E子さんは2階で放心状態のようになっており、反応がおかしいので、救急搬送を依頼したが、本人は強く拒否した。この時の様子は、顔を上げずにうつむいたまましっかりし

た声で、強い調子で「帰ってくれ！」というものであった。その後はまるで"岩"のようになり、一言も話さなくなった。

途方にくれた姪夫婦は、飲み物と食べ物を置いていったん引き上げ、翌々日9月20日に再び訪問したが、状況は変わらず、飲食物もほとんど手をつけていなかった。話しかけてもこちらを向こうともせず、取りつく島もない。仕方ないので、翌日も姪夫婦が再度訪問することとなった。

(3) 援助の過程

地域包括支援センターに相談があったのは、9月20日の土曜日17時前であった。訪問は行わず、提供された情報をもとにまず3職種で所内検討会を開いた。保健師からは、原因は脱水もしくは何らかの外的なショックによる「せん妄」ではないか、という意見が出された。翌日の日曜日も姪夫婦が再度訪問する予定であったため、姪夫婦に水分補給の指示をするとともに、E子さんの様子に変化があれば連絡をするよう伝えた。

週明けの9月22日の午前11時。主任ケアマネジャーが民生委員、姪夫婦と同行訪問した。聞いていた状態と変化はなく、2階で横になったまま布団を頭までかぶり、"岩"のようになって微動すらしない。

室内環境の確認を行うと、雨戸と窓とカーテンは閉じたままで、電灯をつけていないため薄暗い。室温はかなり高いと感じた。かすかな尿臭を感じるが、明らかな失禁はないと思われる。

こちらが覗き込んで問いかけても、E子さんは眼を硬く閉じ、顔をしかめ、顔の前で両手を交差させてバツ印をつくって、拒否の意思表示をした。体温と脈拍を確認するため声をかけて手首にそっと触れたところ、80歳の女性とは思えないほど強い力で振り払われた。皮膚の乾燥と微熱を感じた。

日ごろ親しくしている友人なら、気を許してこちらの問いかけに応じるかもしれないと考え、コーラス関係の友人を探すことにした。老人福祉員の情報で、駅近くのタバコ屋のおばあさんと親しいことが判明した。この情報をもとに、地理に詳しい社会福祉士が店を捜し当てておばあさんに応援を依頼した。さっそく駆けつけて声を掛けてもらったが、結果は同じ拒否であった。

姪夫婦に、9月20～22日の間の摂食量を確認してもらったところ、バナナ3本、栄養ドリンク2本、500mlのペットボトル2本が減っていることが判明。保健師と相談し、「まずは医師の判断を仰ぐべき」と判断した。本来であればかかりつけ医に連絡するところであるが、どこも定期受診していないため、主任ケアマネジャーが懇意にしている開業医に往診を依頼した。医師は、2階に上がり診察をしようとしたが、問診も触診も激しい拒否にあい、診察は不可能であった。医師の所見としては、拒否の明確な意思表示があり、振り払う力の強さ、失禁をしていないことなどから推測して、脳出血等の重大な疾病はなく、

脱水によるせん妄の疑いが濃厚であるとのこと。手元に水分と食料を置いておけば、2～3日は生命に危険はないと判断された。

逆に、現時点のリスクとして、2階から担架などによる搬出を試みた場合、E子さんが暴れて転落する恐れや介助人のけがなど2次災害が憂慮された。結論として、現時点での病院搬送は断念。医師より、区の総合病院の地域医療連携室に電話を入れて、所見と近いうちに救急依頼する予定があることが伝えられた。

この日は、前日と同様、バナナ・みかん・栄養ドリンク・ペットボトルのお茶を、数量を決めて枕元に並べ、翌日再び姪夫婦が確認することとなった。医師から姪夫婦へは、「様子がおかしいと感じたら、ためらうことなく救急搬送を消防署に依頼するように」と伝えられた。

9月23日、昼間に姪夫婦が訪問。昨日とは違い、E子さんは座ってテレビをみていた。だが、話しかけてもやはり反応はない。栄養ドリンクを1本飲んだ形跡があった。ところが、同日22時40分、「近所で大声を出しながら何軒もの呼び鈴を鳴らして歩いている」と近隣住民から老人福祉員の自宅に連絡があったため、やむをえず110番通報することになった。E子さんはいったん保護されたものの興奮状態は解消せず、姪夫婦も警察から呼び出された。姪夫婦は病院搬送を決心し、119番通報のうえ救急車に乗せようとしたが、激しく暴れたため、救急隊員は搬送せずに帰署した。臨場していた警察官と相談のうえ、このまま放置しては自他ともに危害が及ぶため、警察官と協力して無理やり自家用車に乗せ、区内の総合病院救急センターに駆け込んだ。先日の医師の紹介が効を奏し、本来なら受け入れ難い不穏状態にもかかわらず、入院となった。

9月25日、姪夫婦が来所し、病状の報告。内科的には脱水程度で大きな疾病はない様子。ただし、精神症状は依然として強度であるため、精神科病院への転院を総合病院側が検討した。今後のE子さんの金銭管理についての相談があり、社会福祉士が、法定後見制度について概要と手続きの説明を行い、了解が得られたので、手続きを代行してくれる機関（資産が比較的多いので弁護士会となった）への紹介を進めることとなった。

その後、受け入れ先の精神科病院がみつからず苦慮していると、総合病院より連絡があった。そこで主任ケアマネジャーがインフォーマルなネットワークを活用し、精神科医のいる病院の空床を確保した。その後、利用者は最適な治療を受け、幸いにも症状軽快し、3か月後には在宅生活ができるまでに回復したのである。

3 事例をふりかえって

本事例で行ったチームアプローチを整理してみよう。相談があった場合、初期段階での

処遇方針の決定が大切である。今回は、提供された情報をもとに３職種で所内検討会を行った。この結果、明日も姪夫婦が訪問するので、水分補給の指示をして、後日の訪問でよいと判断している。

　訪問時に大切なのは、本人の状況のほか、室内などの環境を確認することである。事例では、雨戸と窓とカーテンは閉じたままで電灯をつけていないなどは、明らかに異常な行動であり、注意深い観察を要する。同時に室温や臭気も大切な着眼点である。倒れている人に対しては、医療職でなくてもまず体温と脈拍を確認するため手首に触れるようにすると同時に、摂食・飲水量の確認は不可欠である。高齢者の身体特性や必要な飲水量の知識は認識しておかなければならない。

　その後の説得の手段として、友人に着目したのはよいアイデアであったと思われる。少ない情報から、タバコ屋のおばあさんにたどり着くのは地域に精通している地域包括支援センター職員ならではであろう。

　相談や現場で対処する時の要点として、自分だけで判断せずに、専門職（専門家）の判断を入れることが大切である。これらの意見をもとに対応方法を全員で共有・検討することが大切である。また、利用者だけでなく、介助者や自分たちに対するリスク管理も大切な要素である。ここでは、医師の意見をもとにいったん経過観察にとどめ、２次災害へのリスク管理が考慮された。また、病状の急変に備えて、救急病院への手配をあらかじめしておいたことも見逃せない。後日の法定後見制度の説明や紹介については、社会福祉士の専門的な援助分野であり、懇切丁寧な対応が求められる。

4 演習課題

① ９月20日に民生委員から第一報が伝えられた時の対応について、留意すべき点を挙げてみましょう。
② ９月22日に同行訪問を行った際に、初回訪問時に観察すべき点、必要な行動は何だと思いますか。
③ 今回関わったチームは、それぞれどんな役割をもち、どのように協働したでしょうか。保健師、社会福祉士、主任ケアマネジャーのほか、医師や民生委員、老人福祉員なども視野に入れた分析を行ってみましょう。

【参考文献】
中央法規出版編集部編『社会福祉用語辞典』中央法規出版　2007年
財団法人長寿社会開発センター編「地域包括支援センター業務マニュアル」2006年
http://www.nenrin.or.jp/chiiki/sonota/manual.html

3-4 事例演習 社会資源の活用・調整 [テーマ・障害児]

1 社会資源の活用・調整とは

　社会資源とは、生活が困難な状況にある利用者について、その困難な状況や原因を明らかにし、よりよい生活を再び取り戻すために活用できる制度、施設、設備、物品、資金、公私の団体、価値、知識、技能、専門職、家族、親族、友人、近隣組織、ボランティア、ソーシャル・サポート・ネットワーク、情報などを指す。有形の設備を指す場合もあれば、無形のサービスやしくみ、また、利用者自身のやる気や能力、家族や周囲の人々のなかに芽生えたサポートへの意欲や放っておけない気持ちなどを指す場合もある。人的物的な幅広い要素を含み、それらが困難な状態にある人のニーズと結びついた時、社会福祉の援助は目的を達成することとなる。

　ニーズとは、たとえば岡村重夫は、人間の社会生活上の7つの基本的な要求として、①経済的安定を求める要求、②職業の機会の確保、③身体的・精神的健康の維持、④社会的協同を求める要求、⑤家族関係の安定、⑥教育機会の確保、⑦文化・娯楽に対する参加の要求としているが、利用者が申し出た、いわゆる要望などとは区別され、今の生活の困難な状況をよりよいほうへと導く、解決されるべき課題とされている。

　社会福祉の援助における社会資源は、個人や家族、地域のニーズと社会資源とを仲介し、調整し、結びつけることで活用されてきた。相談援助専門職は利用者のなかの課題と向き合い解決しようとする力を高め、社会資源などを必要とし、うまく結びつくことができるように働きかけ、また適切に結びつくように調整を行い、同時に、社会資源の発見、開発などにも取り組む。

　そのためには、相談援助専門職がアセスメントをきちんと実施することが求められる。利用者が今どのような状況にあるのか、という利用者に関わる情報収集と分析、そして結びつける相手となる社会資源に関する情報収集と分析が不可欠である。社会資源に関わる情報収集としては、その利用者が住んでいる地域にどのようなサービスがあるか、それぞれの利用形態や費用等条件はどうなっているか、この地域にはどのような専門職の支援ネットワークや支援実績があるか、地域の人々の評判はどうか、どのようなボランティア団体があるのかなど、利用者の困難を解決する一助となる資源がどれだけあるかについて、アセスメントの段階で同時に情報収集していく必要がある。

2 事例 「軽度発達障害児をもつ家族が将来地域で暮らしていくための援助」

(1) 利用者・相談援助専門職の紹介

●利用者のプロフィール
・Y美さん　性別：女性　年齢：33歳

　J市A区に住んでいるY美さんは、23歳の時に結婚し、24歳で長男、28歳で次男を出産した。長男、次男ともに軽度発達障害をもっている。夫は仕事が忙しく、子ども2人の子育てに関わることはなく、一手にY美さんが引き受けてきた。年齢が4歳離れたきょうだいは、2人とも多動であり、大きくなればなるほどその傾向は強くなっていった。Y美さんは家事と、子どもたち2人を追っかけまわす生活に疲れ果て、仕事で遅く帰ってくる夫に日中のストレスを発散せざるを得なくなっていった。仕事で疲れて帰ってくる夫は、妻の気持ちはわかるものの、妻の聞き役を果たすことがだんだんと負担になっていった。そんな生活の連続から、夫婦関係は悪化し、Y美さんが32歳の時、夫婦は離婚。Y美さんは離婚後一時働いていたが、程なくしてうつ病を発症。通院する精神科医からは、しばらく就労は難しいだろうと診断され、仕事を辞めざるを得なくなった。現在は生活保護を受給しながら、親子3人で暮らしている。近くにY美さんの母親が住んでいるが、そもそも前夫との結婚は親に反対されたものであったため、なんとなく疎遠な関係が続いている。

　長男のR君は、地域の小学校の特別支援学級に通学している。次男のT君は、Y美さんが仕事をはじめた時に入所した保育所に通い続けている。

●相談援助専門職のプロフィール
・知的障害児通園施設　指導員　Mさん

職歴：1年　資格：社会福祉士　性別：女性　年齢：26歳

　Mさんは社会福祉士の資格を取得したが、大学卒業後は一般企業を選んで勤務していた。しかし、大学時代の社会福祉実習で出会った知的障害児通園施設の子どもたちとのふれあいが忘れられず、勤めていた会社を2年で辞め、念願の施設で指導員として働くこととなった。療育を目的とするこの施設には、言語聴覚士や理学療法士、臨床発達心理士、保育士などが同僚として働いている。勤務して1年が過ぎたが、ここの施設において社会福祉士としてどのような専門性が発揮できるのかがMさんの悩みでもあった。日ごろ一緒に指導員業務に就いている同期のCさんは保育士である。Cさんは手遊びがとても上手で、子どもたちを喜ばせている光景をよくみる。そのレパートリーの多さを目にしたりすると、なぜだかとても落ち込んでしまう自分がいる。そんな時、MさんはT君とY美さん親子に会うこととなった。

（2）援助の開始に至る経過

　ある日、Mさんの勤務する知的障害児通園施設W園が、行政からの委託を受けて行っている地域療育等支援事業の相談会に、Y美さんと5歳のT君がやって来た。その日の相談担当がMさんであったため、T君が園の教室で遊ぶ様子を眺めながら、Y美さんの相談を聞くこととなった。

　T君は自閉性もあったが、今は保育所に通っているという。かなり多動ではあるが、いろいろなことはよく理解できる子であり、保育所の園長や先生がT君に配慮をしてくれていたため、通常の保育所でもずっとやってこれたという。しかし、Y美さんが「このままでいいのか」と悩むきっかけとなることがあったという。

　先日、保育所で遠足があった。みんなで記念撮影をすることになったのだが、T君だけが一列に並ばず、先生にまとわりついて離れない。そうかと思うと、地べたに寝転がるため、写真屋さんはシャッターをなかなか切れなかった。そのうちにポーズをとってずっとシャッターチャンスを待っていたほかの子どもたちが疲れて泣き出したり、座り込んでしまった。T君にとっては、そんな展開は日常茶飯事であり、先生たちも慣れている様子ではあったが、そこにいたY美さんはいたたまれなくなった。他のお母さんたちに迷惑をかけるのはもう嫌だ。謝って回るのももう疲れた。Y美さんにとっては、「もういろんなことが限界にきてしまった……」そう思って、この相談会にやって来たのだという。

　そこで、「ここの通園施設に入れてほしい、この子のためにも、きちんと訓練を受けさせてやりたい」というのが、Y美さんの相談の目的であった。つまり、通園施設への入所を頼みにきたのである。

　T君は、小学校3年生のお兄ちゃんであるR君とY美さんとの3人暮らしである。Y美さんは、医師からの指導で就労することが難しいため、現在生活保護をもらって生活しているとのことであった。T君のお兄ちゃんも軽度の発達障害があった。J市立の小学校のひまわり学級（特別支援学級）に通学していたが、小学校で何か嫌なことがあるとR君は家に帰ってきてから手がつけられないほど暴れるからという理由で、Y美さんはR君を小学校に行かせないようになっており、事実上の不登校となっていることがわかった。

　Y美さんは、日中はT君が保育所に行った後は家でR君と2人で過ごし、午後6時過ぎにT君を保育所に迎えに行き、家に帰ってくると夕ご飯の準備、入浴、就寝、という生活を送っており、1人で子どもたちの面倒をみているという。

　Mさんは、Y美さんの生活のペースをおおまかに把握できた。Mさんは、「うちの園に入所できるかどうか、園長や他のスタッフとも相談させてほしい」とY美さんに伝え、今日のところは2人は帰っていった。Y美さんからの相談を受けて、さっそくMさんは園内の会議に上げ、他の職員たちとY美さんの要望を共有した。そして、T君の通園している保育所の先生方、福祉事務所の生活保護担当のケースワーカーともカンファレンスを行い、知的障害児通園施設へのT君の通園が決まったのである。

（3）援助の過程

1）揺れるY美さんの希望

ところが、園へT君が入園してきて間もなく、J市福祉事務所のケースワーカーからMさんへ電話があった。「Y美さんが『やっぱりもとの保育所へ戻りたい』と言っている」とのことであった。「保育所だったらどこでもいいから」とも言っているという。そこで、翌日の朝、T君が登園してきた後、MさんはY美さんの自宅へ電話をして、退園希望の理由を確認してみた。

原因は、知的障害者通園施設では、バスによる送迎によって午後3時ごろにはT君が帰宅してきてしまうという点にあった。Y美さんの訴えはこうだ。「保育所だったら延長保育を申請すれば午後7時まで預けることができていた。T君が3時に帰ってきてしまったら、家にいるお兄ちゃんと2人の面倒をみる時間が長くなってしまう。両方の遊び相手はしてやれない。私の身がもたないから、何とか保育所への再入園を認めてほしい」。

Mさんは、どうしたらよいかわからなくなった。そんなにY美さんがしんどいのだったら、保育所へもう一度戻るのもやむを得ないかもしれない、と思った。また、2人も手がかかる子どもを抱えているのに、どこかの施設へ入所させたいなどと言わないY美さんの姿勢をなんとなく尊敬できた。MさんはY美さんとの電話を終えた後、福祉事務所のケースワーカーに連絡した。ケースワーカーいわく、「生活保護なので、保育所にもう一度戻っても経済的負担は増えない。むしろ自立支援法の関係で、知的障害児通園施設では昼食代が別途かかってしまっていたが、保育所の場合は食費もすべてひっくるめて負担なしでいけます。大丈夫です」。経済的負担にもならないのだったら、受け入れ先の保育所さえよければ、保育所に再度入園もあり得るな、とMさんは思いはじめていた。

2）家族3人の生活ニーズを見極める

新たなY美さんからの申し出に対し、職場内でのケース会議が開かれた。この会議では、園児すべてについて、短時間で経過報告をしていく会議である。Mさんはこれまでの支援の経過、そして、福祉事務所のケースワーカーの見解を報告し、この園を退所し、再度保育所に戻る見通しがあることを報告した。すると、園長がMさんにこうコメントをした。「T君にとってどこにいるのがいいか、お母さんにとってどこがいいかだけでなく、3人の生活にとっての安定感を支えることを考えてみたらどうかしら？ T君がどんなおとなになっていくのか、お兄ちゃんがどんなおとなになっていくのか、まさしく社会福祉士の本領を発揮するところじゃない」。

3）家族を支えるのに必要な社会資源を探す

そこでMさんは、園長に申し出て、Y美さんとT君の家族に関するケース検討会を園内で開催することとした。1つの家族について、1時間ほど時間をつくり、じっくりと検討し、今後の援助計画を立てるのに活かすのである。

これまでの経過、家族状況、子どもたちの障害の程度、利用している社会資源等について細かく報告し、今後の方針について、園長やほかの職員から自由に意見を出してもらうこととした。

　Mさんは、ケース検討会の参加者によりわかりやすく状況を把握してもらうために、Y美さん家族に関するエコマップを書いてみた。すると、園のほかには、Y美さんの通院する精神科クリニック、福祉事務所、J市の子育て支援課がかかわっていることが明らかとなった。しかし、それぞれがY美さんのその時々の要望に応えるだけの範囲にとどまる関わりしかしていないことがわかった。

　たとえば、福祉事務所は、月々の保護費の受け渡しが主な関わりであり、「保育所か知的障害者通園施設のどちらがいいか」という今回のY美さんの悩みについては、経済的負担がどうなるかの視点からしか考えておらず、結果的にはY美さんの言うがままに応じていることが明らかとなった。また、Mさん自身も、Y美さんの訴えに気をとられ、T君の希望、R君の存在を忘れてしまっており、"家族"にとっての本当のニーズとは何かを考える視点を見失っていたことが自覚できた。さらに、エコマップをよく眺めてみると、兄であるR君が不登校になっているにもかかわらず、小学校の先生が全くこの家族にアプローチしていない現実も明らかとなった。一方では、Y美さんの母親に協力を得ることが本当に難しいのかどうかという点についても、検討の余地があることが明らかとなった。

　こうしてケース検討会を行った結果、援助計画を立てるうえで大切なポイントになる点がみえてきた。そして、以下の4つの点が3人の家族の自立した生活の構築につながることを確認した。

① まずは、Y美さんの希望（あそこに行かせたい、こちらに移らせたい）に沿うことで解決しようとするのでなく、Y美さんの真の不安を傾聴するアプローチを心がけること。
② 将来、Y美さん家族がこの地域で暮らせることをめざして、T君やR君それぞれが適切な時期に適切な形で療育や社会生活訓練を受ける機会の確保を模索していくこと。
③ Y美さんとR君が過度に密着した母子関係を形成している家族関係において、T君にも平等に母親と過ごす時間の確保を保障すること。
④ そして、Y美さんの病気回復の経過をみながら、経済的自立も含んだ「自立した生活」への道を探ること。

3 事例をふりかえって

　相談援助専門職は、目先の要求にこだわらず、家庭のなかで暮らせなくなってきている子どもたちの育ちを、地域のなかでいかに支えるかという広い視点が欠かせない。MさんやケースワーカーがY美さんの訴えにふりまわされたように、その人・その家族のニーズを見極める視点を忘れてしまうと、家族が抱えている根本的な課題は何も解決され

ない。目の前の子どもや親の一言をきっかけに、その子を取り巻く家族や環境等に広く視点を移行し、この子ら（あるいはこの親たち）の未来へ想像力をふくらませながらさまざまな支援者と支援の方針を１つにして、支援することが求められている。個々の要望、その発言の底にある悩みや苦しみ、生きづらさを探り当てること、すなわち、この家族に必要な安定感とは一体どんなものなのか、生活上のニーズをアセスメントすることが相談援助専門職には必須である。

なお社会資源の活用では、アセスメント段階での情報収集と分析がその後の援助の質を左右するといっても過言ではない。相談者Ｙ美さんの場合であれば、情報収集はまず「Ｙ美さんに関する情報収集」と「Ｙ美さん家族をめぐる社会資源」に関する情報収集に大別される。この２種の情報は区別して収集されるものではなく、Ｙ美さんと、Ｙ美さん家族をめぐるさまざまな環境との関係性をシステムとしてとらえる視点から総合的に把握できる。これは社会福祉士（ソーシャルワーカー）ならではの視点であるといってもよい。この段階で、すでに援助に使っている社会資源だけでなく、援助に活用できそうな人的・物的資源をどれだけみつけ出すことができるか、それぞれの社会資源のどのような特性が援助に活かせるのかをつかむことが、社会福祉士が連携・仲介・連絡調整機能を果たすうえでも重要となってくる。

（注）この事例は、2009年度同志社大学教育開発センター教材開発助成を受けて作成したケースを、一部加筆修正して作成したものです。

4 演習課題

① Ｙ美さんのニーズとはどんなものか、考えてみてください。
② Ｙ美さん家族のニーズを満たすために活用されるべき社会資源はどんなものが挙げられますか。
③ Ｙ美さん家族を地域の専門職が援助していくためには、どのようなことが必要だと考えられますか。

【参考文献】
岡村重夫著『社会福祉学総論』柴田書店　1968年
白澤政和著『ケースマネジメントの理論と実際―生活を支える援助システム―』中央法規出版　1992年
杉本照子監修『医療におけるソーシャルワークの展開―その原則と実践―』相川書房　2001年
五十嵐一枝編著『軽度発達障害児のためのＳＳＴ事例集』北大路書房　2005年
福祉士養成講座編集委員会編『新版社会福祉士養成講座８　社会福祉援助技術論Ｉ』中央法規出版　2006年

3-5 事例演習 社会的排除 [テーマ・家族]

1 社会的排除とは

　人間は社会的存在であるといわれるが、その意味はさまざまな他の人間との人間関係や、社会制度とのつながりのなかで生きているということである。社会的排除とは、そうした社会関係を遮断され、社会から「みえない状態」に置かれている状況を指す。具体的には、移民などによる外国人労働者や、失業や非正規雇用の状況に置かれている若者、ホームレスなどの問題が顕在化してくるなかで現れてきた概念である。背景には従来の貧困概念だけではとらえきれない部分、社会構造の変化による格差の拡大、グローバル化による国境を越えた人の移動といった状況がある。事例として個別的にみれば、生活困難な状況があるにもかかわらず、社会サービスとつながっていない、人間関係をもち得ていない、社会から見離されているといった事態となって現れている。

　社会から見離されているという部分には2つの意味があり、社会の側が意識的あるいは無意識的にその存在や問題に「気づいていない」ということと、排除されている側が社会からの疎外感をもち、社会とつながっていくことを「あきらめている」ようにみえる状況に追い込まれていることがある。つまり、経済的な事象である貧困ということに留まらず、社会との関係や、社会的な権利を剥奪された状態にあるところに特徴がある。その意味では、そもそもの概念の発端となったヨーロッパにおける移民労働者や長期失業の若者などの問題から対象となる人々の範囲は拡大し、たとえば阪神・淡路大震災後の孤独死の問題、本演習で取り上げる重度重複の障害児・者とその家族の問題などへと広がっている。特徴としては、社会制度の狭間にある、あるいは制度が想定していない人たちという場合が多いこと、そして当事者の側が社会からの疎外感をもち、自ら社会とつながる意欲を失っている場合が多いことがあげられる。

　いうまでもなく、社会福祉は人間と社会との社会関係に介入する営みであり、その目的には社会統合がある。社会統合とは、それぞれに生きている人々が同じ社会を構成しているのだという社会的アイデンティティをもち得るということである。したがって、社会との接点を失っている人たちを、どのように社会のなかに包摂していくのかが課題となる。

　支援の方向性としては次の3点が挙げられる。1つは、当事者の人たちの文化を尊重し、まずは信頼関係を構築することである。なぜなら援助者は当事者が社会とつながる際の最初の接点となるからである。次に、当事者の社会へとつながる意欲を高める援助が求められていることである。社会から見離された経験をもつことが多いなか、もう一度社会との

つながりにチャレンジする意欲をどう引き出していけるのか、どのようなとっかかりを提示するのかが重要となる。最後に、当事者とサービスをつなげるということであるが、つなぐべきサービスが用意されていない場合も多い。フォーマル、インフォーマルを含め、サービスを開発していく機能も求められている。1つの事例を社会問題ととらえ、制度の創出を求めるソーシャルアクション的な活動も求められてくる。

2 事例「重度重複で医療的ケアを要する障害者を抱え込んでいる母親の事例」

(1) 利用者・相談援助専門職の紹介

●利用者のプロフィール

・C男さん　性別：男性　年齢：21歳

　染色体に障害があり知的障害があったが、幼児期に脳内出血を起こし、重度の身体障害も併せもっている。身体障害者手帳1級、療育手帳A。自力で体を多少動かすことはできるが、座ったり、立ったりすることはできない。食事、入浴、排泄、着替え、移動などは全介助、知的障害も重度である。言葉によるコミュニケーションはできないが、表情は比較的豊かであり、機嫌を推し量ることは容易である。小学校から高校まで養護学校（現・特別支援学校。以下同）に通学する。中等部の時に気管を切開し今に至っている。たんの吸引が常時必要。高等部卒業後は、たんの吸引という医療的ケアがネックとなり通所の施設に通うことができなかった。週に1度のデイサービスに半年ほど通ったが、本人の表情があまりよくなかったので、母親の希望で通うのをやめる。それ以来、母親が自宅でずっと介護している。障害者自立支援法の認定は受けているが、ホームヘルプやショートステイ、訪問看護などの在宅サービスは受けていない。気管切開ということもあり、月に一度、病院の診察を受けている。

・D子さん　性別：女性　年齢：52歳

　C男さんの母親。家族は、C男さん、父親のW夫さん、D子さんの3人である。C男さんにきょうだいはいない。C男さんは全介助だが、すべての介助は基本的にD子さんが行っている。W夫さんは仕事が忙しく、これまでもC男さんの介助にかかわることはあまりなかった。現在は単身赴任中（2年目）で、月に2度ほど自宅に帰ってくる程度である。D子さんは、C男さんが生まれてからはずっとC男さんの介護にかかりきりの生活が続いている。C男さんが養護学校の小学部の時に、日中パートに出たことがあるくらいで、それ以外は専業主婦で、現在仕事はしていない。住まいはマンションの4階（エレベーターあり）、近所とのつきあいは多少ある程度。養護学校時代のお母さん仲間との交流が以前はあったが、養護学校高等部卒業後は、あまり連絡を取り合うこともない。

●相談援助専門職のプロフィール
・S市の障害児・者相談支援センター　Uワーカー
職歴：5年　資格：社会福祉士（1年前に取得）　性別：男性　年齢：28歳
　知的障害者の通所授産施設（旧法）のワーカーを3年勤めた後に、同じ法人が設置している相談支援センターのワーカーとなった。

（2）　援助の開始に至る経過
　C男さんが通っていた養護学校高等部の担当の教員（B先生）から相談支援センターに相談があった。C男さんと同じクラスだった人の母親（D子さんの知り合い）から、「D子さんが子どもとずっと家にこもっていてたいへんそうなので、相談にのってあげてほしい」という話がB先生にあったという。そこでB先生が卒業後の追指導ということも兼ねて自宅を訪問し、D子さんから話を聞いた。B先生の話によれば、D子さんは、「たいへんではあるけれども、自分が世話をするのが一番この子にとっていいし、ずっと手元においておきたい」と話しているという。しかし、客観的にはお風呂をはじめ、とても1人でこの先介助をしていくことは無理な状態であるため、しぶるD子さんを何とか説得して、相談支援センターに相談することを承諾してもらった。これが、B先生から相談支援センターに連絡が入った経緯だった。
　相談支援センターのUワーカーはD子さんに電話で連絡をとり、B先生からの相談があった旨を伝えた。そして、自宅を訪問することの承諾を得たので、自宅で話を聞くこととなった。

（3）　援助の過程
　1）信頼関係を築くこと
　Uワーカーは自宅を訪問した。C男さんはベッドに寝た状態で、食事は上半身を起こしてD子さんが食べさせている。排泄は紙おむつ。お風呂はD子さんが1人で入れている。車椅子での移動は可能だが、通院以外はほとんど外出することはないという。D子さんは養護学校の先生には信頼をおいているようだが、卒業後に通ったデイサービスには不信感をもっているようで、福祉サービスについては拒否感が強い。まずは、養護学校時代の話をいろいろと聞かせてもらうことからはじめた。

　2）心のなかの思いを受け止め共感すること
　D子さんと話をするなかで、養護学校では看護師が配置されており、たんの吸引もしてもらえ、きっちりとみてくれていた、とてもよかったと強く思っていることが感じられた。その分、同じようなケアを福祉施設にも要求するところがあり、それができないなら自宅でみるしかないということだった。また、医療的ケアがネックで施設に通えなかったことのショックが大きかったようで、もう福祉サービスには期待していないことを話していた。

そこでＵワーカーはサービスにどうつなげるかの前に、養護学校時代の話をしっかり聞くことからはじめ、今のＤ子さんの置かれている状況をＤ子さんの立場からとらえ、共感する姿勢で接した。客観的な状況からすれば、Ｃ男さんはお母さん１人が介助しているもとで、適切なケアが受けられているとは考えられない。また、基本的に家のなかに閉じこめられている状況であり、Ｃ男さんの社会生活がＤ子さんの対応によって阻害されている状況がみられる。しかし、これまでの生活歴で培われたサービスへの拒否感が強いなかでは、まずサービスを押しつけるような形ではなく、思いを理解しようとする同じ目線で接することが重要だと感じた。

３）お母さんが受け入れ可能なサービスからつなげること

　切迫した状況ではなかったことと、Ｄ子さんの拒否感ということから、初回の訪問ではサービスの提示は行わず、また話をいろいろと聞かせてくださいということで２週間後に改めて訪問することとした。

　前回の訪問で一定程度の関係の構築ができたので、２週間後の訪問では、より深い話を聞くことができた。自分１人でみていかなければならない身体的・精神的なつらさが語られた。自分の人生はこの子の介護で終わってしまうだろう、それもつらいことであるということ。そしてそれとともに、この市は何もしてくれないという行政への非難が語られた。話のなかで、具体的に困っておられることはということから、お風呂に入れるのがたいへんであるということが出た。しかし、気管切開をしているので何ともならないでしょうということであった。そこで、訪問看護のサービスがあり、看護師が入浴の介助をする形で入ることはどうかと提案した。Ｄ子さんは、訪問看護という制度を知らなかった。そこでとりあえず週に２日、訪問看護ステーションからの看護師派遣で、入浴の介助、その時に健康状態のチェックなどを行う形でサービスにつなげることができた。

４）本人支援の体制をつくること

　入浴という形からサービスにつなぐことはできたが、それはあくまでＤ子さんの負担の軽減という文脈のなかでの話である。大切なことは、Ｃ男さんが社会生活を送れる状況にもっていくことであり、そのためにはＣ男さんとＤ子さんとの距離をとり、家の外に出る時間を確保していく必要がある。

　幸い、訪問看護が入ったことで、Ｄ子さんの肩の力が少し抜けた所も見受けられるようになったとともに、Ｃ男さんも母親以外の人とかかわることでいつもとは違った表情をみせるようにもなってきた。そこで、看護師が配置されており、ある程度の医療的ケアにも対応できる障害者福祉施設ができたことを告げて、施設側との調整から、週２日程度の通所なら可能であることをＤ子さんに提示した。親子で一緒に体験的に通ってみるということからはじめ、結果的にはその施設に通所することとなった。Ｄ子さんにとっては、施設に通うことでＣ男さんの表情がとても豊かになったことが感じられ、自分が抱え込んでい

たことの問題も少しずつ距離を置いて眺められるようになってきたようである。

　一応これをもって、対応は終了したということになるが、緊急時の問題は残る。残念ながら市内に医療的ケアの必要なC男さんを受け入れ可能なショートステイの施設はない。D子さんの姿勢が変わったとはいっても、根本的な事柄は変わっておらず、いつまた社会から背を向けるようなことになるかもわからない。また、今後C男さんが家を出て、どう地域で暮らしていくかの展望もみえていない。現実問題として、C男さんのような状況の障害者が利用できるケアホームも整備されていない。C男さん、D子さんへの対応とともに、サービスや社会資源整備へ向けての働きかけも今後の課題となっている。

3 事例をふりかえって

　本事例は、社会的に排除された障害者とその家族をどう社会につなぎ直すのかという問題と、排除が母親の疎外感を生み、母親が障害のある子どもを囲い込むことで障害者の社会生活や権利が剥奪されているという2つの問題がからみあっている。

　支援の対象となるのは当然、障害のあるC男さん本人である。権利侵害が深刻で緊急の対応が必要である場合は別であるが、この事例のような場合、現実問題として母親との関係をどのようにつくり、どうサービスとつなげていくかが課題となる。

　Uワーカーはまずは話を聞き、信頼関係をつくるということに力を注いだ。最初の段階は、表面的な拒否の裏にあるつらい思いや体験を、関係をつくるなかで引き出していった。次の段階では、しんどさに共感しながら、現時点で受け入れ可能なサービスにまずつなげていった。結果を急がず、最終的に社会とつながる姿を念頭に置きながら、一歩一歩進めていっている。

　社会的排除にかかわる事例では、利用者やその家族が歩んできた歴史、置かれている社会状況・文化状況が、相談援助専門職のそれとは大きく異なっている場合が多い。こうした事例においては、共感という言葉では語りつくせない深い溝がやはりある。「問題状況がある、そこにニーズがあり、サービスにつなげて支援をする」という流れに結果的にはなるのだが、「問題状況がある」と相談援助専門職側が認識する部分で、社会の多数派の文脈のなかで対象となる人たちをみているということになってしまいがちである。そうなってしまうと、専門家がアセスメントをするという文脈のなかでは、関係をつくっていくのは困難である。まずは支援する側がその人たちから"学ぶ"姿勢が問われている。話を聞かせてもらうということは、自分の知らない世界を教えてもらうということであり、そのなかから、何か自分でお手伝いできることはないのかということへとつながっていくのである。

　一方、本事例においても、とりあえずサービスにはつながったが、ショートステイやケアホームなどの社会資源が存在せず、根本的な解決の見通しは立っていない。社会的に排

除されている人たちへの支援の問題は、相談援助専門職と利用者という問題に収斂されるものではない。社会の体制側の意識を変えるといった抽象的なことではなく、いかに具体的な社会資源をつくっていくのかという問題なのである。行政や社会への不信が背景にあるとするならば、相談援助専門職は利用者と向き合うだけではなく、行政や社会へも利用者とともに立ち向かっていかなければならない。社会資源を創出していく活動、行政へ働きかける運動というプロセスをサポートし、ともに実践するなかで、また信頼関係も深まっていくものである。

4 演習課題

① なぜ、母親（D子さん）は障害のあるC男さんを抱え込み、離そうとしなかったと思いますか。
② 社会からの疎外感をもち、心を閉ざした利用者の心を、この事例の場合、なぜ開くことができたのか考えてみましょう。
③ 社会資源が存在しない時、相談援助専門職として、どのような支援や活動が可能であるか話し合ってみましょう。

【参考文献】
岩田正美「貧困の概念」岡本民夫他編『エンサイクロペディア社会福祉学』中央法規出版　2007年
杉村宏「社会階層と貧困」岡本民夫他編『エンサイクロペディア社会福祉学』中央法規出版　2007年

3-6 事例演習 児童虐待

1 児童虐待とは

　1990年代ごろより、児童虐待は社会的問題として注目されるようになった。そこには、都市化、核家族化の進行に伴い、安全かつ快適な子どもや親の居場所が少なくなり、地域の人間関係も希薄化しているなか、子育てする親は孤立感、閉塞感にさいなまれる状況がある。今や子育ては、親の責任といって家庭の力のみで営むのは難しく、児童虐待に至るケースも年々増加の一途をたどっている。2000（平成12）年に制定された「児童虐待の防止等に関する法律」は、児童虐待に対する社会的な認識を高めた。2004（同16）年と2007（同19）年の改正により、虐待は子どもの人権侵害であるとの認識のもと、児童虐待を防止する施策を促進し、子どもの権利を擁護することが明示された。子どもの生命の安全を守り、子どもの受けた精神的な傷のケアや、親が変わることを図った治療・指導・再教育・親権制限等による家族再統合、そして発生予防が重視されてきている。

　児童虐待とは、保護者（親権を行う者、未成年後見人その他の者で、児童を現に監護するもの）による、その監護する児童（18歳に満たない者）に対する身体的虐待、性的虐待、ネグレクトと心理的虐待を指す（「児童虐待の防止等に関する法律 第2条」）。2007（同19）年度の児童相談所による児童虐待相談の対応件数[1]は、40,000件を超えた。相談種別では、身体的虐待が16,296件で最も多く、次いでネグレクトが15,429件、心理的虐待7,621件、性的虐待1,293件となっている。主な虐待者は、「実母」が62.4％、次いで「実父」22.6％、「実父以外の父親」6.3％である。被虐待児の年齢では、「小学生」が38.1％、「3歳から学齢前」が23.2％、「0歳〜3歳未満」18.3％と続く。また、2008（同20）年に全国の市町村が受けつけた児童虐待相談件数[2]は50,120件であった。2004（同16）年の児童福祉法の改正により、虐待を受けた児童などに対する市町村の体制強化を固めるために設置が求められている「要保護児童対策地域協議会（子どもを守る地域ネットワーク）」あるいは旧来の「児童虐待防止ネットワーク」を設置している市町村数[2]は、2008（同20）年4月現在1,705か所（94.1％）となっている。

　児童虐待ケースでは、ケースの緊急度や困難度等を判断するための情報収集を行い、立入調査や一時保護、専門的な判定、あるいは児童福祉施設への入所等の行政権限の発動を伴うような対応が必要と判断される困難なケースについては、児童相談所が対応する。また、居宅での生活支援を軸に比較的軽微なケースについては、市町村が児童相談所と適宜連携を図りながら対応していく。前述した地域のネットワークでは、地域でのケースの見守りや、施設入所後家庭復帰が見込まれるケースについての環境調整やアフターケアを

行っていくことが期待されている。

2 事例 「子どもを施設へ入所させたいという母親への援助」

(1) 利用者・相談援助専門職の紹介

●利用者のプロフィール
・S子さん　性別：女性　年齢：32歳
　O市のマンションにて、夫と長女N（7歳）、長男K（4歳）の4人暮らしをしている。サラリーマンの夫と10年前に結婚後、夫の転勤により2～3年ごとに引越しがあり、O市には1年前に転居してきた。S子さんにきょうだいはおらず、遠方に住むS子さんの親とは結婚に反対されたことで疎遠となっている。

●相談援助専門職のプロフィール
・H児童相談所　Yワーカー
職歴：7年　資格：社会福祉士　性別：女性　年齢：29歳
　相談援助専門職として採用され、他部署を経験したのち3年前よりこども家庭センター勤務となり、児童虐待対応チームに配属されている。S子さんの長男K君が通園している幼稚園から、S子さんのK君に対する虐待の疑いの通告を受け、受理会議を経てS子さんの担当ワーカーとなった。

(2) 援助の開始に至る経過

　ある日、S子さんの長男K君が通う公立幼稚園の園長より、H児童相談所に児童虐待を疑う電話が入った。1か月程前から園児のK君の顔や腕にたびたびアザがあるのを担任教諭がみるようになったという。教諭がK君にどうしたのかたずねると、「ぶつけただけ」などと言うが、詳しいことは話さない。2週間前、K君のお迎え時にS子さんにもアザについてたずねてみると、ためらったのち、「最近Kが聞きわけがないのでついたたいてしまうことがある」が、「手をあげないようにする」と言ったことを語った。S子さんも最近ひどく疲れた様子であったので、母親の疲労についても教諭がたずねたところ、「ちょっと家がごたついていて、自分も働かなくちゃいけなくなったので」と話したという。しかしながら、3日前よりK君が連絡なく欠席しだし、自宅に何回もいろいろな時間帯に電話してもつながらないので、児童相談所に連絡することにしたのだった。
　この幼稚園からは、K君の様子やS子さんと話した内容や様子は聞くことができたが、S子さんが働き出した理由をはじめ家庭状況の変化についてはとくに把握していなかった。K君には小学2年生の姉がいるとのことである。この電話を受けたH児童相談所はす

ぐに受理会議を開き、調査にあたることとした。

（3）援助の過程

　担当となったYワーカーも、S子さん宅に電話を入れたがつながらず、姉のNちゃんが通う小学校に電話を入れた。そうすると、Nちゃんは風邪ということで3日前より欠席しているらしく、学校はS子さんから電話をもらっただけで家庭訪問などは今のところ行っていないということであった。そこで、Yワーカーは他職員とともに夜にS子さん宅を直接訪問することとした。

　S子さんは最初たいへん驚いた様子であったが、児童相談所がどういうところかについて説明を受けると、Yワーカーらを家のなかに入れ、K君とNちゃんに会わせてくれた。確かにK君の体には古いアザと新しいアザが混在していたが、Nちゃんにはなかった。それからS子さんは子どもたちを別の部屋へやると、幼稚園の先生にたたいてしまうことを告白し、やめると言ったもののどうしようもなく、K君を幼稚園に行かせるのをためらうようになって、Nちゃんに学校を休ませて面倒をみさせていたと話しはじめた。

　実は、夫が1年前にリストラに遭い失職したことなどから夫婦関係が悪化し、夫は現在別の女性のところに住んでおり別居しているという。離婚調停中で、S子さんは家計のため2か月前からパートに出るようになり、身体的にも精神的にも疲労困ぱいの状態とのことである。そういったこともあり、子どもたちをかまってやれずさびしい思いもさせてはいるが、姉のNちゃんは事情を彼女なりに理解し、自分を精神的に支えてもくれる。だが、弟のK君は逆に自分に甘えたりわがままを言ったりすることが多くなっており、このままではもっとK君を傷つけてしまうと感じている。K君を育てていく自信がなく、K君を施設に入れた方がよいと考えているとのことであった。

　K君を一時保護し、その後S子さんと児童相談所で面接をした。Yワーカーは、今後についてK君を施設に入れたいということに関し、なぜそのように考えたのか、それはS子さんの真意なのかといったことについて、S子さんに投げかけた。S子さんにはK君への愛情がみられ、「本当は施設に入れたくないが、そうすることしか思いつかない」と言い、離婚をひかえたこれからの生活への漠然とした不安や、今の自分の生活状況や精神状態でK君の養育をすることのたいへんさを、堰を切ったかのように語った。Yワーカーはじっと耳を傾け、どうすることがK君にとってS子さんにとって最善なのか、もう少し話を聞かせてもらって方策を一緒に考えていこうと、S子さんにもちかけた。心にためていたいろいろなことを聞いてもらい、また、いろいろな方法があると、社会資源に関する情報も少し聞いたS子さんは、Yワーカーと改めて考えていくことにした。

　S子さんとの面接をするにつれ、S子さんは、K君にあたってしまう大きな要因として、夫婦関係もうまくいかず、家庭のごたごたすべてを自分の内にしまい込みながら生活を切

り盛りすることのストレスが一番大きいのかもしれないと語った。S子さん夫婦にはそれまで子どもへの体罰などもなかったことも聞かれた。離婚はもうすぐ成立する見通しで、子ども2人は自分が引き取りたいし、子どもたちも夫も同意しているとのことである。夫との資産分けがあることもわかった。K君と離れ、落ち着きを取り戻したS子さんは、離婚後の漠然とした不安とK君へのいらだちを現実的にみつめることができはじめ、今はK君と離れて暮らさざるを得ないが（K君の施設入所）、新たな生活を整えてK君とも一緒に暮らしていく方向をめざすことが話し合われた。

3 事例をふりかえって

　虐待ケースでリスクが高いと判断されるケースにおいては、子どもの安全を確保するために迅速性が求められる。また、利用者が起こっていることをどのようにとらえているかという利用者の内的事実を大切にしながらも、常に最悪の事態を想定して、虐待のリスクや緊急一時保護の要否、家庭引き取りの適否等について判断していく。そのためには、事実関係を客観的、多面的に把握することが重要となる。この事例での調査段階のように、S子さんの話や訴えからだけではなく、K君の通う幼稚園やNちゃんの小学校からの情報収集と訪問による直接的な目視により判断していくことが大事である。

　子どもを虐待する親への援助も行っていくうえで、親への受容や共感を示し、親の自己決定も尊重していくことが相談援助の基本ではある。S子さんのケースはこのような援助原則に沿って進めることのできたケースであるが、児童虐待ケースでは多くの場合、保護者ではない第三者からの通告により援助活動が開始され、保護者の意と拮抗するケースも多いことをここに付記しておきたい。何よりも子どもの安全と福祉の確保、ひいては子どもの最善の利益という権利を守ることが優先されることを念頭に、そのような場合は社会的権威に裏づけられた毅然とした態度で介入していくことも児童虐待ケースには求められることであり、それが児童虐待ケースの特殊性の1つともいえる。

　また、S子さんのように子どもへの虐待に対する認識をもって相談援助専門職と協働する姿勢のある利用者でさえも、自分の身に起こっていること（何がたいへんなのか、何に困っているのか）が認識できてはおらず、ただ圧倒され、思いつく知っているかぎりの解決法を口にすることも多々あることである。相談援助専門職は、利用者のそのような状況・状態を受け止め、利用者とともに整理をし、「どのようにしたいか」「どうすればよいのか」に向かって、それを実現する方策を考えていくのである。

4 演習課題

① 事例（2）の段階での調査において、何をしなければならないかを考えてみましょう。
② 事例（2）・（3）の母親がK君の施設入所を希望したところまでの経過から、子どもたちの一時保護の要否について検討してみましょう。
③ 離婚成立後に、K君がS子さんやNちゃんと新たに生活していくうえでのニーズを挙げ、社会資源の活用を含めた具体策について検討してみましょう。

【引用文献】
1）子どもの虹情報研修センター「平成19年度児童相談所における児童虐待対応件数」2009年5月15日 http://www.crc-japan.net/index.php
2）厚生労働省雇用均等・児童家庭局「市町村の児童家庭相談業務の状況及び要保護児童対策地域協議会（子どもを守る地域ネットワーク）の設置状況等について（平成20年4月現在）」 2008年

【参考文献】
厚生労働省雇用均等・児童家庭局「児童相談所運営指針」2007年
才村純『子ども虐待ソーシャルワーク論』有斐閣　2005年
津崎哲郎・橋本和明編『最前線レポート　児童虐待はいま―連携システムの構築に向けて』ミネルヴァ書房 2008年

事例演習 3–7 高齢者虐待

1 高齢者虐待とは

　高齢者虐待とは、何らかの介護を要する高齢者が主に介護者によって、身体的・心理的あるいは性的に不適切な扱いを受けることのほか、介護を受けられないなど放置されることや、財産などの侵害を受けることをいう。

　1980年代までは海外における高齢者虐待と研究が紹介されてきたほか、大熊一夫による老人病院のルポルタージュなどジャーナリストによる事例が主であった。高齢者介護の制度整備が進んだ1990年代に、田中荘司らによる高齢者処遇研究会が行った高齢者施設の実態調査から、日本でも高齢者虐待が生じていることが明らかとなった。実際に、入所施設において認知症高齢者の財産の搾取による事件が生じていた。また、在宅介護サービスが十分利用できなかった介護家族は、多くが周囲の協力を十分得られず、なかには介護放棄や虐待に陥るケースが出てきた。

　このような背景のなかで、医療・看護・行政関係者により実態調査や対策の法制化の運動がはじめられ、1994（平成6）年に在宅高齢者虐待の実態調査結果が発表された。

　2000（同12）年には介護保険制度が発足し、介護の社会化が図られた。このなかで、高齢者の尊厳を謳い本人の意志を尊重したサービス提供、またサービスに対する苦情解決の仕組みが導入された。施設・在宅サービスいずれも相談・電話での通報などを通じ、虐待のおそれがあるケースが発見されるようになる。この結果、在宅介護における虐待への対策として2005（同17）年に高齢者の虐待防止、高齢者の養護者に対する支援等に関する法律（以下、高齢者虐待防止法）が制定、2006（同18）年4月より施行された。

　高齢者虐待防止法では高齢者虐待を、①身体的虐待、②心理的虐待、③性的虐待、④経済的搾取、⑤介護放棄と定義し、施設と在宅とに分けて対策を講じることとなった。このうち在宅における高齢者虐待については早期発見と虐待を受けている要介護高齢者の保護、及び虐待をなした介護家族の支援を行うこととされる。市町村に相談窓口が設けられたほか、2006（同18）年の介護保険法の改正で創設された地域包括支援センターでの対応が位置づけられた。センターでは保健師・主任介護支援専門員とともに社会福祉士が権利擁護を含む高齢者虐待の発見と防止を担っていくこととされている。どのケースであれ、虐待のケースは発見だけでなくアプローチが難しく、また介護・医療・司法に関する専門家の連携が必要である。

2 事例 「親子の共倒れが懸念される介護放棄のケース」

(1) 利用者・相談援助専門職の紹介

●利用者のプロフィール

・T子さん　性別：女性　年齢：82歳

　O市の市営住宅に娘のNさん（58歳）と住んでいる。10年前に脳梗塞で倒れADLが徐々に悪化し、現在は介助で立位が取れる程度。2年前から記憶障害が現れてそれまでできていた家事の補助もできなくなった。アルツハイマー型認知症と診断され、現在要介護度は3と判定されている。O市社会福祉協議会の運営する通所介護を週3回利用している。

　若い時に離婚し、身寄りは未婚の娘のNさん以外いない。Nさんは認知症が重度になったT子さんの介護のため1年前退職を余儀なくされ、収入はNさんとT子さんの貯蓄、およびT子さんの国民年金のみ。

●相談援助専門職のプロフィール

・O市地域包括支援センター　Kワーカー

職歴：8年　資格：社会福祉士　性別：男性　年齢：30歳

　大学を卒業後、在宅介護サービスの介護職・介護支援相談員を経て、1年前に市から受託された地域包括支援センターの相談員となった。地区の介護相談員及びT子さんの利用する通所介護の職員からの通報があり、NさんやT子さんの担当介護支援専門員や事業者と連絡しあうようになったことがきっかけで担当することとなった。

・O市社会福祉協議会通所介護事業所　H相談員

職歴：15年　資格：介護支援専門員、看護師　性別：女性　年齢：35歳

　看護師として在宅医療に従事後、O市訪問看護センターを経て通所介護事業所の担当となる。10年前T子さんが利用しはじめて以来関わり、娘のNさんからも相談を受けてきた。

(2) 援助の開始に至る経過

　T子さんが通所介護サービスを利用するようになったのは、Nさんが社会福祉協議会へ相談に訪れたことがきっかけだった。当時Nさんは隣の県に在住し公立学校で教員をしていたが、T子さんが脳梗塞で倒れたことをきっかけに看病で往復する形で在宅介護するようになった。それまでNさんはT子さんとかかわる機会が少なかったという（当時の相談記録ではNさんの言葉は少なげだったとされている）。

　退院後T子さんは通所介護を利用し、Nさんが週末泊り込みで介護するようになったが、その後T子さんの状態が重度化したため、Nさんは同居するようになった。介護サービスの利用も増やしたが、T子さんに記憶障害が現れ常時の介護や見守りが必要となり、仕事

を辞めざるを得なくなった。
　Tさんは普段から近所とのつきあいが少なかったため、市営住宅の自治会長が訪問して、はじめてNさんとの交流ができた。しかしNさんも社交的な性格ではなく近隣住民とも顔を合わす機会が少なかった。通所介護の職員が送迎に訪れる以外は来訪もなかったので、周囲が心配し、回覧板をもっていくがインターホン越しで会話する程度だった。
　そんななか、10日ほどNさんの姿をみかけなくなり、郵便受けに物がたまってきた。自治会の介護相談員が案じて地域包括支援センターのKワーカーへ連絡をしていたところ、T子さんの体調不良を理由に欠席が続いていた通所介護からH相談員が家庭訪問に来た。電話をかけても誰も出ないので心配になって訪問したという。インターホンを押しても応答がなく何度もドアをたたいた結果、ようやく這うように、うつろな表情でNさんが扉の鍵を開けてくれた。H相談員と介護相談員が室内に入ったところ、Nさんは玄関先で崩れるように倒れ、T子さんはベッドに手足を縛られ横たわったままであった。
　Nさんは「もう限界、母の面倒をもうみられない、死にたい」とH相談員に訴えた。母親のT子さんが体調を崩したことをきっかけに娘であるNさんの顔も名前もわからなくなってしまったので、Nさんは世話をする意欲を失ってしまい、1週間ほど食事もしていなかった。T子さんは栄養失調に陥っており、Nさんもげっそりと頬がやせてしまい、ともに健康管理ができていない状況だった。H相談員はすぐ地域包括支援センターのKワーカーへ連絡、2人が緊急入院できるよう手配してもらった。

（3）援助の過程
1）Nさんによる介護の限界
　入院してようやく体調を回復してきたNさんとT子さんを見舞ったH相談員とKワーカーは、表情がすぐれないままのNさんと別室で面接していった。事情をたずねると、Nさんは細い声で、これまでの経緯を説明するようになった。介護サービスの自己負担が増え、T子さんの国民年金で不足する分を補ってきた母親の貯蓄も底をつき、自分の退職金やこれまでの蓄えを取り崩してきたという。だが、自分の老後準備を失ってまで母親のT子さんを介護していくことに疑問を抱きはじめていた。そこへ、数日寝込んでいたT子さんの症状が重度化し、Nさんに向かって「あなたは誰？」と「自宅に帰る」と這って出掛けようとした。制止したが無理だったのでやむなくベッドに縛りつけ、食事も与えず放置したのだという。
　H相談員は、「もっと早く相談してくれたら……。つらかったでしょう」とNさんの手を取って撫でながら慰めた。Kワーカーは自治会からも心配の声があったことを伝え、今後H相談員だけでなく地域包括支援センターも協力していくと励ました。Nさんは黙ったまま涙を流した。

2）T子さんの保護

　その後、T子さんも回復し、ようやく車椅子で座位保持ができる程度になった。そこでKワーカーは、H相談員とNさんを交えたカンファレンスをもち、母娘の生活支援を考えていくこととなった。Nさんに今後T子さんとどういう暮らしをしたいかたずねると、介護を続けていくことができないと訴え、T子さんを安心して預けられるグループホームか、介護施設に入所させることを希望した。ケアマネジメントをするH相談員からは、入所はすぐにできなくても一度短期入所でT子さんと施設サービスをつなぐ必要があるといわれ、連絡の取れたちょうど来週空きができた市内のS介護老人保健施設へ短期入所することになり、ケアプランを変更して利用の準備を行った。

　Kワーカーは今後Nさんへの支援も必要ではないかと考え、心理面と経済面の支援について市の福祉事務所と連絡しつつ継続的に訪問することを提案、Nさんも了解した。

3）Nさんの支援

　数日後、Nさんは自宅の市営住宅に戻り、T子さんはS介護老人保健施設へ短期入所した。H相談員は引き続きグループホームを探しはじめ、1週間ほど経ってKワーカーはNさんを訪問した。T子さんの使っていたベッドも片づけられ、やや殺風景になった室内でNさんは何をするでなく部屋にポツンと過ごしていた。KワーカーはNさんの精神的ストレスを配慮して、カウンセリングの技法で受容的に様子をたずねていった。

　今後仕事に戻らなければ食べていけないことや自分自身の将来について、漠然と考えているが、むしろT子さんとの関係を整理したいことを、ぼそぼそと語りはじめた。「私は……」とやや沈黙した後、Nさんは続けた。「子どものころ母親に虐待されてきました。父が死んでから育ててくれたことは感謝していますが、恨む気持ちはずっと残っています。それで独立したのですが、母の介護で何十年ぶりかで再会したのです。でも、もう母は、母ではなくなっていました……これからどうしていったらいいのでしょうね？」。

　Kワーカーは、Nさんの今後について、就労の可能性や家族介護者の会への参加などを含め、継続して協力することを申し出て、「次回は包括支援センターにいらしてください。近くにおいしいコーヒー店もありますから」と誘った。Nさんは、はじめて表情を崩し、Kワーカーに向いて「ええ」と応じた。

3　事例をふりかえって

　在宅における高齢者虐待は多くの場合、家族のライフヒストリーと重なりあっており、他者の介入が難しい。本事例は、世帯構成でいうと65歳以上の者及び未婚の子からなる世帯であり、親子関係において子どものころに親に愛されなかったことが、介護に影響を与えている。また、息子など男性介護者の場合は経済的に老親へ依存し、そのことから虐待

に至るケースも多い。そして社会関係が乏しいため地域社会で孤立している場合も多く、虐待・介護放棄が深刻化する場合もある。このなかで支援の糸口となる機会が乏しく、通報などが速やかに行われず危機的状況となり、手遅れとなることもある。

　高齢者虐待への支援では、虐待を受けている高齢者だけでなく家族介護者の双方を考えなければならない[1]。本事例の家族介護者であるNさんは、母親の在宅介護のなかで、母親との関係での葛藤や自分の将来を悲嘆し、自殺を考えるまで思い詰めてしまった。単純に加害・被害というラベルを貼り解決できるようなものではないという関係を理解しなければ、高齢者虐待における家族支援は成り立たない。家族という器が、どのような形であるか、どんな出来事で器は欠け、傷ついてしまったのかを理解しようと試みることから、支援のあり方を考えていく必要があるだろう。

4 演習課題

① T子さんとNさん、それぞれからみた在宅生活の課題を挙げてください。
② T子さん、Nさん親子のような虐待の恐れがある家族に対するアプローチを思いつくかぎり挙げてください。
③ 虐待を受けた高齢者、介護家族それぞれにとって「望ましい将来」とはなにかについて考えてみましょう。

【引用文献】
1）古川隆司「高齢者虐待防止へのアプローチ－必要な「社会的アセスメント」の視点について－」医学書院『訪問看護と介護』Vol.12 No.8　2007年　pp.656-659

【参考文献】
角田幸代編著『高齢者虐待を防ぐ地域のネットワーク』ぎょうせい　2006年
竹村堅次・志村豁著『精神科選書5　自殺のサイン』診療新社　1987年
梶田叡一監修、京都ノートルダム女子大学編集『家族のかたち』金子書房　2002年
吉沢勲『老親と暮らすということ』海竜社　1996年

3-8 事例演習 家庭内暴力（DV）[テーマ・母子]

1 家庭内暴力（DV ドメスティック・バイオレンス）とは

　家庭内暴力はドメスティック・バイオレンス（domestic violence）の直訳である。家庭内で起こる暴力といっても、親から子どもに向けられるもの、子どもから親に向けられるもの、高齢者に向けられるもの、配偶者に向けられるもの、きょうだい間で起こるものなどさまざまである。これらの家庭で起こる暴力は、暴力を向けられる対象によって名称が異なる。たとえば子どもや高齢者に向けられる暴力は、それぞれ「児童虐待」、「高齢者虐待」と呼ばれる。「家庭内暴力」は、1960年代後半から思春期の青年による親に対する暴力、つまり子どもから親に対する暴力を示す。配偶者に向けられる暴力は、「ドメスティック・バイオレンス」（以下、DVと略す）と呼ばれ、「夫・恋人など親密な関係にある男性から女性に対する暴力」と定義される。「親密な関係」には夫にかぎらず、元夫、内縁の夫、交際相手、元交際相手、婚約者など幅広い関係が含まれる。本節では、家庭内暴力のなかでDVの事例を扱っていく。

　DVは、当事者による個人的問題ではなく、社会構造的な問題ととらえられる。それは「男性は仕事、女性は家事・育児」という性別役割分業、男女の賃金格差といった男女間の力の不均衡が社会に存在し、女性は、男性中心社会のなかで男性の有する力に支配されてきたからである。また、家庭のような私的領域で起こる男女間の暴力は、単なる「夫婦喧嘩」と扱われたり、「殴られるほうに問題がある」と女性のほうが責められたりしてきた。さらに「法は家庭に入らず」といった考え方が根強く、DVは問題として認識されてこなかった。そのようななか、国際的な女性運動の進展により、女性に対する暴力は人権を脅かす問題と認識され、暴力を撤廃するための施策が講じられるようになったのである。

　わが国では、2001（平成13）年10月に「配偶者からの暴力の防止及び被害者の保護に関する法律」（通称DV防止法）が施行された。その前文では、配偶者からの暴力の被害者は、多くの場合女性であり、経済的自立の困難である女性に対して暴力を加えることは、人権擁護と男女平等の実現の妨げになっていることを指摘している。そして、配偶者からの暴力の防止及び被害者の保護を図るため、配偶者からの暴力にかかわる通報、相談、保護、自立支援等の体制を整備することとしている。

　DVは、夫婦や恋人など親密な男女間に現れる問題であるが、夫婦に子どもがいる場合、その子どもにも深刻な影響をもたらす。DV家庭では、加害者が配偶者だけでなく子どもにも暴力を行使する場合や、被害者が自身のストレスを子どもに向ける場合などがある。両親の暴力を日常的に目撃するだけでも、子どもは心に深い傷を負う。よって、DVの被

害者は母親だけでなく、子どもも含まれることを理解しておかなければならない。

2 事例「母子生活支援施設におけるDV被害者への支援」

（1）利用者・相談援助専門職の紹介

●利用者のプロフィール
・A子さん　性別：女性　年齢：23歳

　20歳の時に妊娠をきっかけに結婚するが、夫からの身体的、精神的暴力に耐えられなくなり、2人の子どもを連れて家を出る。婦人相談所での一時保護を経て、母子生活支援施設に子どもたちと入所となる。

　入所時、子どもの年齢は、長男は3歳、次男は8か月であった。

●相談援助専門職のプロフィール
・母子生活支援施設勤務　B母子指導員
職歴：5年6か月　資格：社会福祉士、保育士　性別：女性　年齢：28歳

　大学で保育士と社会福祉士の資格を取得し、希望していた母子生活支援施設に就職する。最初は少年指導員として施設で生活する子どもたちに関わってきたが、1年前より母子指導員になる。少年指導員のころは子どもの気持ちに寄り添いながらも、子どもたちが母子の置かれている状況を理解し、自立心をもって生活していけるような援助を心がけていた。母子指導員に立場が変わってからは、B母子指導員（以下、B指導員）自身が独身ということもあり、夫との関係や子育てに悩む母親の相談や支援をしていくことに戸惑いを感じる毎日であった。

（2）援助の開始に至る経過

　A子さんが小学生のときに両親は離婚。父の女性関係が離婚の原因であった。母は養育費等の経済面で父の世話になることを拒み、2つの仕事を掛け持ちしながらA子さんと妹弟の3人の子どもを育てた。母親が働いているため、A子さんは中学、高校時代ずっと妹弟の面倒をみてきた。高校時代はアルバイトをして家にお金を入れていた。母はA子さんのがんばりは長女として当たり前だと言い、感謝の言葉やいたわりの言葉をかけることはなかった。自分には厳しいのに妹弟には甘い母の態度に、A子さんはずっと反発心を抱いていた。

　高校卒業後にA子さんは就職するが、仕送りをするという条件で、家を出てひとり暮らしをはじめる。その後、職場で知り合った男性とつきあうようになり、その男性と妊娠をきっかけに20歳の時に結婚する。

結婚して間もなく、夫は仕事のストレスがたまると理由をつけてはＡ子さんに当たり、暴力を振るうようになる。夫は口数が少なく、外では人に対して従順な態度をとるため、内にストレスをため込みやすかった。普段Ａ子さんは夫のぐちの聞き役だったが、夫の機嫌が悪い時やＡ子さんが子育てで疲れている時は、うまく聞き役に徹することができず、夫をいらだたせていた。そして次男が生まれたころから暴力はエスカレートしていった。対人関係の苦手な夫を支えたいと思っていたＡ子さんであったが、「これ以上は耐えられない」と思い、２人の子どもを連れて家を出る決心をする。そして、婦人相談所での一時保護を経て、母子生活支援施設に入所となる。

（３）援助の経過

１）支援を拒むＡ子さん

　入所後のＡ子さんは、これまでの暮らしの恐怖と緊張から心身ともに疲労感が強く、部屋で寝込む状態が続いた。お昼ごろまで寝ており、８か月の子どもの世話をするのがやっとであった。Ｂ指導員から、今は母親の心身の回復が大切であることを伝え、子どもたちは施設の保育室で預かることを提案する。しかし、Ａ子さんは、家事と育児だけなら十分できると言い張り、子どもを預けることには応じなかった。

　次第に部屋のなかから、長男が走り回る音やＡ子さんが長男を激しく叱責する声、次男の泣き声が目立つようになる。長男はほとんど外に遊びに出ることがないため、狭い部屋のなかで元気をもて余しているようであった。ある日、親子３人が買い物に行こうとしている時に、長男がクツが気に入らないと言い、施設の玄関前でぐずりはじめた。つられたように次男も泣きはじめ、イライラしたＡ子さんはぐずる長男を何度も平手でたたきはじめた。

２）Ａ子さんの思い

　Ｂ指導員はＡ子さんの行為を止めて、Ａ子さんを落ちつかせるために面接室に案内した。Ａ子さんは泣きながら、これまでためていた思いを話しはじめた。施設で保護されている状態を受け入れることができず、とにかく早く仕事をみつけて自立しなければならないと強く感じていた。しかし、思うように体が回復せず、焦りを感じていた。Ｂ指導員から、子どもを預かるという提案があったが、これ以上施設に甘えられないという思いから、頑なに拒んでいたということである。

　また、家にいる時から、子どもに手をあげていたことを打ち明けた。Ｂ指導員はＡ子さんの話を傾聴し、これまでのＡ子さんの孤独感や不安感、そしてがんばりを受け止めていった。

３）施設での支援

　翌日から２人の子どもは、昼間、施設の保育室で過ごすことになる。保育室は、仕事に

行っている母親に代わって子どもたちを保育するところである。A子さんの場合は、子どもを預かっている間は、部屋でゆっくりと過ごし、体を休める時間にあてた。ときどきは、子どもたちのところに来て一緒に過ごしたり、昼食をともにしたりした。

　少しずつA子さんに余裕が生まれ、笑顔もみられるようになる。子どもたちが元気に遊んでいる姿をみて、A子さんは離婚を決意する。これまでは、「自分が夫を支えなければならない」という思いから夫と別れる決心ができなかった。何よりも自分と同じように子どもたちに父親のいない生活をさせることに抵抗があった。しかし、施設で子どもたちがたくましく育つ様子をみて、自分と子どもたちの生活を大事にしていこうという思いが強まったのである。

4）A子さんの人生

　健康を取り戻したA子さんは、B指導員と仕事について相談するなかで、これまでの自分の人生を語るようになる。父親の女性関係で両親が離婚したこと、母親が父親に対して見栄をはって養育費を拒否したため働き詰めだったこと、A子さんが母に代わって妹弟の面倒をみてきたこと、勉強も部活も友人と遊びに行くこともずっと我慢してきたこと、そのような自分のがんばりを母がほめてくれなかったことなどをふりかえる。

　そして、これからは自分の人生を生きるために、資格を取り、その資格を生かした仕事をしていくことを望むようになる。母や妹弟のためでもない、夫のためでもない、自分と子どもたちの人生をようやく考えられるようになったのである。A子さんが選んだ資格は看護師であった。

　B指導員はA子さんの夢を実現させるために、福祉事務所の母子自立支援員に母子家庭の母のための就業支援制度について相談する。その結果、経済的自立に有効な資格（看護師、保育士、介護福祉士等）を取得するために訓練促進費を支給する「高等技能訓練促進給付金」を利用できることがわかった。

　A子さんはパート就労をしながら、この制度を利用して通信教育で看護師の資格取得をめざすこととなる。

3　事例をふりかえって

　この事例では、夫からのDVにより、子どもを連れて家を出たA子さんに対して、母子生活支援施設ではどのように子育て支援や就労支援を行っていくかをみてきた。入所当初、A子さんは、これまでの暴力にさらされた生活から心身ともに病んでいた。B指導員は少しでもA子さんが休めるようにと、子どもたちを保育室で預かることを提案するが、A子さんからは拒否された。そして、A子さんの子どもたちへの虐待的なかかわりを目の当たりにしたのをきっかけに、B指導員はA子さんのこれまでの孤独感や不安感に耳を傾け、

A子さんとの信頼関係を徐々に築いていった。

　子育て支援については、A子さんの子どもに対する不適切な関わりを咎めるのではなく、保育室で子どもを預かり、そこでA子さんも一緒に過ごすという方法をとっていった。子育ての責任を母親１人に負わせるのではなく、みんなで支えあっていく子育てのスタイルがそこにはある。

　就労支援において、この事例では、仕事を「自活するため」だけではなく、「自分の人生を生きるため」のものととらえて支援を行っていった。A子さんの生活史は、母親に代わって妹弟の世話をして、勉強も遊びも年齢相応にできない生活の連続であった。子ども時代に子どもとしての福祉が保障されなかったのである。B指導員との関係のなかで、A子さんは勉強して資格を取って働きたいという夢を語った。そして、その実現に向けてB指導員は関係機関から利用できる情報や社会資源を集めるなどして側面的に支えていった。まさに、A子さんが自分の人生を生きるための支援といえる。

4　演習課題

① 　DVから逃れてきた母子は当初どのような問題を抱えているでしょうか。
② 　母子生活支援施設における子育ての考え方とその支援のあり方について考えてみましょう。
③ 　DV家庭で育った子どもに対しては、どのような配慮や支援が必要だと思いますか。

【参考文献】
柏女霊峰・山縣文治編『家族援助論』ミネルヴァ書房　2002年
森田ゆり『ドメスティック・バイオレンス』小学館　2001年
かながわ女のスペースみずら編『シェルターから考えるドメスティック・バイオレンス被害女性と子どもの自立支援のために』明石書店　2006年

事例演習 3-9 ホームレス

1 ホームレス問題とは

「ホームレス」とは誰のことを指すのか、という問いに答えるのは実は難しい。2002（平成14）年施行のホームレスの自立の支援等に関する特別措置法（特措法）では「都市公園、河川、道路、駅舎その他の施設を故なく起居の場所とし、日常生活を営んでいる者」と規定している。この定義からわかるとおり、視認可能な状態を指しており、法律上は野宿状態で生活をしている人々を指している。しかし、そもそも住居がない状態は、物理的に占有できる居室をもっていないことであるから、DV（家庭内暴力）から避難するために一時的に知人宅に身を寄せている人や、住居喪失不安定就労者（いわゆる「ネットカフェ難民」と呼ばれる人々）、非正規労働に従事しており契約が一方的に破棄され住居の立ち退きを迫られた人々も「ホームレス」状態である。

2001（同13）年に開かれた「ホームレス問題連絡協議会」がきっかけで「ホームレス」という用語が行政に定着したが、もともとは「野宿生活者」「野宿労働者」などの呼称で、東京の「山谷」、大阪の「釜ヶ崎」といった日雇労働市場で、その日の仕事に就けず所持金がなく路上で眠らざるを得ない、という状態を想定していた。しかし、日雇労働者の高齢化、あるいは釜ヶ崎などで仕事をしたことがない者の野宿状態の増加が、バブル経済崩壊後の1990年代以降に現れた。その意味では「経済の低迷、雇用状況の悪化」の要因が大きいが、それ以外にも「扶養機能の低下と社会的つながりの希薄化」「多重債務や薬物依存、疾病などの個人的要因」「社会的な排除」が背景にある。

特措法の規定に従い、2009（平成21）年に全国調査が行われた。全国で14,554人（内女性は495人）、都市別順では、大阪市が3,724人、東京都23区が3,105人、福岡市が969人、横浜市が697人と続く。2007（同19）年の調査では平均年齢が57.5歳、ホームレス期間が5年以上の人が41.4％であった。全国的に総数は減少しているが、長期化、高齢化が進んでいる。

2008（同20）年の国の基本方針ではホームレスの就業機会の確保、安定した居住場所の確保、保健及び医療の確保、ホームレス自立支援事業、生活保護法による保護の実施など12項目の取り組みが示されている。

2 事例 「ホームレス状態から居宅移行への援助」

（1）利用者・相談援助専門職の紹介

●利用者のプロフィール
・Sさん　性別：男性　年齢：63歳

　40歳代までは建設業を転々とし全国を渡り歩くが、疲労の蓄積により腰椎を痛め、土木作業が困難になる。バブル経済の崩壊により、求人自体が減少し、馴染みの業者にも断られ、所持金が尽きて路上で寝ることになる。

　駅舎、繁華街を転々とし4年が経過し、その後は知り合った同じ境遇の者に誘われて河川敷にテントを設置し9年を過ごす。ホームレス歴は13年になる。栄養の不足や偏り、過酷な生活環境が重なり、高血圧、白内障、椎間板症、歯周病を患う。

　家族関係は遠方に姉がいるが20年以上の音信不通である。

●相談援助専門職のプロフィール
・小規模共同生活支援施設「Y」　Tワーカー
職歴：10年　資格：社会福祉士　性別：男性　年齢：45歳

　A市はホームレス自立支援施策に沿って、小規模共同生活支援施設を社会福祉法人に委託している。小規模共同生活支援施設は、生活保護を活用しつつ居宅生活へ向けた準備、たとえば生活技能の訓練を行う施設である。Tワーカーは、自立生活支援員として入所から退所までのプログラムを担当している。

　Tワーカーはもともと、同法人で生活相談員として勤務していた。5年前に小規模共同生活支援施設を設置することになったが、同法人としては実績のない領域のサービス提供であった。利用者の年齢層を考慮して、Tワーカーが自立生活支援員として勤務することとなった。Tワーカー自身も、個人的関心から過去に数度、ホームレスへの安否確認や襲撃予防を目的とした夜まわり（パトロール）活動に参加したことがある。

・夜まわりボランティア団体　Uボランティア
　福祉施設に勤務しているが、個人的関心をもって2年前より夜まわりボランティア活動に参加している。

（2）援助の開始に至る経過
1）ボランティアによる支援

　夜まわり活動を行っているUボランティアが、地下街から地上へ向かう階段の踊り場で、ダンボールを敷いて身体を横たえているSさんを発見した。たいていは同じ場所で同じ人をみかけるのだが、彼ははじめてみる人である。Uボランティアはしゃがみ込み、声をか

けるが返事がない。しかし、こちらの問いかけは聞こえているのか、身体を少し動かした。

横になったまま体をこちらに向けたＳさんと話をすると、Ｓさんは食事を探しに来たのだが、疲れ果てて駅舎で寝ていた。普段は河川敷のテントで生活をしているとのこと。Ｕボランティアは、Ｓさんが極度の栄養失調だと思い、救急車を呼ぼうと提案したが、「必要ない」と明瞭に断られた。Ｕボランティアは用意していたお茶を配り、緊急用に持参していたパンを渡し、説得するような話しぶりでなく、穏やかに話を続けた。そのやり取りのなかで、Ｓさんの緊張は解けていくようであった。

Ｓさんの話からは、空き缶収集をしていたが、収集量は減り、さらに買い取り価格が下落して現金収入が減った。食事を買えず、繁華街を探し回ったがみつからず、ここ数日は水しか飲んでいないことがわかった。そこでＵボランティアは、Ａ市のホームレス自立支援策について説明した。ＵボランティアはＳさんに、緊急性が認められる状態であることを伝え、支援利用への動機づけを行った。支援利用への相談と申請にボランティアが同行できると伝えると、Ｓさんは覚悟を決めた様子で「世話になるわ」と述べた。

だが、深夜12時の出来事だったため、相談窓口の保護課も閉庁している。Ｕボランティアは翌朝にこの場所へ迎えに行こうかと思ったが、この場所は午前５時に警備員が回ってくることから、開庁時間までにいることはできない。したがって、開庁時間前に福祉事務所の前で待ち合わせることにしてていねいに場所を伝えた。

翌朝、ＳさんとＵボランティアは福祉事務所へ行き、受け付けの相談員に相談し、生活保護申請をして更生施設へ即日入所した。

2）更生施設による支援

検診の結果、衰弱が認められるが直ちに入院加療が必要ではないと診断されたものの、軽作業を継続的に行うことは難しいと判定された。アセスメントでは、ホームレス生活であっても自立していこうと思っていたが就労も年齢的に厳しく、身体的限界を感じ、アパートに移りたいというＳさんのニーズが明らかになった。健康管理、家事家庭管理、金銭管理などについて、長期間の野宿生活で弱まっている機能が認められるが、生活上の技能を取り戻すプログラムを受けることによって、居宅生活の可能性が高まると評価された。

(3) 援助の過程

更生施設より小規模共同生活支援施設「Ｙ」へ入所の問い合わせがあり、Ｔワーカーは、入所に向けた面談を本人、生活保護ケースワーカーの三者で行った。Ｔワーカーは、Ｓさんが施設の設置目的、施設環境、プログラム内容、規則を十分に理解して納得することが、Ｓさんの動機を維持し、目標を設定するうえにおいて重要だと考えた。さらに、更生施設でのアセスメント時以降に、本人の意向や状態が変わることもあり得るので、アセスメント内容に修正を加えることはないか再度確認した。また、利用契約書の内容を本人が了解、納得できるように漢字にルビをふる一方で、動機づけへの言葉がけは控えた。これは、Ｓ

さんがこの施設で得られること、できること、あるいは施設の管理上できないこと等を理解するための援助は必要であるが、施設を活用していくための意欲を高める援助をこの段階ですると、極端な例ではあるが「Ｔワーカーに勧められたから契約した」という意識が残り、自主性を抑制しかねないためである。そのうえで本人の意思を確認し、契約書を交わした。ケースワーカーは、更生施設による保護から居宅保護へ切り換え手続きをし、更生施設の退所と同時に「Ｙ」施設への入所となった。

　ホームレス期間が長期になるほど、社会環境の変化についていけない面が生じる。したがって、具体的な生活場面ごと個別に訓練を行うことが望ましい。ここでは、適当な用語がないため「訓練」という語を使用しているが、職員による強制力の行使は可能なかぎり行わず、たとえば洗濯が滞る利用者へは、洗濯をすることが本人と周囲の人々の関係をどれだけ良好にするか、あるいは嗅覚が異臭に慣れていることも想定して、自尊心を損なわないように支援していく。大切なことは、その行為が生活習慣として自然に行うようになることであり、本人の意欲を高める支援だけでなく、訓練を繰り返していくことである。そのためには、本人がどのような思いをもっているか常に気にかけ、意欲の維持をめざす傾聴が求められる。Ｔワーカーはそのような思いをもって、以下のプログラムを展開していった。

① 　施設への利用料の支払い行為を通して、公共料金等の支払いに向けた訓練を行う。銀行のＡＴＭ操作、振込用紙の書き方などに慣れるよう努める。
② 　洗濯機の使用法についてのオリエンテーションを行う。その後に観察等で支援が必要であると評価した場合は、声かけから実施していく。掃除や入浴についても同様にする。
③ 　月曜日はＳさんが、入所者全員の夕食を準備する当番になった。メニューづくりから食材の購入、調理と配膳、片づけに至るまで、能力に応じてかかわり、食事のプロセスを実習形式で学び、技能の獲得をめざした。その際にＳさん自身が「やってよかった」と思えることが多くなるほど、調理への関心が高まる。そこで食事時間に、利用者全員にＳさんがつくったことを紹介し、Ｓさんの成果を言葉にして伝えた。
④ 　日中の過ごし方について、食事を担当する曜日以外は通院等、個人の活動を中心に支援する。居宅での日中の過ごし方はホームレス状態の時とは異なる。空き缶収集などの都市雑業をしていたことが多いが、居宅では就労活動を継続しつつも、文化活動や運動、家事活動などができる。どのようにそれらをするか、自ら決める自由がある反面、自分が決めなければ誰も決めてくれない。したがって、入所中のＳさんは日中活動を自分で決めるよう励行されると同時に、必要な助言も得られる。Ｓさんは散歩の機会を増やしたり、ホームセンターへ行き住居の部分的な補修作業に関心を向けていった。
⑤ 　金銭管理について、ＴワーカーはＳさんに保護費を封筒で支出項目別に分ける管理方法を勧め、受領と同時に家賃や光熱費などの固定支出を支払うだけでなく、米飯を先にまとめて購入しておくことを強調した。

2か月が経過したある日、Sさんとケースワーカー、Tワーカーで三者面談を行い、これまでの入所生活をふりかえり、再アセスメントをした。Sさんは緊張した表情であったが、評価のプロセスで入所以降は健康面、家事家庭面、及び金銭管理面の技能を使えたことが実感でき、居宅生活への希望が話された。この時点で居宅生活への見通しが立ち、居宅移行への方針を決定し、ケースワーカーは移行に関する保護事務手続きに入った。

　Sさんは残り1か月の間、住居探しや事務手続きなどの準備に意欲をもって取り組むことができた。Tワーカーは居宅への移行後も施設内での食事会や訪問活動などを通して、アフターフォローをしつつ、支援の機会を減らしていくことになるであろう。

3　事例をふりかえって

　今回の事例は、支援のきっかけが夜まわり活動であった。国のホームレス対策事業では巡回相談員が公園や河川敷などを日中に巡回することを可能にしている。しかし、繁華街や駅舎、路上にダンボールを敷いて眠るホームレスの人々は、日中は1か所に留まっておらず、相談援助専門職との接点が少ない。したがって就寝時（終電直後が望ましい）にアウトリーチを行うことが1つの方法であり、これを埋めているのがボランティア活動である。

　長期間のホームレス生活中に、社会への接点が少なくなり、自ら相談窓口へ行くことにためらいをもつ、あるいはすべてに対して漠然とした不信感をもつこともある。Sさんのように一度の言葉がけで相談に至るケースもあれば、2年かかわってもコミュニケーションをとることすら困難なケースもある。緊急性という意味では、ホームレス状態そのものが緊急性を現しているが、そのなかでも特に動けない状態や、つい最近ホームレスになった状態、あるいは女性は緊急性が高い。ホームレス状態が長期化するほど、慢性疾患が増え、さらには相談援助専門職との関係づくりが難しくなる。

　ホームレスの長期化は、居宅生活で自然と使われている技能が弱まることと関係する。言い換えるとホームレス生活の履歴が、ホームレス生活特有の技能を強める。居宅生活へ移行するためのプログラムは、生活習慣を「つくり直す」という抜本的な変化を求める。これを達成するには本人の動機の維持が最も大切である。その意味で、本人の思いをていねいに受けとめることなしに支援は展開できない。

4　演習課題

① ホームレスの自立支援等に関する特別措置法の第2条に「「ホームレス」とは都市公園、

河川、道路、駅舎その他の施設を故なく起居の場所とし、日常生活を営んでいる者」とありますが、「故なく」の意味を考えてみましょう。
② Tワーカーは、なぜSさんの自尊心を損なわないように心がけるのか考えてみましょう。
③ 居宅生活の技能を獲得するだけでなく、使い続けるためにTワーカーは何を心がけているか考えてみましょう。

【参考文献】
日本社会福祉士会ホームレス支援小委員会『ホームレス支援の手引き』日本社会福祉士会　2007年

3-10 事例演習 権利擁護［テーマ・知的障害］

1 権利擁護とは

　判断能力に課題のある認知症高齢者、知的障害者、精神障害者は「自己決定」とは距離のあいた位置で生活をしていることが多い。そのなかでいかにして「自己決定」を支援し、1人の人間としての権利を尊重し、QOLを高めていくことができるか。福祉のみならず社会全体が取り組む必要のある課題である。権利擁護とは、つまり「自己決定」への支援であるといっても過言ではない。

　さて、権利擁護は「制度としての権利擁護」「実践としての権利擁護」に分けて考える必要がある。「制度としての権利擁護」は、民法と社会福祉法により制度化されている権利擁護である。前者は成年後見制度という。「後見」「保佐」「補助」の3種類に分かれており、判断能力の程度など本人の事情に応じて制度を利用できる。後者は社会福祉法のなかで第二種社会福祉事業[※1]に位置する「福祉サービス利用援助事業」を指し、社会福祉協議会が日常生活自立支援事業として取り組みを展開している。この事業は、無料または低額な料金で福祉サービスの利用に関する相談に応じ、情報提供、利用手続きの代行、利用契約の締結等必要な援助を行うなどの支援に限定されている。

　「実践としての権利擁護」は相談援助専門職の役割として位置づけられている。たとえば2005（平成17）年に採択された「社団法人日本社会福祉士会の倫理綱領」[1]を紐解くと、「Ⅰ　利用者に対する倫理責任」のなかに権利擁護に関する文言が記されている。

> （利用者の自己決定の尊重）
> 　社会福祉士は、利用者の自己決定を尊重し、利用者がその権利を十分に理解し、活用していけるように援助する。
> （利用者の意志決定能力への対応）
> 　社会福祉士は、意志決定能力の不十分な利用者に対して、常に最善の方法を用いて利益と権利を擁護する。

　以上のように、権利擁護の制度と相俟って、利用者一人ひとりの自己実現、自己決定が尊重されるように支援することが相談援助専門職に期待されている。

　さて、相談援助専門職が実践する権利擁護は「アドボカシー」と訳されることが多くあり、その機能には「発見、調整、介入、対決、変革」が含まれている。相談援助専門職は

※1　社会福祉法第69条に定められている事業。第一種社会福祉事業と比較して事業実施に伴い利用者に与える影響が大きくない事業を指す。

判断能力に課題のある利用者の立場にたち、権利を代弁することを通じ、利用者の生活と権利を擁護することが求められる。

2 事例 「借金を背負わされた障害者の権利擁護」

(1) 利用者・相談援助専門職の紹介

●利用者のプロフィール
・D子　性別：女性　年齢：73歳　知的障害（軽度）

　10年前に夫を亡くし、現在ひとり暮らし。ひとり息子のK助（48歳）は20歳の時に仕事中の事故で両下肢に重い障害を負った。K助は現在、A市内の障害者支援施設（入所）で生活をしている。

●相談援助専門職のプロフィール
・A市社会福祉協議会　Yワーカー
職歴：10年　資格：社会福祉士　性別：女性　年齢：40歳
　A市社会福祉協議会（以下、A市社協）が11年前に開始した日常生活自立支援事業（旧・地域福祉権利擁護事業）の相談援助専門職となった。

(2) 援助の開始に至る経過

　ひとり暮らしのD子は、10年前に夫を亡くしてからも民生委員や近隣住民の協力のもとで、インフォーマルなサポートを受けながら生活をしていた。ところが、数年経ったころから見知らぬ男性がD子宅を出入りするようになり、生活が一変した。D子は家に閉じこもりがちになり、家は次第にゴミの山になっていった。
　このような状況のなか、民生委員と近隣住民は自分たちのサポートだけでD子の生活を支援することに限界を感じるようになった。そこで、民生委員はA市社協の日常生活自立支援事業担当のYワーカーに相談した。

(3) 援助の過程

1）状況の把握
① D子の生活の様子
　D子への面接は計3回にわたり、D子の自宅で民生委員とともに実施した。衛生状態及び栄養状態は非常に悪く、トイレや風呂は使える状態にはなく、家の敷地内はゴミであふれかえっていた。ゴミは異臭を放っており、何年も前のゴミがそのまま置かれているような状態だった。

D子宅を出入りする男性について聞くと「H夫が来る」と答える。H夫（43歳）はD子の甥で現在無職。数年前から頻繁にD子宅に出入りしている光景が目撃されている。D子に、H夫がD子宅に来て何をしに来ているのかを確認すると「通帳と印鑑を渡している。毎月お金をくれる」という返事があった。D子の光熱費の支払いはH夫がしており、それとは別に生活費としてH夫から月2万円をもらっているということだった。今いくら貯金があるか聞くと「知らない」という。

　郵便受けをみると、広告などに紛れて消費者金融の督促状が何通か入っていた。D子と一緒に開封をすると、5社から計約400万円の返済を要求されていることがわかった。D子に確認をすると、H夫と市内の「金を貸してくれるところ」に一緒に行き、お金を何度か渡したとのことだった。D子は知的障害があり、契約書の内容理解や自分の名前を間違えずに書くことが難しく、契約を結ぶ力に課題がある。しかしH夫はお金が必要となる度にD子に名前を書く練習をさせ、契約書に署名させていた。D子は「H夫にはお世話になっているし、イヤとは言えない」と答える。

　毎日の生活について確認すると「みんなが手伝ってくれているけど、最近はあまり来ない」という。買い物以外での外出はほとんどなく、日中は買い物帰りに拾ってきた新聞や広告などを折って「ゴミ箱」をつくっているという。「上手でしょ」と言いながら、およそ段ボール5箱分になった「ゴミ箱」をみせてくれた。

② K助との面接

　D子との面接後、息子のK助と面接をすることにした。K助は市内にある障害者支援施設に入所をしている。20歳の時、仕事中に交通事故に巻き込まれたのが原因で、両下肢に重い障害がある。

　K助に今のD子の様子を話すと、「H夫はほとんど定職につかず、若いころからお金が必要になると顔をみせに来た。父が生きていたころは追い返していたのに」と心配そうな顔をした。YワーカーがH夫に金銭管理を任せるのは危険がある、日常生活自立支援事業の利用したほうがよいのではないかと切り出すと「そういうサービスがあるのならぜひ利用をすすめてほしい」という返事があった。またほかの福祉サービスを利用することができないかという訴えがあった。

2）支援計画の策定

　D子とK助の面接終了後、Yワーカーは、福祉事務所の相談援助専門職、民生委員、A市社協の法律相談担当弁護士の4人で今後の対応について検討をし、計画を策定することにした。あらかじめD子の希望を確認したところ「①息子と一緒にいる時間がほしい、②お金の管理は手伝ってもらいたい、③今生活しているところにいたい、④できることは自分でやりたい」という4点を希望した。D子の希望をできるかぎり実現するため、支援の柱として、「①H夫からの通帳及び印鑑の返却、②借金の把握と返済方法の検討、③日常

生活自立支援事業の利用、④介護保険の利用、⑤地域のサポート体制の確立、⑥D子の生きがいづくり」の6点を位置づけた。

3）支援の実施とその結果
① 通帳と印鑑の返却及び借金の対応
　K助同席のもとでH夫と話をする機会を設けた。目的は、通帳と印鑑の返却とD子の抱えている借金の使い道の確認だった。H夫は通帳と印鑑を渡すことにはじめ抵抗をしたが、K助が強く返還を求めると渋々応じた。
　D子には老齢基礎年金と、K助の障害厚生年金及び障害補償給付[※2]からの一部仕送りで月約10万円の収入がある。H夫が正しく管理をしていれば、月約6万円貯金できている計算になる。しかしながら通帳を確認すると残金はわずか4万円だった。光熱費やD子の生活費は、D子の説明通り支払われているようだったが、一方で、毎月6万円前後の金額がまとめて引き出されていることがわかった。H夫に確認をしたところ、D子はH夫の借金の連帯保証人になっており、計約700万円の借金を肩代わりしてもらっていたとのことだった。この借金は、D子の貯金や消費者金融から借りたお金で完済している。しかしながら、消費者金融から借りたお金の返済は滞りがちになっており、D子の貯金通帳にお金が入る度に下ろして返済してきたという。
　K助はこの事実に愕然としたが、「母の生活費を管理していたのは事実で、その部分では感謝しているところもある。使い込んでいるお金についてはこれ以上深く追及しない」という意向を示し、H夫に返済を求めないことにした。
　後日、弁護士が各消費者金融にD子の借金の経緯や契約締結能力及び返済能力について説明をした。その結果、利息分を除いた元金のみの返済が認められ、さらに1社あたり月3,000円ずつ継続的に返済することが認められた。また、A市社協の提供する日常生活自立支援事業の利用を開始することで合意をした。将来的には成年後見制度の利用も視野に入れ、定期的にD子、K助、民生委員、Yワーカーで生活のふりかえりをすることにした。

② 介護保険の利用
　福祉事務所の相談援助専門職を通じて、A市地域包括支援センターを紹介してもらい介護保険の利用について話を進めた。D子の意向をふまえ、介護保険を利用して自宅で生活する方針となった。
　D子宅は、ゴミが散らかっており、風呂、トイレが使える状態になかったため、はじめに住宅改修を提案した。改修の自己負担分は月1,000円の分割で支払うことになった。日中のサービスはホームヘルパーを平日利用し、土日祝日の食事は配食サービスを利用することにした。

※2　障害補償給付とは労働者災害補償保険に基づく給付で、業務上又は通勤による傷病により、身体に一定の障害が残った場合に支給される。

③ 地域のサポート体制の確立

これまでのD子の生活のサポートは、近隣住民に委ねているところがあった。しかしながら、近隣も高齢化が進み、サポートには限界が来ていた。近隣住民とは、良好な関係を維持できていることから、今後も話し相手になってもらえるようにお願いをした。また、外に出る機会を増やすことができるように、公民館で行われている日中活動にも参加するように勧めた。また、庭の草取りは3か月に1度の割合で、シルバー人材センターにお願いすることにした。

④ 生きがいづくりとその後の生活

D子、K助とYワーカーの3人で家族の今後について話をする機会を設け、その結果、月に2回D子がK助を訪ねることになった。また、D子が折り続けてきた「ゴミ箱」を、K助のいる施設で活用してもらうことになった。K助に会うことができる喜びと同時に施設職員や利用者から「ありがとう」と言われるのを楽しみにするようになった。目的のある外出も少しずつ増え、Yワーカーと会う度に「K助と一緒に出かけた」ということを報告するようになった。

3 事例をふりかえって

日常生活自立支援事業の利用前に、高齢障害者が巻き込まれていた金銭トラブルの解決及びサポート体制の確立が求められた事例である。主な課題は「①D子名義の通帳と印鑑の管理をH夫が行っていた、②H夫がD子の意志決定を行い、結果として多額の借金を抱えさせていた、③地域住民サポートでは支え切れない状態になっていた」という3点に集約できる。

これらの課題を解決すべく、Yワーカーが中心となり、D子の生活上の課題を1つずつ整理し社会資源や人的資源の確保に努めた。Yワーカーの役割はD子の代弁を通じ、直接的な支援だけでなく、D子の自己決定が促進できるようなネットワークをつくったことにあるといえよう。

4 演習課題

① 支援の開始前と後で、D子さんの生活にはどのような変化が生じたと思いますか。エコマップを作成して比較してみましょう。

支援開始前	（D子 73）
支援開始後	（D子 73）

《エコマップの書き方》
1. 利用者を中心に書きます。同居家族がいる場合は、大きめの円で囲み、同居家族であることを示します。
2. 男性を□、女性を○で表し、それぞれのなかに名前と年齢を記入します。
3. 家族構成員の人間関係を線で表します。
4. ―――は普通の関係、┼┼┼┼はストレスのある関係、― ― ―は希薄化した関係を表します。
5. 利用している社会資源（人的資源を含む）を家族の外側にそれぞれ○で表し、利用者や家族との関係を線で表します。

② 支援計画策定の段階で事前にD子さんの意向を聞いていたのはどうしてだと思いますか。
③ 「ゴミ箱」を息子の生活する施設に持参することは、D子さんにとってどのような効果が期待できると思いますか？　話し合ってみましょう。

【引用文献】
1）日本社会福祉士倫理委員会編『改訂　社会福祉士の倫理―倫理綱領実践ガイドブック』中央法規出版　2009年　p.18

【参考文献】
秋山智久『社会福祉実践論―方法原理・専門職・価値観』ミネルヴァ書房　2000年
糸川嘉則編『看護・介護・福祉の百科事典』朝倉書店　2008年
河野正輝『社会福祉法の新展開』有斐閣　2006年
社会福祉法人大阪ボランティア協会編『福祉小六法2009』中央法規出版　2008年

事例演習 3-11
インフォームド・コンセント[テーマ・医療SW]

1 インフォームド・コンセントとは

(1) 人権と自己決定

　人権とは、人間が人間として生まれながらに当然持っている権利のことであり、人間らしく生きるために欠くことのできないものといえる。この基本的人権は日本国憲法における三大原則のひとつであり、特に第25条において「すべて国民は、健康で文化的な最低限度の生活を営む権利を有する」（1項）と規定されている。しかし、われわれを取り巻く現代社会においては、家族関係や社会経済、地域社会の変化、人々の価値観や意識の変化等により、多様な社会問題、生活問題を生み出しており、それらの社会状況が人権を阻害している現状をみることができる。

　利用者の人権を保障した社会福祉の援助において、利用者の自己決定の尊重がある。室田は、「自己決定とは、自らの人生においてどのような生き方を送るのかを自らの判断によって決められることである。そして、自らの決定に優先する他人の（ソーシャルワーカーがなりうる危険性もある）介入や決定を認めないことであり、自らが嫌なことは拒否できる環境が整っていることである」[1]と述べている。社会福祉の援助においては、いかに利用者の自己決定の過程を支えていくかが重要なこととなるのである。

(2) インフォームド・コンセント

　従来、特に医療の世界で顕著にみられてきた、「専門家がその人にとって最もよい方法を考えることができるのであり、利用者やその家族に代わって判断する」という考え方はパターナリズムと呼ばれる。社会福祉の援助の場においても障害者や高齢者などの支援が必要な人々に対し、専門家がニーズを判断し、必要とされる援助をするかわりに、責任や自由に何らかの制約を与えることがみられてきた。

　このパターナリズムへの批判や疾病構造の変化から生まれてきたのがインフォームド・コンセントの概念である。インフォームド・コンセントとは、医師が患者の病状や治療方針を十分に説明し、患者がそれを理解したうえで同意することである。ここで大切なことは、医師が患者にいかに説明するかだけでなく、医師―患者の間で双方向のコミュニーケーションが行われ、患者がよく理解をすることである。そのためには、患者も自らの治療を医師に「おまかせ」にするのではなく、疑問点を明確にし、希望を伝えるといった主体性をもたねばならないのである。患者は、「主治医の気分を害したくない」「難しくてよくわからない」といった思いをもっていることが多く、ソーシャルワーカーはこのような患者

の思いを尊重し、いかに自己決定を支える援助を行っていくのかを考えなければならない。

2 事例 「病状説明によりインフォームド・コンセントと自己決定を促した援助」

（1）利用者・ソーシャルワーカーの紹介

●利用者のプロフィール
・Oさん　性別：女性　年齢：75歳

　夫が5年前に病死して以来、ひとり暮らしをしていた。徒歩で10分程度のところに息子の家族が住んでおり、週に1回はお互いの家を行き来していた。息子は48歳で大工をしている。嫁は専業主婦、高校生と中学生の孫が2人いる。Oさんは現在の家に長く住んでおり、近所に友人が多い。趣味で絵画や大正琴などの習い事をしており、社交的な性格である。

　Oさんは20年ほど前に糖尿病と診断された。主治医からは食事の管理と運動を薦められていたが、友人たちとのつきあいでついつい食べ過ぎてしまうことが多かった。10年前には高血圧も指摘された。定期的な通院と服薬が必要といわれていたが、習い事や友人たちとのつきあいに忙しく、あまり自分の身体のことに注意していなかった。

●ソーシャルワーカーのプロフィール
・T病院のMワーカー

　職歴：8年　資格：社会福祉士　性別：女性　年齢：30歳
　地域の中核病院であるT病院の医療ソーシャルワーカーとして大学卒業後から勤めている。

（2）援助の開始に至る経過

　Oさんはここ3か月前ほど、時々めまいやふらつきを感じることがあり、友人たちから病院に行くように勧められていたが、「心配ない」と受診せずにいた。ところが、1か月ほど前のある日のことである。朝から体調の悪さを感じていたOさんであったが、昼頃に自宅を訪ねてきた友人が、手足に力が入らず、ろれつが回っていないOさんの様子に異変を感じ、救急車を呼んだ。Oさんは市内のT病院に搬送、脳梗塞と診断され、同日入院となった。入院後、内科的治療を受け、次第に病状は安定した。

　現在は、左上下肢に麻痺があり、自力歩行は困難。移動は車いすを介助してもらっている。食事は、自力で摂取可能。ベッドの横に置いてあるポータブルトイレで介助をしてもらって排泄をしている。理学療法士（PT）からベッド上での座位保持の訓練、関節可動域訓練を中心としたリハビリテーションを受けている。だが、Oさんはリハビリに対してやる気があまりない様子であり、担当のPTが病室に来ても「リハビリは痛いから嫌」と漏らすことがあった。ちなみに、病室には息子の家族が入れ替わりで毎日のように面会に

来ている。
　昨日、主治医がOさんの担当看護師と協議を行った。その協議において、Oさんの病状が安定していることから急性期治療を主とするT病院からの退院は可能と判断された。今後の生活については、転院や在宅での生活、施設入所等いろいろな方向が選べそうである。だが、主治医はOさんがリハビリに積極的でないことから、「Oさんのような高齢の方に、やりたくないリハビリを無理してやらせるのもかわいそうだし、長期に入所できる施設を利用するのがOさんや家族のためにはいいのではないだろうか。よく面会に来てくれる家族だから、施設に入ってもOさんは寂しい思いはしないだろう」と考えた。
　その後、主治医はOさんのベッドサイドを訪れ、「Oさん、もう病状が安定したので、退院できますよ。施設に入ることや今後の生活のことは、ソーシャルワーカーと相談してくださいね」と告げた。そして医療ソーシャルワーカーであるMワーカーに電話をし、「退院後、入所できる施設をOさんに紹介してあげてほしい」とソーシャルワーク援助の依頼をした。
　そこでOさんは嫁の介助で車いすに乗って、相談室を訪れた。

（3）援助の過程

　1）インテーク面接

　相談室を訪れたOさんに対し、Mワーカーは自己紹介をした後、「主治医からOさんのことはうかがっていますよ」と伝えた。すると、Oさんは「私はこの病院から追い出されるのですか？」と強い口調で訴えてきた。その後、Oさんは自分の身体が不自由なことを話し、「まだちっともよくなっていないのに、どうして退院させられるのですか？」「追い出されるのかと思ったら心配で、昨夜はよく眠れなかった」と話した。Mワーカーが「Oさんの気持ちを主治医に伝えましたか？」と尋ねると、Oさんは「お世話になっている主治医の先生にはそんなことは言えません」とうつむいた。嫁は、「私も驚いている。帰宅して主人に相談しようと思っている」と非常に困惑した様子で語った。
　MワーカーはOさんや嫁の話を傾聴し、Oさんや家族の思いに共感し、受容するように努めた。そして、Oさんが感じている不安や困惑を主治医に伝えることは失礼ではないこと、これからのことを考えていくうえでも大切なことであるとOさんに伝えた。そして、脳梗塞を発症した原因や入院してからの治療、現在の身体の不自由についてもう一度主治医からよく説明してもらうことが必要であると説明した。嫁も、「私や主人も、主治医の先生ときちんと話がしたい」と希望した。Mワーカーは、主治医から病状説明を受ける場を設けること、その時にはOさんと息子、嫁が同席を希望していることも確認した。

２）多職種によるカンファレンス

　インテーク面接終了後、Ｍワーカーは主治医と協議を行った。そして、Ｏさんや嫁の思いを説明し、Ｏさんが現在の自分の病状を「ちっともよくなっていない」と感じていることを伝えた。主治医も病状説明を再度行うことを了解し、Ｏさんの治療に関わっている専門職にも出席してもらい、本人が同席したカンファレンスとすることとした。３日後の息子の仕事が休みの日に、主治医、担当看護師、担当ＰＴ、ＭワーカーとＯさん、息子、嫁とが同席し、病状説明が行われた。主治医は、脳梗塞は落ち着いたこと、身体の不自由は後遺症であり、元のとおりに治癒するのは難しいこと、適切なリハビリを行えばある程度回復する見込みがあることを、時折、図を書いたり、平易な言葉をもちいながらわかりやすく説明した。看護師も、「おわかりになりましたか？」「ほかにお聞きになりたいことはないですか？　たとえば、○○についてはどうですか？」等の声かけをした。ＰＴは「Ｏさんはリハビリが嫌だ、とおっしゃっていましたね。確かにリハビリはつらいことですね。でも、ご本人のやる気が一番大切なことなのですよ」と励ました。

　Ｍワーカーは、今後の生活についていくつかの可能性を提案した。１つは片麻痺の改善をめざし、リハビリテーションの専門病院に転院することである。しかし、そこでは、Ｏさんにとってはつらいリハビリをこれまで以上に行わなければならないことを伝えた。次に、リハビリを希望しないのであれば、介護を受ける環境が整っている長期療養型の病院への転院や施設の入所といった方法があることを説明した。さらに、在宅での生活として、家族の介護を受けながら、在宅福祉サービスを活用し、住み慣れた地域での生活を送る方向があることも伝えた。

　Ｏさんは、「リハビリがそんなに大事だとは知らなかった……」「すっかり治ることを祈っていた」「息子の家族には迷惑をかけたくない」とぽつりぽつりと漏らした。

　家族でゆっくりと話し合ってもらうこととし、カンファレンスは終了した。

３）退院まで

　４日後、Ｏさんが相談室を再び訪れた。「リハビリの専門病院への転院をお願いしたい」という。病状説明の後、息子と嫁、孫も病院に来て、みんなでよく話し合った結果決めたということであった。「病状説明を受け、自分のこれまでの生活の結果からこの病気になったのだ、と納得したら、少しすっきりした。息子の家族は一緒に住んで世話をすると言ってくれている。私は世話になるのは気が引けるが、トイレに行けるようになれば世話も楽になると息子が言うので、それを目標にリハビリをがんばろうと思った。友だちにもまた会いたい」と笑顔で話をした。

　その後、Ｍワーカーは、Ｏさんや家族と相談しながら、リハビリテーション専門病院への転院を援助した。１か月後、在宅生活を送ることを目標に、Ｏさんはリハビリテーション専門病院へ転院していった。

3 事例をふりかえって

　脳梗塞の発症という突然の出来事によって、身体が不自由になった患者への援助事例である。このような急な発症の場合、病気の原因となった生活習慣のこと、脳梗塞がもたらした後遺障害のこと、リハビリの効果等、患者にとってよく理解できていないことが多々ある。それが、治療やリハビリへのモチベーションを低下させたり、今後の生活への見通しをもつことを困難にすることがある。

　このような状態の患者は、専門職からみると依存的・消極的であったり、多くの援助が必要であるようにみえることがある。そのため、専門職の側が主導的に援助を進め、治療や援助の方針を決定するような状況に陥りやすい。しかし、そのような援助者の態度は、患者との間の信頼関係を損ねることにもなりかねない。十分な説明と患者の理解が得られれば、患者自身のもつ強さを回復し、自身の治療や生活についての決定を行うことも可能になるのである。ソーシャルワーカーは、そのような過程を支援することが重要となる。

4 演習課題

① 最初に主治医が看護師と行った協議について、どのような点が問題と考えられるでしょうか？

② Oさんが自己決定を行うために、大切なことは何でしょうか？　事例のなかから読み取ってみましょう。

③ Oさんは、主治医の話に納得していないにも関わらず、「お世話になっている主治医の先生には言えない」と言っています。この時、Oさんはどのような気持ちだったのかを想像してみましょう。また、自分も同じような体験をしたことはありませんか？

【引用文献】
1）　児島美都子・成清美治・牧洋子編著『保健医療サービス』学文社　2009 年　p.162

第4部

地域福祉の基盤と開発にかかる演習 （コミュニティワーク演習）

講 義
4-1 地域福祉の基盤と開発にかかる技術

1 地域社会におけるさまざまな地域福祉実践

(1) 地域社会のあり方と人々の生活

　相談援助技術がめざすところは地域社会に暮らすすべての人々が自分らしく、自らが暮らそうとする場でさまざまな社会関係のもとで生活し続けられるように援助することである。そのためには目の前の利用者だけではなく潜在的な利用者に対するアプローチとその人々が暮らす場所、地域社会へのアプローチが必要である。

　2006（平成18）年、北海道夕張市の財政破綻が大きく報道された。600億円以上の負債を負った夕張市は財政再生にむけて、地域におけるさまざまな公共サービスの縮小・廃止や利用料の増額などを検討・実施し、医療・保健・福祉サービスを受けていた市民の生活が直撃を受けたことは記憶に新しい。このように、地域社会のあり方と人々の生活は直結しているのである。

　2000（同12）年以降、社会福祉法において地域福祉計画の策定が位置づけられ、地方自治体ごとにおのおのの地域特性にもとづく福祉のまちづくりを検討することとなっている。ここでは自治体本体の施策から小地域レベルにおける人々の支え合いまで、広範囲なレベルまで言及され、新規プログラムや住民の活動拠点づくりなど新たな地域福祉の推進策が実行に移されている。しかし、その一方でいまだ地域福祉計画そのものが策定されない自治体も存在し、それぞれの地方自治体における地域福祉システムづくりには格差が生じている。

(2) 日本における地域福祉実践の歴史

　その人らしさを支える地域福祉システムをつくり出すエネルギーの根源は地方自治体のようなフォーマルな存在による制度よりもむしろ、住民・市民によるインフォーマルな実践にある。日本における地域福祉実践の代表的な源流はセツルメントや現在の民生委員の前身である方面委員にあった。これらは近代化に伴って形成された下層社会や生活に窮乏した家族への働きかけを地域レベルで行ったが、歴史的に日本における地域福祉実践の芽はインフォーマルから生まれてきた。

　このような地域福祉実践の芽が本格的に成長するのは戦後である。まず、代表的なものが2つあるが、まず1つめは社会福祉協議会による実践である。社会福祉協議会は1950年代には全国の各都道府県・各市町村ごとに9割以上組織された。なかでも市町村社会福祉協議会は住民の主体性や小学校区単位の活動を重視し、町内会・自治会などのコミュニティ

型組織を基盤に学区ごとに住民による自主的福祉活動団体を組織していった。

　2つめは市民参加によるボランティア・NPO活動である。1950年代後半から公害問題などの人々の生活を蝕む社会問題に取り組む住民・市民運動が活性化しだし、1960年代後半からは今日的なボランティア団体が生まれはじめた。1970年代に入るとこれらの団体は障害者の社会参加、子育て環境、在宅の高齢者の問題など何らかの課題に集中的に取り組み、それを解決するために当事者や共感する住民の力を結集させた。時には社会矛盾を糾弾するソーシャルアクションも起こした。1980年代に入るとこれらの一部は活動をプロフェッショナル化、事業化させ、1998（平成10）年の特定非営利活動促進法制定後、特別非営利活動法人となり、時には社会福祉協議会に匹敵する力量を形成していった。

　コミュニティ型組織などにおけるつながりを基盤とした住民活動と時に軋轢を生みながら一部機能をプロフェッショナル化させた市民活動は性質が異なる。だがいずれもそれぞれに発展し、今日の地域福祉の基盤となっている。

2　地域福祉の基盤の開発とは

（1）地域福祉の基盤とは

　コミュニティ・オーガニゼーションの古典的定義、ニード・資源調節説において、ソーシャルワーカーが地域に対して行う援助とは、ある一定の地理的区域もしくは機能的領域における福祉ニードと社会資源との間に調整をもたらし、かつ維持することが求められるとされている。仮に地域福祉の基盤を社会資源として考えていきたい。

　社会資源とは施設などのハード面のものもあれば、人々の間にある関係や意識などのソフト面のものもある。時にはその地域がもつ景観や歴史そのものが資源だったりすることもあるだろう。また、社会資源は自治体や政府などの行政の管理下のものもあれば住民やボランティア・NPOなど民間団体が生み出し維持しているものなど多面的なものである。ここでは、以下の6つを挙げたい。

```
　　　　　　　　　　地域におけるさまざまな資源
　①　人材…………住民・ボランティア、専門職　など
　②　組織…………地域団体、ボランティア団体、当事者団体、専門機関、
　　　　　　　　　ネットワーク組織　など
　③　生活施設……集会施設、教育施設、福祉施設　など
　④　プログラム……学習会、サロン活動、喫茶、イベント　など
　⑤　資金…………寄付金、助成制度、基金　など
　⑥　関係・意識……地域への愛着、実践への信頼、住民間のつながり　など
```

（2）地域福祉の基盤開発のプロセス

　永田幹夫は地域福祉の基盤づくりの1つのモデルである地域組織化のプロセスとして①活動主体の組織化、②問題把握、③計画策定、④計画実施、⑤評価の5つのプロセスを提示した[1]。これを参考にしながら、以下のように説明したい。

① 　地域アセスメント

　まずは地域を知ることである。地域アセスメントは ⓐ その地域の特性を知ること、ⓑ その地域における課題を知ること、そして ⓒ その地域にどのような社会資源があるのか、を知ることが求められる。

② 　実践主体の結成・選択

　次に実践主体を結成する必要がある。地域福祉の基盤形成には専門職だけでなく、できるだけ多くの住民がかかわり、彼らの主体性を強めていく必要がある。すでに存在する団体を新たな地域課題を解決するための実践主体として選択する場合もあるだろう。

③ 　実施プログラムの検討

　3番目は、見出した課題を解決するため結成した実践主体が何を行うのかという具体的なプログラムを考える必要がある。なお、①②③は順序が入れ替わったり、同時進行することもあり得るだろう。

④ 　プログラムの実行

　4番目に、決定したプログラムを実施するための人の役割分担や必要な資金調達を行うなどのマネジメントの必要がある。

⑤ 　記録と評価

　最後は評価である。地域福祉実践は組織の成立とプログラムの展開に10年単位の時間がかかることも少なくなく、1980年代に設立され活動を継続している団体はすでに20〜30年の歴史をもつ。外部の実践者や有識者の協力を得て、その節目節目に実践をふりかえり、プログラム、組織のあり方を再検討することが必要であろう。

3　ニーズと資源の発見〜地域アセスメント

（1）地域アセスメントとは

　先の5つのプロセスのなかで最も基本にあるのは地域アセスメントであり、前提となるのが地域特性の把握である。

　地域の特性とは気候・地理的条件・人口動態・産業構造・地域資源の整備状況・地域組織の活動状況・地域住民の意識・態度など多項目にわたる。なかでも、人口動態は基本となる。年齢階級別人口（年少人口・生産年齢人口・老年人口）や人口の増減の経過、障害者手帳所持者数、外国人登録者数などのマイノリティの統計値を国勢調査や各種統計書などから確認する必要がある。

次に、ニーズ・課題を把握する、つまりニーズキャッチが重要となる。そもそもニーズ・課題とは人々が地域住民として生活していく際に起きる不都合や困難を解決するために必要とされることである。しかし、生活困難者である本人が、生活していくうえでの問題に気づかない、あきらめている、誰に言えばよいのかわからないなど、問題を訴えることそのものに戸惑いがあったりする場合がある。ゆえに、ないものとして扱われたり、しかもその一方で事態が悪化していくことも少なくない。基本的に福祉サービスは「申請主義」である。相談援助専門職は、隠されている、気づかれていないニーズ課題を自ら地域に出向きみつけ出す、つまりアウトリーチを行う必要がある。

ニーズ・課題を明確にする一方で、これに対応する資源、プログラムや団体などが必要となる。日ごろからの情報収集が重要であるが、そのためには、「読む」「聞く」「歩く」という3つの方法がある。これについては次の項で説明する。

（2）地域アセスメントの方法

① 読む

資料・WEBサイトなどを使ってその地域を調べることが最初に考えられるだろう。まず、地図、できれば小学校区ごとに作成される詳細な住宅地図を入手したい。また、先に挙げた地域特性は行政が作成しているさまざまな統計資料から入手することができる。市レベルの情報だけでなく、小さなエリアだけに流通するミニコミ誌やさまざまな団体の通信類やチラシも地域内の情報にあふれている。

② 聞く（インタビュー）

地域のことを一番よく知っているのは住民である。なかでも地域団体の関係者やその地域で商売をしている住民は特に地域の事情に詳しい。事前に依頼をし、地域について聞き取るフォーマルな方法もあれば、地域にこまめに足を運ぶなかで出会う人々との日常会話に近い会話から聞き取っていく方法もある。

③ 歩く（地域踏査）

地域アセスメントにおいては重要なことは表面的な現象にのみ目を奪われるのだけではなく、その底にある社会的文脈を探ることである。そのためにも基本的な方法はその地域を歩いてみることである。どのような住宅が立ち並んでいるのか、道路や公園、公共施設の様子を観察しながら、住民がその地でどのように暮らしているのか想像してみる。特に、祭りやイベントなどには足を運ぶことが大切である。

しかし、地域を歩くにしても事前に地図などの資料があれば役に立つし、逆に地域に体を運べばさまざまな資料を入手することができる。地域に詳しい人物に出会うこともでき、さまざまな話を聞くことができる。以上の3つの方法はいずれも関連しあっている。

4 プログラム・組織を創出する

(1) 地域福祉実践はブリコラージュ

ニーズ・課題が明らかになったとしよう。しかし、それに対応するプログラム・組織がない時にどうすればよいのか。これはつくるしかない。基本的に地域福祉実践は"ブリコラージュ"である。ブリコラージュとはその場にあるものを試行錯誤しながら組み合わせ、新しいものをつくりあげることを意味する。プログラム・組織・活動環境（拠点・制度）はそれぞれがそれぞれにとっての資源であり、地域福祉実践とはその時に存在する資源を確保、活用しながら欠けているものを創出するという作業である。

このなかでとくに重要になるのは組織であり、究極的にはその組織を動かすキーパーソンである。地域にある当該の課題に強い問題意識をもち行動を起こす人物が必要とされる。地域のなかには必ずこのような人物が存在しているものであり、相談援助者がよりよい援助を行うにはこのようなキーパーソンたちの存在に気づき、彼らから学ぶこと、そして彼らを支援していくことが不可欠である。

(2) プログラムの創出

次にプログラムであるが、これは同じ課題であったとしても、その地域がもつ活動環境であったり、誰がその問題に取り組むのかによってさまざまなプログラムが考えられるだろう（図4-1-1）。また、活動拠点や動員資金、中心の事務局を誰が担うのか、などによってその規模は大きく異なってくるだろう。このような新たなプログラムを企画する、組織を結成するにあたって、相談援助者のような専門職がどのようにアドバイスできるのか、またその自治体のなかに活動を支援する資金・基金や無料もしくは低額で活動場所を提供する環境がどれだけ整っているのか、どのようにそれを整えるのかということが重要である。

―同じ課題でもさまざまなプログラムが考えられる―

課題：
地域のなかでの
孤立した育児

← プログラム1：母親たちによる子育てサークル
プログラム2：学区社会福祉協議会による子育てサロン
プログラム3：ファミリーサポートセンターによる育児支援

図4-1-1　課題とプログラムの関係の一例

5 地域福祉の資源開発において重要なこと

(1) 生命体としての地域

　比喩的な表現ではあるが地域は一種の"生命体"である。後藤春彦は、コミュニティには歴史的に脈々と受け継がれた「地域遺伝子」が存在するという[2]。この「地域遺伝子」がその土地の人々の意識や助け合いの性質、活動の性格に強い影響を与えている。ある地域で成功したプログラム・活動組織が同様の課題・資源をもつ地域で成功するとはかぎらない。その地域にはそれぞれの土壌・考え方、みえないルールがある。小学校区及び町内レベルにおける住民による自治のあり方も大きな要素であり、相談援助者は立ち入ることが難しい領域でもある。地域福祉の基盤開発のいずれのプロセスにおいても、その地域の社会的文脈を見極めていく必要がある。

(2) ソーシャルキャピタルの形成

　パットナム（Putnam,R.）によれば、ソーシャルキャピタルとは人と人とのつながり、お互いの信頼、規範という要素で成り立つ資本であるという。お金でも建物でも人間そのものでもない、目にみえない関係性の資源が地域のなかの難問を解決し、創造的な活動を生み出すというのだ。

　実は、先駆的な優れた地域福祉実践が行われている地域には、それまでに別の異なる実践がなされている場合が多い。たとえ小さな実践であったとしても、その時は"うまくいかなかった"としても、その実践を通してコミュニティの関係性の資源を地域のなかにどれだけ育むことができたのかが重要である。ある課題をほかの住民たちと共有し、お互いを信頼しながら、活動のルールをつくることができたのならば、その取り組みはその地域社会にとって大きな資源となり、新たな課題を解決する力となる。地域社会に暮らす一人ひとりが自らの暮らす地域社会の問題や自分と異なる立場の住民たちの悩みに思いを寄せ、お互いに何かを行おうとする意識をつくり出すことは、一朝一夕では成し得ない。時には、子や孫の代までかかるかもしれない。それぞれの地域に豊かなソーシャルキャピタルを育む実践を積み重ねる粘り強い努力が必要とされている。

【引用文献】
1) 永田幹夫『改訂二版　地域福祉論』全国社会福祉協議会　2000年　p.193
2) 後藤春彦『まちづくりオーラル・ヒストリー』水曜社　2005年　pp.22-26

【参考文献】
ロバート・パットナム『哲学する民主主義―伝統と改革の市民的構造』NTT出版　2001年
三本松政之・朝倉美江編『福祉ボランティア論』有斐閣　2007年

4-2 事例演習　行政・社協現場における地域福祉の基盤形成

1　行政・社協現場における地域福祉の基盤形成

（1）現在における地域の福祉課題の背景

　厚生労働省は、2007（平成19）年10月より「これからの地域福祉のあり方に関する研究会」を開催し、「地域社会で支援を求めている者に住民が気づき、住民相互で支援活動を行う等の地域住民のつながりを再構築し、支え合う体制を実現するための方策」について検討を行い、2008（同20）年3月、報告書をまとめた。報告書で注目すべきは、次の項目である。

> ①　我が国の少子高齢化は他の先進諸国に例をみないスピードで進行しており、2005（同17）年から2030（同42）年にかけて65歳以上高齢者人口は1,000万人以上、率にして40％以上増える一方、それを支える15～64歳人口は約1,700万人、20％以上減るものと推計されていること。
> ②　同時に、高齢者のひとり暮らし世帯の数は、2005（同17）年の387万世帯から2030（同42）年には717万世帯と、2倍近くに増加すると推計されており、生活リスクに対して脆弱な世帯の増加を示していること。
> ③　これまで安心のシステムとして機能してきた、家族内の助け合いと企業の支えについても、少子高齢化の進行、核家族化や単身世帯の増加、引きこもりなど家族内の紐帯の弱まり、終身雇用慣行の変化や非正規雇用の増加、若年層の雇用情勢の悪化、企業の経費削減などが進むなかで、これまでのような支えは期待できなくなってきていること。
> ④　人々の移動性や流動性が高まり、個人主義的傾向も強まるなかで、「ご近所」の人間関係が形成されず、地域の求心力が低下し、地域社会の支え合う関係の脆弱化が著しいこと。

　以上の4つの点が、現在の我が国が抱える地域の福祉課題の背景として指摘されているのである。

（2）地域におけるさまざまな福祉課題

　近年の福祉施策は、個人の尊厳を尊重する視点から、個々人の生活全体に着目し、たとえ障害があっても、要介護状態になっても、できるかぎり地域のなかでその人らしい暮らしができるような基盤を整備していく、というのが基本的な考え方であり、それに基づき、

第4部　地域福祉の基盤と開発にかかる演習（コミュニティワーク演習）

地域での自立支援、生活の確保、施設や病院から地域への移行が進められてきている。とくに高齢者・障害者の分野においては、公的な福祉サービスは飛躍的な発展をとげてきたといえる。

しかし同時に、地域においては、さまざまな福祉課題が存在していることも事実である。主な問題を挙げると、次のようなものがある。

① ひとり暮らし高齢者や認知症高齢者の増加に伴う孤独死や消費者被害、高齢者虐待などの権利擁護に関する生活課題。

② 要介護高齢者や障害者などに対する公的な福祉サービスだけでは対応できない生活課題。

③ ドメスティック・バイオレンス（DV）の被害に遭っている母親と児童虐待など複合的な福祉課題を抱え、公的な福祉サービスでの総合的な対応が不十分であることなどから生まれる問題。

④ 刑務所から出所した者や、ニート、ホームレスといった新たな貧困を含む低所得の問題や社会的排除や地域の無理解から生まれる問題。

(3) 地域の福祉課題に対する行政・社協の果たすべき役割

以上のように地域には、現行の制度やしくみでは対応しきれていないさまざまな福祉課題があり、これらに対応する考え方として、「地域福祉」をこれからの福祉施策に位置づけていく必要がある。これらの福祉課題は、誰もが遭遇する可能性があり、これらの福祉課題を自らの問題であると認識し、住民間でそれを共有して解決に向かうようなしくみをつくっていくことは、私たち自身のこれからの安心・安全の確保のため必要なことである。

地域におけるさまざまな福祉課題に対応することは、支援を要する者（利用者）が地域でその人らしい生き方を全うすることで自己実現を可能にすると同時に、支援者も地域における支援活動を通じて自己を実現することでもある。

行政や社会福祉協議会（以下、社協）の果たすべき役割には、地域住民が、共に支え、支えられるという「支え合いの関係」、すなわち相互の自己実現を地域で可能にしていくことが求められている。

とくに、行政は、①住民の福祉を最終的に担保する主体として、公的な福祉サービスを適切に運営し、必要なサービスを住民に提供する必要があるとともに、②地域福祉計画の策定に住民参加を進めていく役割がある。また、③住民が地域福祉活動を積極的、安定的に続けられるよう、その活動基盤を整備する必要がある。さらに、④専門的な支援を必要とする困難な事例に対応するのも行政の役割であり、そのような事例が適切に公的な福祉サービスにつながるよう、住民等と行政との間で生活課題や公的サービスの内容等について情報を共有するしくみを整備する必要がある。

また、社協は、2000（平成12年）には、社会福祉法において、市町村社協が社協の基礎単位として位置づけられるとともに、社協の目的が「地域福祉の推進」にあることが明記

された。市町村社協は、区域内の社会福祉を目的とする事業を経営する者（社会福祉施設等）、社会福祉に関する活動を行う者（ボランティア団体等）が参加し、かつ、社会福祉事業または更生保護事業を経営する者の過半数が参加するものとされている。

具体的な役割としては、住民主体のサロンづくりや見守りネットワーク活動、地区社協の組織づくりといった地域住民による地域福祉活動の支援、また、災害時の要援護者支援活動を行うなど、地域福祉を進めるうえで重要な役割を担っている。

2 事例 「孤独死の問題からはじまったひとり暮らし高齢者への生活支援」

（1）孤独死とひとり暮らし高齢者

先にも述べたように、我が国は今後ますます高齢化が進展（2008（平成20）年10月1日現在の高齢化率は21.5％）とともに、高齢者のひとり暮らし世帯の数は、2005（同17）年の387万世帯から2030（同42）年には717万世帯と、2倍近くに増加すると推計されている。

これに伴い、ひとり暮らし高齢者が、誰にも看取られることなく、ひっそりと家のなかで亡くなり、時には何日も過ぎてから遺体となって発見されるいわゆる「孤独死」が増加してきている。

また、1995（同7）年1月17日に起こった阪神・淡路大震災では、災害後に建設された仮設住宅、災害復興住宅等において、「孤独死」が多発し、注目を浴びた。その後、全国的にもかつてはニュータウンとして開発された大規模集合住宅が老朽化、高齢化し、高齢者が多く住む街が出現したり、過疎地での限界集落（過疎化などで人口の50％が65歳以上の高齢者になり、冠婚葬祭など社会的共同生活の維持が困難になった集落）が出現するなかで、「孤独死」の問題も全国的な大きな課題となりつつある。

このように、社会問題として取り上げられる際には、「孤独死」という語がもちいられることが多いが、「孤独死」を詳しくみると、いわゆるひとり暮らしの者が亡くなる「独居死」や、誰にも看取られず死に至った状況を示す「孤独死」、そして日常生活において社会的に孤立した状態での死「孤立死」などさまざまな定義を含んでいる。ここでは世帯構成に関わりなく、社会的孤立状態のなかでひとりで亡くなり、死後発見されることを問題ととらえ、それらをまとめて「孤独死」という表現で述べていく。

「孤独死」の背景には、単なるひとり暮らし高齢者や高齢者夫婦の増加だけでなく、昔ながらの近所づきあいやコミュニティ活動の喪失、地域からの孤立化、個人情報保護法の影響などプライバシーを尊重する傾向があること、また、認知症の発症などが指摘されている。

（2）事例概要
① 地域特性

　Ａ市は人口約50万人、高齢化率は20.5％の大規模都市である。Ａ市には、昭和30年代に建設された大規模なＢ団地というニュータウンがあり、ピーク時は約２万人が住む街であった。しかし、若年世代が街を巣立ち、親世代の住民が高齢化するとともに、新しい入居者も単身高齢者が増加したため、街の人口は、現在は約半数の約１万人と減少し、高齢化率は約30％の超高齢化した街となっている。子どもが少なくなり、自治会や子ども会などのコミュニティ活動を担う役員も高齢化とともに減少し、数年前には長年続けてきた夏祭りが中止されるなど、コミュニティ活動は低迷している現状がある。

② 孤独死の概要

　Ｂ団地において、数年前、ひとり暮らしの75歳の男性Ｃさんが、ある夏の暑い日、団地の一室で亡くなっているのを、訪ねてきた民生委員に発見された。

　Ｃさんは、10年程前に団地に転入してきた。年金生活でひとり暮らしであった。親族は子どもがあったが離婚後は全く交流がなく、近隣とのつきあいも疎遠であいさつ程度であったという。持病の糖尿病があり、近隣の医者にはかかっていたが、経済的な理由から受診も途絶えがちだった。身体的には自立しており、近くのスーパーで買い物する姿は近隣の方にもよくみかけられていた。

　ある夏の暑い日、近隣住民から民生委員へ電話がかかってきた。「Ｃさんの郵便受けに郵便物がたまっている。ドアをたたいても返事がない。最近姿をみていないので心配だ」という通報であった。民生委員は、65歳以上の単身高齢者の見守りをする役割を担っている。民生委員は早速自宅を訪問し、チャイムを鳴らし、ドアをたたいたが返事はなかった。電気メーターをみるとゆっくり回っていた。民生委員はおかしいと思い、警察と団地管理者に連絡、警察官立ち会いのもと、団地管理者がドアをあけたところ、居間で倒れたまま亡くなっているＣさんを発見した。検死の結果、死後１週間であった。

（3）援助の過程
① 自治会役員との協議

　民生委員はこの孤独死事件を民生委員地区会長に報告した。地区会長は、今後このような孤独死事件が団地内で起きないようにするためにはどうしたらいいかと団地の自治会長Ｄさんに相談した。Ｄさんは、自治会役員会で協議したいと提案した。

　早速、自治会役員会が開催された。団地の高齢化、孤立化、コミュニティの弱体化などの課題が話し合われた。民生委員地区会長からは団地内には多数の単身高齢者がいることが報告された。地区社協の地区担当支援員Ｅさん（コミュニティワーカー）は、二度と孤独死が起きないように、自治会と地区民生委員と協力しながら、地区社協内に「孤独死防止検討会」（以下、検討会）を設置し、対策を検討していくことを提案し、団地全体で問

題の解決を図っていくことが確認された。

② 孤独死防止110番

　2004（平成16）年に自治会と地区民生委員、地区社協の３者による検討会が数回開催され、孤独死を疑う情報等を通報してもらう「孤独死防止110番」という緊急通報体制を地区社協内に設置することとなった。住民等から「孤独死防止110番」に通報が入ると、自治会長Ｄさんに連絡が入り、同時に民生委員、団地管理者、警察に連絡をとり、現場に駆けつけ、必要な救援措置がとられる体制である。そして団地自治会広報紙に記事を掲載し全戸に配布して、周知した。

③ 孤独死を考えるシンポジウムの開催

　地区支援員Ｅさんは、孤独死の問題を自治会役員や民生委員だけでなく、団地全体の課題としてもっと多くの人に知ってもらい、ともに考えてもらうため、シンポジウムの企画を提案した。そして自治会、地区民生委員、地区社協の３者の主催で、2005（同17）年「孤独死を考えるシンポジウム」が団地内で開催され、行政関係者、団地住民、マスコミ等多数の人が参加し、団地内外の関心を高めた。

④ 孤独死防止ネットワークの構築

　次に、孤独死防止の取り組みの検討を進め、2006（同18）年に地区社協は新聞販売店と、新聞配達時に新聞がたまっていた場合、新聞配達員は孤独死防止110番に通報するという協定書に調印した。

　また、検討会で「高齢者台帳」を作成して、民生委員が高齢者世帯等に配布し、提出してもらうことにした。台帳情報は、自治会と民生委員、地区社協の３者で共有し、孤独死や事件など、緊急事態に際して、すみやかに関係者に連絡がとれるようにするなど、孤独死防止のためのネットワークを構築している。

⑤ 孤独死予防の取り組み

　さらに、検討会では、いかに孤独死を防止するかが話し合われた。そのためには、崩壊しつつあるコミュニティをいかに再生するか、住民同士のつながりをいかにつくるかが大切だということになった。

　具体的には、多くの住民の協力を得て「あいさつ運動」の呼びかけ、そしてひとり暮らし高齢者等には、週１回の友愛訪問や月１回の給食会を通じて、安否確認を行うとともに、必要に応じて、助け合い活動や介護保険の活用などを進めている。また、2007（同19）年、自治会内に「なんでも相談所」を開設し、孤独死だけでなく、住民のさまざまな相談を受けつけるようにしている。

　このように、自治会と民生委員、地区社協が中心となって、幅広い住民のコミュニティ

活動を孤独死の予防に結びつけることは、ひいてはコミュニティを再生する機運を高めていることにもつながっていくのである。

3 事例をふりかえって

　この事例は、団地内で起こった「孤独死」というショッキングな事件を契機として、自治会、民生委員、地区社協の3者が協働して、団地全体で問題解決に向けて取り組んできたところにまず特徴がある。

　地区社協には、地区支援員というコミュニティワーカーが配置されていた。地区支援員は、コミュニティワーカーの立場で、自治会と民生委員と協働する場として、「孤独死防止検討会」という検討の場を提案し、以後、この検討会で議論を重ねるなかで、問題の共有を図り、具体的な対策を検討、自治会や民生委員がそれぞれにできることを実現していくプロセスを専門的にサポートしている。

　また、孤独死という問題を、自治会役員や民生委員など一部の住民だけの問題とせず、団地内でシンポジウムを開催し、団地内外の多くの人に、問題の共有化を図っていることが大切な支援ポイントである。

　地域問題の共有化を図ることにより、次に高齢者には、「高齢者台帳」の整備がなぜ必要かということの全体の理解につながっているとともに、一般住民には、ひとり暮らし高齢者を支援するために、友愛訪問や給食会、助け合い活動というコミュニティ活動への参加を促す土壌となっている。

　さらに、「孤独死防止110番」や「なんでも相談所」など、団地住民や関係機関、団体と相談や連携する窓口ができたことは、連携体制を構築するうえで非常に大きな役割を果たしていることがわかる。

　最後に、コミュニティワーカーの立場では、問題解決の視点が状況に応じて変わっていくことに留意が必要である。

　はじめは、「今後、孤独死が起こった時にどうするか」というに視点に重きが置かれていたが、次に「問題の共有化を図ること」に移っている。そして、最終的には、「孤独死の予防」という観点から、「いかに住民参加を促し、住民の助け合いや地域福祉活動につなげていき、地域のつながりやコミュニティの再生につなげていくか」が大切な視点になっていることに着目してほしい。

　また、地域福祉の推進は、①地域アセスメントと地域活動計画の策定（PLAN）、②住民参加と地域福祉活動の実践（DO）、③地域福祉活動の評価（SEE）のP－D－Sサイクルで循環して、問題解決を図るプロセスゴールを重視している。いかに多くの住民や関係機関に問題共有が図れたか、また、参加や協働が図れたかが援助過程で評価されることになる。

4 演習課題

① 事例を通じて、地域の福祉課題に取り組むための地域住民の役割について考えてみましょう。

② 事例を通じて、地域住民が福祉課題の解決に向けて活動していくための、コミュニティワーカーの役割を挙げてみましょう。

③ 地域住民が、地域福祉活動に参加するきっかけやしくみづくりについて、どのような方法があるか考えてみましょう。

【参考文献】
「これからの地域福祉のあり方に関する研究会」報告書　厚生労働省　2008年
http://www.mhlw.go.jp/shingi/2008/03/s0331-7.html
社会福祉養成講座編集委員会『新・社会福祉士養成講座第9巻　地域福祉の理論と方法』中央法規出版　2009年
NHKスペシャル取材班＆佐々木とく子『ひとり誰にも看取られず』阪急コミュニケーションズ　2007年
「お年寄りの孤独死防止ハンドブック」財団法人厚生労働問題研究会　2004年
「孤立をさせない地域を目指して」財団法人厚生労働問題研究会　2008年

4-3 事例演習 NPO法人による地域福祉の基盤形成

1 さまざまな地域福祉実践主体の1つとしてのNPO法人

　地域福祉がめざすところは「誰もが自分らしく生きることのできる地域社会づくり」であるが、"誰もが"というところに重要性がある。つまり、社会のなかで自分らしさを阻害されたり、生きづらさを感じやすいのは常にマイノリティである。マイノリティは少数派であるがゆえにみえづらく対応しにくい。社会的不利な立場にあるがゆえにニーズは表面化しにくい。しかし、マイノリティの生きづらさに対応できなければ福祉コミュニティは探求できない。このようなマイノリティの課題に先駆的に対応してきたのが、ボランティア団体であり特定非営利活動法人（以下、NPO法人）である。

(1)　NPO法人とは何か

　ボランティアは、コミュニティ型組織による活動が地縁に基づく"みんなによるみんなの活動"という性質をもつのに対し、"わたし"が出会った"あなたの課題"というボランタリズムに基づき、自発的に関係性を築き、そこから社会の変革をめざそうとする活動であった。1980年代から福祉や教育、まちづくりなどに関するさまざまなボランティア活動が活性化した。地域のしがらみや行政とは一線を画しながら地域社会で重要な役割を果たすようになった。なかでも在宅での高齢者介護に携わった住民参加型在宅福祉団体は、介護保険制度がまだ整わない状況のなかでホームヘルプや配食、見守りなど公的サービスに先行したさまざまな取り組みを行っていった。

　しかし、より安定した活動を続けるためには事務所や職員が必要となる。多くは任意団体であり、名義人となった代表者に極端な負担が発生し、また任意の団体に対する社会の評価も低いものであった。では、社会福祉法人になれるのかというとそうでもない。既存の財団法人、社会福祉法人を取得するには巨額の自己資金や主務官庁による関与が前提となる。そこで、1990年代前半より比較的小規模で柔軟に活動する市民活動に付与する新たな法人制度の必要性が議論された。

　折しも1995（平成7）年、阪神・淡路大震災が起こり、市民による公共的な活動の重要性や意味が広く理解されるようになり、1998（同10）年に特定非営利活動促進法が制定、NPO法人という新たな法人格が誕生した。2009（同21）年3月末で37,198法人が存在し、今も拡大傾向にある。

2 事例 「在日コリアン1世の生活支援」

（1）対象となるNPO法人の紹介

●在日コリアン1世とは——1世が抱える課題

　在日コリアンとは、韓国籍および朝鮮籍をもちながら、日本国内に居住する人々を指す。その起源は、20世紀初頭の日本による植民地政策にあり、その影響で朝鮮半島から日本へ渡ってきた1世の子孫はすでに5世まで広がっている。1世は1990年代から高齢化が顕著であり、日本文化と異なる文化・母国語をもちながら地域社会で高齢期を迎える最初の一大グループである。

　在日コリアン1世は、①未就学などによる識字率の低さ、②無年金などによる経済的困難などの課題を抱えていることが多く、その民族的アイデンティティに配慮したサービスを必要としていると指摘されている[1]。

●NPO法人Aとは
① NPO法人Aの概要

　NPO法人Aは2001（平成13）年、X市においてNPO法人として認証された。「共生」を理念に設立、1）介護事業、2）子育て支援事業、3）障害者支援事業、4）多文化共生事業を行っている。8年目を迎えた現在、活動拠点はX市内4か所に広がっている。高齢者に対する主な事業は、介護保険制度内のものとしては居宅介護支援事業と訪問介護事業・通所介護事業、そして介護保険制度外の配食サービス事業がある。最大の拠点であるY地区の通所介護事業の定員は25名だが、登録数は60名を超えている。ケアプランは70名ほど担当している。

② 地域特性

　政令指定都市X市は関西地方にあり、人口約140万人の大都市、高齢化率は20.1％である。約40,000人の外国籍住民が居住し、うち約26,000人が韓国・朝鮮籍である。戦前、X市の鉄道や道路などの公共工事などに従事した朝鮮人が市内の各地に集住地を形成し、数多く暮らすようになった。とくにNPO法人Aが事務所をおくY地区の人口は約5,000人だが、うち22％は外国籍住民であり、X市最大の在日コリアンの集住地である。

●理事長Cさん

　発起人であり現理事長であるCさんは現在65歳である。当事者団体でもある民族団体で40年間、在日コリアンの組織化やその生活と権利を守るための活動を行っていた。東海地方の生まれだが、大学を卒業後に関西地方の各都市で働き、25歳の時にX市内に移住、それ以後識字活動などの実践を通じて、X市内の在日コリアンの信頼と広い人脈を築いていた。

（2）援助の開始に至る経過

〇1997（平成9）年

　理事長のＣさんは1990年代から民族団体で担当していた生活相談センターにおいて、年々在日コリアン１世・２世の介護問題についての相談が増えていることに気づいた。しかも、多くの２世は朝鮮語を話すことができないため、母国語に戻りつつある１世との間でコミュニケーションが困難になる例もみられた。高齢化する在日コミュニティへの新たな取り組みの必要性を感じた。

　さらに、2000（同12）年の介護保険制度スタートを迎えるにあたって、介護保険料は支払わざるを得ないが介護サービスの恩恵を受けることができないという事態が懸念された。たとえば、日本のデイサービスを利用したとしても、日本の民謡、折り紙などのレクリエーション、日本人を前提とした食事はハルモニ・ハラボジ（朝鮮語で祖母・祖父のこと）たちが慣れ親しんだものではない。日本の介護サービスの内容は多文化に配慮していないのである。また、長年にわたる民族差別の体験は、ほかの利用者や相談援助専門職に対する警戒・不信につながりやすくなっている。加えて、学齢期に就学する機会を逸し、会話はできても字が読めなかったり、これまで制度を利用することができなかったため、制度・サービスを受けることができることを知らなかったり、そもそも存在そのものも知らないということもあり得る。知ったとしても自らのニーズにあった介護サービスがないという状態も予想される。そこで、Ｃさんはまず福祉情報を伝えるために朝鮮語で介護保険制度を説明するパンフレットを自費で製作し、市内の医療機関などに配布した。

（3）援助の過程

〇1999（平成11）年

　在日２世のＣさんにとって、在日コリアン１世たちは異国に在日コリアンの暮らしの場を切り開き、権利を訴えてきた尊敬すべき存在である。「これまで苦労してきた１世たちが安心して老後を過ごせるサービスを自分たちの手でつくろう」とＣさんは決意した。朝鮮語が話せる在日コリアン２世・３世のヘルパーを育成するために、これまでの活動で培った人脈を活かしてＸ市内の仲間たちにヘルパー資格の取得を呼びかけた。その結果、８人の在日コリアン２世・３世がＸ市社会福祉協議会主催の養成講座を受け、２級ヘルパーの資格を取得した。

〇2000（平成12）年

　Ｙ地区で開業する医療法人の協力をえて、８人のホームヘルパーと訪問介護事業所を設立した。また、民族団体だけでなく、広く在日コリアン高齢者の問題に心を寄せる人たちの協力を得て、活動を広めるために、特定非営利活動法人の設立を模索する。Ｘ市内外の近代朝鮮史や在日コリアンの人権問題などに関する研究者に協力及び理事就任を依頼し、理事会を組織し、Ｘ県に認定申請を行う。

○2001（平成13）年

　居宅介護支援事業を模索。以前は喫茶店だった建物をデイサービスの場所として提供する協力者が現れた。通所介護事業も併せて開始する。活動を行うための資金・物品が同胞・住民から提供されるようになる。また、NPO法人として認可がおりた。設立にあたっては在日コリアンが中心となって活動したが、日本人を中心としたNPO法人Aを支援する友の会が結成され、年1回"Aまつり"が開かれるようになる。さらに、この年に全国紙であるM新聞の介護大賞を受賞し、その実践がX市内外に広く知られるようになった。

○2002（平成14）年

　拠点において、居宅介護支援事業を開始する。言語や食事、習慣など民族的アイデンティティにこだわった介護方式を研究。在日コリアン高齢者が安心して過ごせる場づくりにまい進する。X市全域から利用者が相次いだため、X市の南部に新たなデイサービス拠点を開所する。

○2003（平成15）年

　活動の拡大に伴いスペースが手狭になってきたため、新しい拠点を検討する（喫茶店を改造して使用していていたため、浴室が狭いなど事業に支障があった）。X市に相談するが公的な施設や市が所有する土地の使用は難しいとの返答だった。しかし、幸い、Y地区において工場を経営していた住民から土地貸与の申し出があった。NPO法人はこの住民の土地を借用し、在日コリアン高齢者だけでなく、障害者、子どもの支援を行うことのできるセンター設立を計画する。広くカンパを呼びかけたところ国籍を超えた個人や企業・団体から3,000万円以上の資金が集まり、NPO法人Aの自己資金も合わせて、翌年にAセンターが竣工された。こうしたNPO法人Aの活動を学ぼうと、自治体職員や大学生などの訪問が年々増えている。

3　事例をふりかえって

　この事例は、当事者たちが中心になって立ち上げたところにまず特徴がある。在日コリアンという共通した経験をもつがゆえに、既存の社会制度の不備の問題や在日コリアンの高齢者が抱えつつある課題にいち早く気づくことができた。また、"在日コリアンの介護問題"というテーマを明確にさせ、広く社会に訴えたことも当事者と日本人から資金・場所・労力（ボランティア）を獲得することにつながった。Cさんがそれまでに Y地区の民族団体において在日コリアンの生活相談や組織化活動に携わってきたこと、そこで信頼を得てきたことも、的確なニーズと資源の把握・動員に役立っているだろう。

　また、NPO法人AおよびAセンターはケア拠点としてだけでなく、ボランティアや施設の見学を積極的に受け入れているため、さまざまな活動と学習の拠点にもなっている。NPO法人Aは年間1,000人以上の人々に対して講義やワークショップを行っている。福祉

学習・多文化共生に関する有益な学習の場とプログラムを提供しているのである。

最後に、NPO法人AおよびCさんの原動力を確認したい。それは民族的アイデンティティの源であり、地域社会のなかで孤立しながらも非常に厳しい歴史・社会環境のなかで在日コリアンの生活基盤を切り開いてきた在日コリアン１世の存在である。岡村重夫は福祉コミュニティを「社会的不利条件をもつ少数者の特殊条件に関心をもち、これらのひとびとを中心として同一性の感情をもって結ばれる下位集団」と定義した[2]。当事者の存在が福祉コミュニティを生み出す原動力となる。在日コリアン１世が自分らしく暮らせるコミュニティづくりは、高齢期を迎えつつある中国残留孤児など他の文化をもつマイノリティにとっての福祉コミュニティ形成のモデルになるため、多様な人たちがともに支えあう地域社会づくりに貢献するだろう。

4 演習課題

① 日本社会には韓国・朝鮮だけでなく、ほかのさまざまな国籍をもつ住民が221万人居住しています。在日コリアンをはじめ、これらの人々が生活するうえでどのような障壁が日本の社会にあるのでしょうか。5～6人の班に分かれ、外国籍住民を生きづらくしている壁、そして、さまざまな国籍をもつ住民が暮らしやすくなるために必要な条件を考えてみましょう。

② 演習課題①で考えた課題、必要な条件を地域社会のなかにつくりだすようなプログラム（タイトル、プログラムの目的、プログラムの内容、実施主体、実施場所、資金の調達方法）を考えてみましょう。

③ 演習課題②で考えたプログラムを発表し、a.実行性（提案されたプログラムを確実に実行できるか）、b.社会性（プログラムに社会的意義があるのか）、c.効果性（プログラムを行うことで実際に地域課題の解決、コミュニティ形成が図れるか）について、評価してみましょう。

【引用文献】
1）NPO法人神戸定住外国人支援センター（KFC）編『在日マイノリティ高齢者の生活権』新幹社　2005年
2）岡村重夫『地域福祉論』光生館　1974年

【参考文献】
中村一成『声を刻む－在日無年金訴訟をめぐる人々』インパクト出版会　2005年
小熊英二・姜尚中編『在日一世の記憶』集英社　2008年

第5部

問題解決に向けての
コミュニケーションスキル演習

5-1 講義　対人援助専門職とコミュニケーションスキル

1　対人援助専門職にとってのコミュニケーションスキルの意義

　「コミュニケーションスキル」という言葉を聞くと、「どのような言葉や動作で伝達すればよいかの技術であろう」と錯覚する学生が多いかもしれない。しかし、それは単にある正しい言い方やしぐさがあって、その言葉や動作を使えばうまくいく、という表面的な技術ではない。コミュニケーションスキルは、そのような言葉が口から出てくるようなものの考え方、見方からはじまる。そして、どのような聞き方をすれば、利用者がより無理なく自らのことを語りやすいか、にまで至る。ここでは、そのような広義のコミュニケーションスキルを扱う。

　対人援助専門職が、利用者のおかれている心身の状態やどんなモチベーションがあるかを理解し、共感し、また利用者に信頼してもらい、必要な課題にともに向かい合っていくうえで、コミュニケーションスキルはまさにその道具である。どんなに一生懸命援助したい、という熱意があっても、道具が錆びていては、空回りしてしまう。ここでは、効果的な対人援助には、どのようなスキルが必要であるか、を対利用者と多職種間のコミュニケーションに分けて、具体的に説明したい。

2　利用者との効果あるコミュニケーションスキル

（1）ものの見方・視点・態度

1）尊敬の気持ち

　これは説明する必要もないであろう。どんな人も、それぞれが自分のベストを尽くして生きている。たとえ外から見ると疑わしくなる場合もである。そんな尊敬の念が効果あるコミュニケーションには不可欠である。

2）判断、批判しない

　いくら援助者といっても、その利用者の人生を生きてきたわけではない。こちらにみえていないことは山とあろう。自分の色眼鏡で軽率に判断してしまわないこと。例として、利用者が、心身や人間関係上、または経済面の問題を起こすような行動をしたとしよう。その行動がどんな苦しみをもたらすことになったかの因果関係を、当人に見えるように援助することは大切である。しかし、その行動をした当事者を「悪い」「だらしない」「弱い」と批判することは、かえって効果的な援助の妨げになる。

3）利用者は、自分（援助者）とは全く違ったとらえ方をしているかもしれないことを是認する謙虚な態度

　自分にみえていることは相手にみえていないかもしれない。また相手にみえていることを自分は見落としているかもしれない。

4）相手に内在する力「ストレングス」を見つけ、支持する。希望と力を与える

　ふつう利用者と援助者が何らかの形の援助関係にあるのは、利用者の「現状維持」に問題があるからであるが、未知の変化は誰にとってもこわいものである。それに立ち向かうには勇気がいる。アルコール依存症に悩む人々を例に挙げよう。お酒をやめることが大切だということをしっかり理解していても、自分には到底できないと信じている人はいくら相談援助専門職ががんばっても断酒しない。本人に変化をもたらすことができるのだという自信をいだいてもらうような援助が必要である。過去の困難を克服したことを思い出させてあげたり、その人の信念、信仰、価値、周りの支援などのストレングスに気づいてもらい、今回も乗り切っていけるのだという希望をもってもらうことが大切である。

(2) 聞き方

1）共　感

　援助者が自分を利用者の立場においてみて、その人の視点でものをみようとして聞く。

2）利用者がより自由に話してくれるような質問の工夫

　① 開かれた質問をする。
　　例「どうでしたか？」（閉ざされた質問では、この場合「楽しかったですか？」となる。このような質問の仕方だと、相手からの反応が「はい」「いいえ」で終わる場合もあり得る）。
　② 相手の話の区切り目で、援助者は自分が正確に相手の話を理解したかの確認をする。
　　例「今までのところを私がきちんと理解したか確認させてください」。そして相手のフィードバックを求める。
　③ 面接の終わりに全体を要約し、援助者は、自分と利用者が同じ課題を共有しているかをもう一度確認し、今後のケアプランへとつなげていく。

3）利用者の「抵抗」や「ためらい」に添う

　断酒すればいいのに、禁煙すれば本人がどんなに楽になるだろうに……など、援助者の提供するよい案に利用者が抵抗する場合、「説得」によってそのような抵抗を押し切ろうとするのではなく、本人の「ためらい」を傾聴する。なぜ変わりたくないのか、現状維持の魅力は何かを聞く。たとえば、「喫煙（お酒）のどんなところがお好きですか？」と聞くことで、その人の視点をわかろうとしてみる。

4）「武装解除のテクニック」[1]

　利用者が援助者を批判すると、よく「私はこんなに一生懸命援助しようとしているのに、その気持ちもわからず勝手なことを言って！」などと腹の立つ経験をした援助者は少なく

はないであろう。援助者も人間である。そして、なぜ相手の批判が的を射ていないかを自己弁護したくなる。「それはあなたが、ちっとも私の助言を聞かないからでしょ！」と。そのような状態をここでは「武装」していると表現する。誰も傷つきたくないから、矢が飛んできたら、それを跳ね返したり、またこちらからも反撃の矢を投げる。しかし、それは効果あるコミュニケーションではない。「武装解除」のテクニックとは、相手の批判を自己防衛せず誠意をもって聞く。そして、それがどんなに理屈に合わないように見えても、そのなかに、本人が訴えようとしていることを見つける。そんな聞き方である。

（3）表現の仕方

1) こちらの伝えようとすることが相手にわかるよう、必要があれば、たとえや例をあげて話す。
2) もし提案や助言をするならば、利用者のモチベーションに基づいたものであること。たとえば、喫煙が好きな利用者に対して援助者が禁煙の助言をしたいとする。利用者は喫煙が好きである。説教をするのではなく、まず、その人のモチベーションは何かを知る必要がある。たとえば、孫と遊ぶのが楽しみだとする。そんな場合は、「孫と今後も遊びたい」という本人のモチベーションと、「禁煙」の関連が本人に見えるよう援助すると、より効果的であろう。
3) 相手の意思決定を尊重し、必要があれば待つ。先ほどの例を続けよう。もちろん援助者としては、すぐ禁煙してほしい。でも、ここでの援助者の役割は、利用者の行動がひき起こす心身や社会的経済的問題を本人が理解できるようにすることであり、選択権は本人にある。利用者の選択を尊重しつつも、変化を待っていることを伝えることが、とても効果的な場合もある。

3 多職種間のコミュニケーションスキル

援助者が一生懸命関わっている場合、自分が一番その利用者を理解しているような、また援助をしているのは自分しかいないような気がすることは多々ある。しかし、その人の周りをよくみると、かかりつけの医師や看護師がいたり、家族がいたり、近所の人やヘルパーがいたりする場合も少なくない。そして、話を聞くと必ずしもみんなが同じように問題を理解しているとはかぎらない。なかには自分の援助を他者が無視したり邪魔しようとしているようにさえ感じることもある。また、たとえば「あの医者は全く利用者の生活のことがわかっていない。あんな薬を出したら余計に転倒の危険があるのに！」などといった具合に職種間の連携がうまくいかないこともよくある。そんな時、どんなコミュニケーションスキルが必要とされるのであろうか。次に挙げるスキルはこのような葛藤がある場合、効果があるとされているものである[2]。

（1）ものの見方・視点（枠付け）

　例を挙げたい。ある虚弱な高齢患者に医者が施設入所するよう勧めた。それを聞いて、ソーシャルワーカーが「あの人は施設なんか入りたくないのに。医者は本人の希望もしっかり聞かないで」と憤慨する。もしかしたら、ソーシャルワーカーは、本人がよく転倒し、時々食事をとるのも怠って体重が減ってきているので、医者が安全面を心配して入所を勧めたという点がみえていないかもしれない。一方、医者にはなぜソーシャルワーカーがそんなに反対するのかがみえていない。ソーシャルワーカーは、患者が過去に親の施設入所でつらい経験をしていたので、施設に否定的な感情を抱いていることを知っており、本人の心理面や意向を重んじ、またQOLを心配していたのであった。それが医者にはみえず、「ソーシャルワーカーはすぐ情に流されたことばかり言って。これでも専門職か。話ができない」と嘆くかもしれない。この場合、医者とソーシャルワーカーが下記のようなものの見方を応用すれば、どうであろう。

ⓐ　もしかしたら、他者にみえていることが自分にはみえていないかもしれない。また、自分にみえていることが他者にはみえていないかもしれないと仮定する。
ⓑ　同意する必要はないが、なぜ他者がそう考え、そう行動するのかをわかろうとする。
ⓒ　自分が問題だと思う他者の行動をみて、なぜそうなったのか、その経緯をわかろうとし、それに自分も寄与しているかをみる。

　先ほどの医師とソーシャルワーカーの葛藤の例で、この最後のポイントⓒをその医師が活用したとする。すると、医師は「自分はなぜいつもソーシャルワーカーの行動を感情に流されているとみるのだろうか。自分もそれが問題となることに関与しているのでないか」とふりかえってみる。すると、もしかしたら、自分は患者の情緒面を常からあまり重んじない傾向にあって、それでなおさらソーシャルワーカーが情緒面を強調するのではないか、と思いつく。

　ソーシャルワーカーの方も、今までの経緯をふりかえって、医師が権威的に話すために自分も患者と同じように圧倒されたように感じており、つい感情的なものの言い方になってしまう、ということに気づくかもしれない。そして、感情的な言い方になっているので、専門職としての尊敬を得られてないのではないかと気づく。双方とも、この問題は一方的に相手の責任ではないということがわかり、自分も問題の緩和に何かできることがあるということがみえてくる。

（2）聞き方
1）他者がどんな風に受け止めているのかを知ろうとする。自分が見落としているかもしれないことをみつける手伝いを乞う。
2）異なった見方があるのかを探求する。
3）他者の選択したデータの例を提示してもらう。そして、そこからどんな思考のステップを踏んでその結論に至ったかを説明してもらう。

4）なぜ他者がそんなふうに行動するかがわからない場合、どんな経緯からそんなふうにふるまうようになったのかを尋ねる。

　先ほどの医師とソーシャルワーカーの例に戻ろう。前記のような聞き方を双方（無理ならば片方でもいい）がしたとしよう。ソーシャルワーカーは医者の勧めを「軽率」と決めつける前に、どんな理由（データ）からそんな結論に至ったかを教えてもらう。また医師の方も、ソーシャルワーカーのことを「感情的な結論を出す非専門職」と決めつける前に、謙虚に自分が見落としていることは何かないかをソーシャルワーカーに聞くことによって、患者の歴史や価値観などの情報を得ることができる。

（3）表現の仕方
　上記（2）のような聞き方を双方ができるとはかぎらない。相手が聞いてこない場合、何ができるだろう。相手に少しでもこちらにみえている情報がみえるよう手伝う。それが以下のような表現のスキルである。
1）自分にみえていること、そしてなぜ自分がそう考えるかを他者がみえるよう手伝う。説明する。
2）自分のデータの例を掲げ、その例からどんな意味を自分がみつけているかを知らせる。たとえば、家庭訪問した際の利用者宅で見聞したことは重要なデータである。
3）自分の思考のステップを知らせる。たとえば、利用者にはこのケアプランがいいという結論だけを主張するのではなく、なぜそう思うに至ったのかを説明する。

　上記の事例の話を続けよう。医者はソーシャルワーカーにわかるよう、転倒のリスクを説明する。また本人に認知症の疑いがあること。よって判断力の衰えや食事を忘れやすいことなど、説明するであろう。ソーシャルワーカーの方も、自分にみえていること、つまり本人の親の経験、本人の施設に対する否定的な気持ちや落ち込みやすい傾向などから施設入所をすることで本人が余計生きる力を失うかもしれないことを、ソーシャルワーカーが心配しているのだとていねいに説明する。そうすることによって、医師とソーシャルワーカーはどちらも利用者にとって最善のケアを望んでいるということを理解し、さらに、どんなケアプランが必要かという問題について視野を広めることができるであろう。

4　スキル訓練に必要なもの

　上記のような、効果あるコミュニケーションスキルを身につけるのは容易なことではない。まずは自分の視点、価値、考え方に気づくところからはじまる。より効果のあるコミュニケーションスキルの訓練は、まず、現在の自分の傾向に気づくことである。次に利用者に対するのと同様、自分にも批判せず、今の自分の状態のありのままを認め、そのうえで、

新たなスキルを使ってみる。まだ経験の浅い援助者にはなかなか1人でできることではない。だからこそ、そこにスーパービジョンの意義がある。適切なスーパーバイザーがいない場合は、仲間同士で行う勉強会でもよい。自らをふりかえるよい機会となろう。その際、大切なことは、批判の色眼鏡で判断しないこと。利用者とのコミュニケーションスキルでの必要な「ものの見方」は援助者自身にも適用できるのである。はじめは借り物の服を着ているような気がするかもしれない。うまくいかない時もあるだろう。それで構わない。そのような自分を受容しつつ、新しいスキルを何度も使って練習するうちに、やがて自分のものとなっていく。ちょうど、新しい服に慣れ親しんでいく時のように、心地よくなっていくのである。

【引用文献】

1) Burns, David D., (1991) Ten Days to Self-esteem: The Leader's Manual,. New York: Quill. p. 61
2) Edmondson, Amy & & McArthur, Philip, (2001), Collaborative Interpersonal Team Training: Tools for Team Learning, (workshop in February, 2001) © Action Design, p. 23

【参考文献】

Edmondson, Amy & McArthur, Philip, (2001), Collaborative Interpersonal Team Training: Tools for Team Learning, (workshop in February, 2001) © Action Design

Fast, Becky & Chapin, Rosemary (2000), Strengths-Based Care Management for Older Adults, Health Professions Press

Miller, W.R., & Rollnick, S. (2002). Motivational Interviewing: Preparing People for Change. Second edition New York: Guilford Press
www.motivationalinterview.org

フォーク阿部まり子「モチベーショナル・インタビューイング」『季刊ビィ（Be!）』82号　東京：アスク・ヒューマンケア　2006年

5-2 講義 コミュニケーションが困難な人への対応

1 コミュニケーションとは

　コミュニケーションとは、日本語で「意思疎通」と訳されてもちいられている。つまり人がお互いに何らかの意思伝達の媒体を使って確認することを指す。一方が意思、感情、訴えを伝え、他方がその意思などを理解して受け止めることである。また、それらの伝達が目的に応じて連綿と繰り返し続けられることである。単純に自分の気持ちや出来事、用件を伝達するのみの場合と、重要な事柄を取り決めたり、生活や人生そのもののあり方にかかわることも含まれる。また、単にその人が自分の気持ち、感情を相手に伝えることそのものが大きな目的の場合もある。そのため、コミュニケーションの方法は、言語だけでなく、言語以外のもの、いわゆる非言語的コミュニケーションを通して相手に伝えることは、先の章（第1部1－2及び第5部5－1参照）で具体的に述べられている。

　また、コミュニケーションには個人対個人の場合と、個人対集団、集団対集団がある。対人援助のコミュニケーションは、主に個人対個人の場面を例として取り上げられる。対人援助専門職は専門的知識や技術が必要であるが、専門的技術の基本的部分であるコミュニケーションについては我々が日常、意識していないことが多い。しかし、コミュニケーションは自分が今感じている感情の安定・不安定、生活を安全に円滑にする重要な手段である。対人援助においても援助過程のすべてで重要である。対人援助におけるコミュニケーションの目的は、信頼関係の構築、ニーズの把握、利用者のQOLの達成にも及ぼすといえる。まず信頼関係がつくれないと援助がはじまらない。援助を必要としている相手の状況の理解、問題の把握、相手の気持ちを理解するための情報収集にはコミュニケーションが大きな役割を果たす。そのコミュニケーションには言語だけでなく、表情、姿勢、視線、態度、服装、行動、生活実態など非言語的なものも含まれ、その両方から情報を得ることができる。そして言葉と同様に、それ以外のものから情報を得る努力が求められる。対人援助専門職に就く者が必要とされる技術がまずコミュニケーションスキルであるとされる由縁である。通常、話し言葉を通して相手の意思や感情を受け取るが、言葉で表現することが困難あるいは発声が難しい人は文字、文字盤などを通して意志疎通を図るなど、多面的なコミュニケーションスキルが必要である。

2 援助困難とは

　援助困難であるという状態には、まず第1にコミュニケーション自体が困難である、つまり一種のコミュニケーション障害である場合、第2に伝えたい事態や問題が複雑であるために表現して伝えることが難しい、つまり援助上のコミュニケーションがうまくとれない場合がある。ここでは、それらを概説したうえで、対人援助における困難さについて述べていきたい。

　援助困難な場合、その要因をみると援助関係のなかで本質的にコミュニケーションがうまくとれず、サービスアクセスができない状況がみられることが少なくない。援助が必要であるにもかかわらずその問題が複雑で関係者間でコミュニケーションが不十分、コミュニケーションに障壁がある、コミュニケーションが断絶しているといった状況のために相手を理解できない、協力ができないことが起こる。つまり、コミュニケーションそのものの障害だけでなく、環境上の条件、背景が悪く関係性が困難な状況がコミュニケーション機能の低下もしくはうまくとれない状態を引き起こす場合である。そこで援助をするうえでの困難を整理してみよう。援助困難を分析するとおおまかに4つの側面に分けて考えることができる（図5－2－1参照）。

① 利用者本人に要因があると思われる場合

　利用者が重複した重度の障害、精神疾患や精神障害などにより問題解決や改善が難しくなる、また極端に悪い生活習慣、人間関係が築けないパーソナリティをもつ利用者に対して援助が困難となる。

② 利用者の家族に要因があると思われる場合

　利用者の保護者・責任者である家族自体に精神障害、コミュニケーション障害などがあり援助上の話し合いが困難である場合がある。また援助対象の利用者よりも家族の要求や意向が過大であったり、家族に重篤な病気・障害、アルコール依存、など複数の問題を抱えているため、利用者に関する援助についてのコミュニケーションがうまくできず援助が困難となる。

③ 援助者の職場、関連機関、地域などに要因があると思われる場合

　援助者の職場や人間関係がうまくいかず、理解や協力が得られない。また単に話しにくい上司・仲間と思っているために伝達不足、言葉の行き違い、情報共有ができていないことなどが起こる。さらに職場のシステムが整備されていない、時間外労働や過重業務のため十分話し合う機会がない場合もある。保守的、防衛的な地域特性であるために他者を受け入れず、コミュニケーションがとれないこともある。

④ 援助者自身に要因があると思われる場合

　援助者自身が知識、技術において十分な力量をもっていない、適性に問題がある、あるいは初めての経験であるためコミュニケーションが柔軟に機能せず援助困難を感じるなど援助者としてのコミュニケーション能力が低いという問題がある。

利用者本人に要因がある	職場、機関、関連団体に要因がある
利用者の家族に要因がある	援助者自身に要因がある

図5－2－1　援助困難の4つの側面

　これらの援助困難の4つの側面は、1つではなくいくつか重なりあっていることがある。困難な側面及び環境を変えることが解決につながるために、まずそれらの方法をみつけていくことが必要である。しかし、援助者自身に課題がある場合は、コミュニケーションスキルを高めるための専門職研修を受ける、スーパービジョンを受ける、経験を重ねて習得していくなどが考えられる。何よりも問題に困難さを感じるときには、自らのコミュニケーションのあり方をふりかえることでその軽減につながることも多い。

3　コミュニケーションが困難な事例

　利用者本人に要因があると思われるコミュニケーションが困難な事例を紹介する。

（1）身体障害者とのコミュニケーション

　脳梗塞後遺症をもつAさん（65歳・男性）は、身体の障害は軽い片麻痺であるが、言語表現が難しい状態である。言語療法などを受けて半年間リハビリに励んだが思うような回復がみられない。Aさんは、これまで自分が使ってきたコミュニケーション手段である言葉、適切な表現が出てこない状況に非常に大きな衝撃を受けており、いまだ事態を受容できず精神的に落ち込み、人との接触も避けることが多くなった。いったん習得した言語やさまざまな情報を相手との交流でもちいることができないことは本人にとって最もつらく、これからの生活に希望を見出せない。Aさんは自分が望んでいることや嫌なことがうまく伝えられないため、さまざまな態度や行動で表すことが多い。うれしいこと、喜びや快適なことは表情や態度で相手に伝えやすく、相手も受容的になることができる。しかし、Aさんが嫌なこと、拒否したいことが相手に伝わらないときは、いらだち、憤り、怒りを表情だけでなく行動で表現するため、攻撃的になったり問題となる行動につながり、相手はそれに呼応して怒りや否定的感情を抱いてしまいがちとなる。

　コミュニケーションが困難であることの大きな要因は、言語であろうと非言語であろうと十分に理解し合うことが難しいために、人間関係がうまくいかないことである。人間関係に悪い影響が及ぶと、安心して快適な生活を送ることができなくなる。援助者は言語ではない表現に常に関心をもって、相手の意思、気持ちを確認することが重要である。

（2）知的障害者とのコミュニケーション

　Bさん（36歳・女性）は、生まれた時から知的障害がある。小学校、中学校では特別支援学級で学び、その後、特別支援学校高等部に進んだ後、両親と同居している家庭から知的障害者授産施設に通っていた。5年前、作業所の援助方針で地域の民家を利用して自立生活をする活動がはじまったため、Bさんはその施設に入所することになった。親から離れてヘルパーたちの生活援助のもとで生活をするようになったのである。ところが、知的障害のため言語習得は不十分であることのほか、状況理解が十分できないために不用意な発言、行動があって、周囲との人間関係に問題を起こすことが多い。

　自分が今考えていることや感じていることを現状理解ができないままで、いきなり言葉や音声として発するため、コミュニケーションがとれず対人交流がうまくできない。家族や学校教師など、Bさんと関わりの多い人はそれなりに理解できるが、そのほかの人にはなかなか言葉の意味や意思が通じない。また、その場全体の雰囲気や環境にも影響を及ぼし、そのことがさらに本人に混乱状態を引き起こすこともある。

　この事例の場合、Bさんのこれまでのコミュニケーションパターンを周囲の関係者から学びながら、できるかぎりコミュニケーションを図ることが大切である。

（3）認知症高齢者とのコミュニケーション

　数年前から記憶障害がみられるようになったCさん（78歳・女性）は、1年前にアルツハイマー型認知症と診断された。記憶の障害による誤りや齟齬のほかに、見当識障害から話が噛み合わない、通じないというコミュニケーション障害が増えていった。さらに、Cさんの行動が危険であること、身体に害があることを注意をすると、自分のすることを否定されたと解釈し、相手や状況を理解できずに興奮してしまうことが多くなり、家族は日常生活を安全に送ることを困難に感じている。また、認知症の症状にみられる繰り返しの発言、被害者的な発言、相手を認識できないもどかしさなど精神的に不安定な状態が続いている。認知症特有の症状であるが、昔の記憶はかなり鮮明であり、自分の子どものころ、若いときの出来事に関する話題にはコミュニケーションが可能となる。しかし、それが現在の状況や話とつながらないために、混乱や不安を消すことはできない。

　この事例の場合、知的障害の場合と同様に、会話の理解が少しでもできるような立場の者からコミュニケーションパターンを学ぶことが求められる。また、回想法やバリデーション法など専門的な関わりによってコミュニケーションが図れる方法も開発されている。いずれにしても、非言語的コミュニケーションを含めて、状況に応じた適切な方法でコミュニケーションをとっていく努力が必要である。

　そのほか、家族に要因があると思われる場合、職場の人間関係の問題、によるコミュニケーション困難がある。

4 言語コミュニケーションの困難性

次に、利用者本人のコミュニケーションに関する困難さについてその要因を考えてみる。

(1) コミュニケーション困難の種類

対人援助の場面では、必ずしも言語を介してコミュニケーションがとれたり、意思確認や情報交換が図れるとはかぎらない。いろいろな要因からコミュニケーションが困難な相談者や利用者と出会う。コミュニケーションが困難な人を援助するには、まず困難性の種類、困難である状況の背景や要因を理解することが必要である。相手の困難の要因を理解することから、それに応じた援助方法が導かれるものである。実際には、コミュニケーション障害やコミュニケーションが困難となる要因には次のようなことが考えられる。

(2) コミュニケーション困難の要因

コミュニケーションが困難になる理由には、さまざまなものがあるが、大きく分けると次のようなことが考えられる。

① 身体障害
② 記憶障害
③ 精神障害
④ 心理的問題、パーソナリティ問題
⑤ 発達障害
⑥ その他

①〜④は言語を理解して習得しているが、何らかの障害によりコミュニケーションが困難になった場合、あるいは言語習得と意味理解はできているが伝達手段において特に発声、発語に困難がみられる場合である。⑤は知的障害や学習障害など言語習得過程に障害があることから、言語理解そのもの、意味伝達が難しい状況であるといえる。

身体上の障害としては、聴覚障害(いわゆる、ろうあ)により発語が困難である場合のほか、失語症、構音障害(機能的、運動障害性)、口蓋裂言語、吃音、脳性麻痺言語がある。あるいは発声器官の障害、声帯切除により言葉が出せないなどがある。

記憶障害では、血管性の疾病により記憶や言語をつかさどる領野が損なわれることによってものごとの記憶や理解が困難になる、言葉が適切に使えないなどの現象が起こる。これはリハビリテーションや訓練によって回復することも可能である。その間、絵や文字による筆談やテクノエイドを使用したり身振り・手振りなどの非言語でコミュニケーションを図ることができる。

精神疾患とくに統合失調症によるコミュニケーション障害もある。思考に飛躍があったり、話しが冗長であったり、話の焦点が定まらないなど、統合失調症はコミュニケーションの問題に関係することが多い。症状として現れる談話異常は、論理的なつながりが悪くなり、話のまとまりに欠け、何が言いたいのかよくわからないといった連鎖弛緩と支離滅

裂を伴う。また、他人に伝達できない独語、人に通じない言葉をもちいる言語新作症、でまかせ応答などもみられるため、コミュニケーションに障害となる。ちなみに、家族論学ではベイトソン（Bateson,G.）が着目した二重拘束（ダブルバインド）の理論があるが、これはメタコミュニケーションの概念、つまり表情、態度、そぶりなど身体的言語と言語で伝えるコミュニケーションの違いから二重のメッセージのジレンマにより混乱する状態のことである。人間は、耳にした言語で情報を受ける。その受けた情報が真意ではなく別の意味をもつとすれば、人間は情報の媒体を失い、どのようにメッセージを受け止めるかがわからなくなる。受け止めができなくなると応答もできなくなる。つまりコミュニケーションの障害が起きるのである。このことから二重拘束コミュニケーションを精神疾患の発症要因として挙げている研究もある。

　精神的・心理的問題から、一時的に言葉が出ない、話せない、ショック状態、極度のストレスや緊張により突発的に会話ができなくなることも起こる。また、対人恐怖症からうまく話せない、閉じこもりによりコミュニケーションを受け入れないといったことも起こる。これらに対しては、環境の改善やカウンセリング、心身治療により再び会話ができるようになることが多い。

　さらに、発達障害、知的障害により言葉の習得力や理解力が不足しているために意味が通じないなどうまくコミュニケーションがとれないこともある。言葉を習得していても自分の意思を的確に表明したり、状況に応じた適切な判断につながらないことも起こる。また、言語発達遅滞は、発語や言語障害をもつ身体障害や言葉の遅れなどをもつ知的障害者にみられ、基本的に言語によるコミュニケーションが難しい場合が多い。

　以上、さまざまなコミュニケーション障害をみてきたが、治療やリハビリ、訓練指導、教育などによって改善、向上し、言語を媒体して意思疎通がとれることがある。しかし、それでもコミュニケーションが困難な者にはその障害に応じた新たなコミュニケーション手段をもちいなければならない。

5 コミュニケーションが困難な人への関わり方

　ここでは対人関係におけるコミュニケーション困難に焦点を当てて、必要なコミュニケーション方法についてみていきたい。

（1）非言語的（ノンバーバル）コミュニケーションの方法

　いわゆる非言語的（ノンバーバル）コミュニケーションには、言葉でなく、表情、声のトーン、話し方、姿勢、身だしなみ、身振り・手振りなどでその意味を表すものと、言葉そのものを書いて意思疎通を図る筆談、文字盤、言葉を記号化した手段つまり手話、指文字などがある。

言語化されたもの以外に、本人がもつ心の動き、感情、表現をためらうものは意識、無意識を問わずなんらかのサインがある。それゆえに、受け手はそのサインの示す共通認識をもとに相手の表現を理解していくことが多い。これが一致しないものを二重拘束（ダブルバインド）ということは前節に述べたが、多くの場合は言葉とともにノンバーバルな手段を使ってコミュニケーションをとっている。したがってコミュニケーションが困難な人と関わる時に、これらのうちの身振り・手振りをもちいることができる。さらに正確に伝えるためには筆談、文字盤、手話、指文字などが有効であるが、いずれも少し時間がかかることも事実である。

　援助の際には、利用者に対して話しかけるだけでなく、スキンシップやそばで寄り添うことが信頼関係づくりに役立つことは日常の場面で実証されている。

（2）テクノエイド等の活用

　発音、発声ができない人は筆談、手話、指文字などが広くもちいられてきたが、これに代わるものとしてICT機器が大きな役割を担うようになった。トーキングエイドと呼ばれる文字盤が進化したものが普及している。文字を指すとその音、単語を音声に変えることができる。相手の聴覚に問題がない場合は非常に早く意思伝達をすることができる。また、パーソナルコンピュータによるコミュニケーションツールの開発は多くの可能性をもっており、コミュニケーション障害の解決手段としてこれから期待できる。

　援助上の受容、傾聴など相手との信頼関係のほかに、具体的に利用するサービスや制度を説明したり、利用手続きをするうえでは必要なコミュニケーション手段となる。

（3）バリデーション法

　認知症の人は記憶障害という中核症状のほか、見当識障害や言語理解困難のためにコミュニケーションが難しくなる。バリデーションとは認知症の人とコミュニケーションをするための援助法である。アメリカのソーシャルワーカー、ナオミ・フェイル（Naomi Feil）が開発した認知症セラピーである。バリデーションとは「強化する」という意味で、バリデーション自体は心理療法の分野で以前から使われていた。利用者が混乱していたり、妄想があったとしても、その訴えを受け止め、その人そのものをありのまま理解しようとし、相手の感情に共感するコミュニケーションにより、利用者の人格や人生が強化され、安心や平穏につながるのである。

　援助を行う具体的なテクニックを簡単に紹介する。
① センタリング
　これはまず認知症の人の言動によって自分が混乱したり、ストレスに感じていることを認め、その感情を押しとどめて認知症の人の世界に入るために精神を集中することである。
② 真実に基づいた言葉を使う
　感情よりも事実に基づいた言葉を使う。混乱している認知症の人との会話で、状況理解

を促すために「だれ」「いつ」「どこ」「なに」「どのように」という問いかけはいいが、「なぜ」という質問は避ける。

③ リフレージング

本人の言うことを繰り返すことである。相手の顔をみて、相手の声の調子、速さに合わせて、共感的な態度でその人の言うことを繰り返すことにより相手の感情が落ち着く。

④ 好きな感覚をみつけ、その感覚を強調する

混乱している認知症の人の話を聞きながら、本人はどの感覚が好きなのか把握する。好きな音・音楽、色彩・景色、人、動植物とのふれあい、香りなどを知ることより、その人の快・不快を理解することができる。

⑤ 極端な表現を使う

認知症の人が経験したことを、おおげさに反応し言い返すと、意識が多少集中する。

⑥ 反対のことを想像させる

認知症の人がしきりに訴えることと反対のことを話題にして確認する話しかけをすることにより、その時の混乱を抑制することにつながる。

⑦ 思い出話をする

認知症の人の残存能力を活用するために、その人の過去にふれる話をする。それによって困難や危機を乗り越えてきた経験を生かすきっかけとなる。

これらがバリデーションの基本であるが、何より大切なことは現状認識ができていない認知症の人に不用意になれなれしくしないことである。カウンセリングの基本姿勢と通じるところがあるが、認知症の症状レベルを考えてこれらのテクニックをもちいることが重要である。

以上、コミュニケーションが困難である人へのアプローチについて簡単に整理したが、援助に関わる者が、日常のコミュニケーションスキルの向上に努めるとともに、必要に応じて心理的アプローチの特別なコミュニケーションスキルをもちいることが必要である。これまでの章の演習で解説されているように、相談援助専門職として常に研修を重ねることがコミュニケーションスキルを高めることにつながる。テキストや講習会・研修会で紹介されている課題を学習し、日々の実践場面から学び、より効果的なコミュニケーションを活用する努力やさまざまな専門職の連携・協力を得て、利用者の問題解決をともに図っていくことが最も重要なことである。

次の章では、アメリカで使われているケアワーカーに対する問題解決のためのコミュニケーションスキル演習テキストを紹介し、援助者として問題解決に必要なコミュニケーションスキルの習得の一助としたい。

【参考文献】

諏訪茂樹『コミュニケーションと人間関係［第2版］』建帛社　1995年

ナオミ・フェイル（藤沢嘉勝監訳）『バリデーション』筒井書房　2001年
峯本佳世子・中川千恵美・大野まどか「高齢社会における在宅ケア従事者への現任教育システム開発・構築に関する研究」（平成16～17年度　科学研究費補助金　基盤研究（C）（2）研究成果報告書　2006年
山田和夫『家という病巣』朝日出版社　1982年
遠藤雅之・田辺等『心病む人への理解』星和書店　1994年
石井毅「大脳病理学」『現代人の異常性』現代のエスプリ別冊12　至文堂　1975年

5-3 演習　問題解決のためのコミュニケーションスキル ―4Pをもちいた演習の実際―

1 コミュニケーションスキル演習の概要と意義

　これは、アメリカのケアワーカー研修で使用されているコミュニケーションスキル習得のテキストの1つである[1]。このテキストは、コミュニケーションスキルの重要ポイントを4つのPでまとめているのが特徴である。社会福祉、ソーシャルワークを学ぶ者にとって「4P」といえば、パールマン（Perlman,H.）が『ソーシャル・ケースワーク：問題解決の過程』（1967年）でケースワークの構成要素を明示した4P（Person, Place, Problem, Process）を思い浮かべるかもしれないが、このテキストではコミュニケーションスキルの要点を4つのPにまとめ、演習課題と演習プログラムを紹介している。

　先に述べたようにこのカリキュラムは本来、ケアワーカーに問題解決とコミュニケーションスキルを指導する研修用のものである。この場合ケアワーカーというのは施設介護職員、訪問介護員・ホームヘルパーなどを指し、このスキルを介護の専門職が個人宅または福祉関連施設で出会う実際の状況に合わせて問題解決とコミュニケーションスキルを学ぶように構成されている。しかし、本書では、あえてケアワーカーに限定せず、ソーシャルワーカー全体を対象にあらためて4Pの概要と演習内容を抜粋している。どのような職種であっても、どのような場面であっても利用者の困難な状況や問題解決にはコミュニケーションスキルが大きな比重を占めるものである。演習プログラムの事例では介護場面を基本としたものが多いが、広く利用者とかかわるソーシャルワーカーに適用するものとして習得目的や内容を理解し、その演習方法を活用していただきたい。

　このカリキュラムの特徴は、より現実的な問題場面を取り上げ、それに応じて具体的な「4つのP」を活用し、問題解決を図ることである。「4つのP」は、特定の問題に関する問題解決について学ぶ演習プログラムである。

　「4つのP」の意義と効果を学びとることにより、日々のストレスコントロール、また自身の人間性、日常の人間関係、専門的資質を向上させる。その「4つのP」とは、次の4つである。

（A）言い換える（Paraphrase）
（B）気持ちを落ち着ける（Pull Back）
（C）いくつかの解決策を提示する（Present Options）
（D）報告する（Pass It On）

　これより「4つのP」つまり「4P」の演習プログラムの実際を示していこう。

2 演習の実際

(1) 演習:「4P」への導入

1) 目標と留意点

　4Pの目標を理解し、4Pとは何か、問題解決のプロセスでどう使うかを理解する。また、これからどのようなスキルを学ぼうとしているかを理解する。4Pは問題解決のスキルを学ぶカリキュラムで、問題解決プロセスを4つのパートに分割し、それぞれに必要なスキルを学ぶ。これらのスキルは仕事の場のみならず実生活でも有効である。援助者は自分1人で対処しなければならない難しい場面にしばしば遭遇するため、問題解決のスキルを学ぶことは重要である。

2) 4Pとは
　(A) **言い換える**（Paraphrase）：積極的に相手の話に耳を傾け、相手の行った情報を繰り返し、率直な質問をする能力。
　(B) **気持ちを落ち着ける**（Pull Back）：ストレスの多い仕事のなかで感情をコントロールできるようにする能力。
　(C) **いくつかの解決策を提示する**（Present Options）：与えられた状況のなかで何が重要かを明確にし、複数の解決策を考え、利用者や職場内にそれを提示する能力。
　(D) **報告する**（Pass It On）：書類を作成したり、客観的な言葉を使って他の人に何が問題なのかを伝える能力。

3) 演習の方法

　これは、単なる導入なので時間をかけすぎない。この訓練を双方向の学びにするために、学生に4Pについてどのくらい知っているか、それぞれのPの定義はどんなものか、どうしてそれらが問題解決に重要なのかを尋ねる（教員は、学生の知識が足りない場合は、その部分の情報を与える）。それぞれのPの定義を模造紙に書いて貼る。最後に学生に4Pの内容を復習させる。

(2) 演習:(A)「言い換える」

1「言い換える」

　4Pについて最初に教えることは、「言い換える」は積極的なリスニング、情報の明確化、情報収集にとって効果的なコミュニケーションスキルであるということである。「言い換える」の目標は学生が行動を起こす前にまず最善の情報を集めるためのスキルを身につけることである。「言い換える」は、①非言語リスニングの技術、②相手の言うことを正確に聞き取ったかを確実にするために情報を別の言葉で言い換えること、③追加情報を集め

るための質問、の3つのステップに分かれる。多くの人は情報の正確さを確認したり、十分な情報を集める前に問題解決をすぐ行おうとする。効果的な問題解決を行う前に積極的なリスニングや言い換えることが重要である。

1）目標と留意点
　積極的なリスニングと、「言い換える」の定義と目標を理解し、積極的なリスニングと、言い換える訓練をする。ごく簡単な指示でさえもいかに聞き間違えをしやすいかを理解し、話を聞いてもらえないことがいかにフラストレーションのたまることかを体験する。
　リスニングは聞く人の参加を必要とする積極的な行動である。効果的なコミュニケーションには通常質問とそれに対する答えがある。これは会話における「ギブ・アンド・テイク」の関係で、言われたことを十分に理解することが可能となる。「言い換える」というのは今自分が聞いたことを自分自身の言葉で言い換えることである。効果的なリスニングのためには「言い換える」は必要不可欠なものである。相手の言ったことを理解し、その人が何を言おうとしたかを一生懸命知ろうとすることである。
　言い換える時は、たとえば「あなたには来てほしくないんです」と言われた場合、「私に何か不手際があるということですね」というように前向きに言い換える。「言い換える」には以下の5つの効果がある。
①「聞いてもらった」と感じた時、人は深く感謝するものである。
②言い換えることは怒りを静め、落ち着かせる効果もある。というのも言い換える目的は情報の明確化で状況に対する対処ではないからである。
③言い換えることは間違ったコミュニケーションによる思い込みを防ぎ、誤りや誤解はその場で正せる。
④言い換えることは何が話されたかを覚えておくのに役立つ。
⑤言い換えをしようと思えば、判断を下す、話を遮る、自分の答えを心のなかで繰り返す、口論する、アドバイスする、話がそれる、ほかのことを考える、というようなリスニングを阻害する罠に陥ることを避けることに気づくであろう。機械的に行っているのでなければ、目的はあくまで相手に何が起こっているのかを知ることにある。

2）演習の方法
　「言い換える」を教える前に4Pカリキュラムについての簡単な解説を紹介したうえで、「言い換える」の単元での最初のアクティビティは、学生にそれぞれのPについてのあらましを述べさせることである。新たな個々の単元に移る際には、それぞれのPでどんなことを習ったかについての簡単な復習と、そのスキルが仕事においても実生活においてもどのように重要なのかをディスカッションする。

2「言い換える」―アクティビティ：昆布おにぎりゲーム
教材：ボール1杯のご飯、しゃもじ、塩、水、昆布佃煮、海苔、調理用手袋、紙皿
1）目標と留意点
　これはコミュニケーションをとる時には明瞭・明確でなければならないことを示すための簡単なゲームである。これにより学生ははっきりとコミュニケーションをとらなければいかに簡単に情報は誤解され、問題が発生し、フラストレーションがたまるかを知る。簡単な仕事の場合でも、常に効果的なコミュニケーションをとることが必要である。もし保健医療に関わる場面で明確なコミュニケーションをとらなかった場合、どのような悪い結果が起こるかあらゆるケースを考えてみよう。たとえば、間違った時間に投薬してしまう、看護師の指示を聞き間違えるなどである。

2）演習の方法
・クラスの学生に「言い換える」の定義をしてもらう。どうして言い換えが重要なのか話し合ってもらう。
・学生に昆布おにぎりのつくり方を1つずつ教員に伝えるように指示する。教員はそれに従っておにぎりをつくる。
・1人の学生はつくり方のうち1つの作業しか言えない。次の学生は前の学生たちが言った内容に追加して発言する。これをおにぎりが完成するまで続ける。
・教員は確認するために学生に聞き返してはいけない。言われた通りにおにぎりをつくる。通常、学生たちがよりはっきりした情報を伝えるまでうまくつくれないことを体験する。
・たとえば、学生が手に塩をつけるように言った時は、手袋をせず、水をつけずに行う。
・おにぎりをつくり終わって片づけるまでこの訓練を続ける。
・ものわかりの悪い人を相手にしてフラストレーションがたまった状態でも、いかに前向きな声のトーンを保ったままでいられるかに注意する。
・明確なコミュニケーションと言い換えの相関関係をつくり上げる。これは次の積極的なリスニングの準備となる。

3「言い換える」―積極的なリスニング
教材：いす、ペン、メモ用紙
1）目標と留意点
　効果的なリスニングは援助者にとって重要なスキルであるが、それを学ぶ場は少ない。私たちは日常生活ではよい聞き手であることは少なく、十分に話を聞いてもらうことも少ない。ここではまず、効果的な非言語コミュニケーションを学ぶ。学生は非言語コミュニケーションにおけるよいリスニングと悪いリスニングスキルの違いを経験し、これらが積極的で効果的なコミュニケーションにつながることを理解する。

ボディーランゲージはしばしば言葉より明確に意志を伝える。これを非言語コミュニケーションと呼ぶ。ボディーランゲージの場合は相手が耳を傾けていてもいなくてもコミュニケーションをとることができる。しかし、ボディーランゲージの意味を認識し、これをもちいる際には留意しなくてはならない、なぜなら人は言葉ではなくむしろボディーランゲージに反応することもあるからである。

2）演習の方法
・学生に効果的なリスニングはなぜ相談援助の仕事やあらゆる場面で大切なのか問う。
・へたなリスニングが相談援助の場でどのような悪い結果を招くかブレーンストーミングする。
・よくない非言語リスニングの例として教員2人が次のようなロールプレイをみせる。1人の教員がもう一方の教員に自身の生活のなかで何か重要なことについて話しはじめる。前向きなことでもよいし、苦労していることでも構わない。聞き手のほうの教員は、聞き方の悪い例を大げさに演じて見せる。たとえば、だんだん興味を失っていくふり、あくびをする、ずっと時計を眺める、よそ見をしたりそわそわする、などである。
・聞き手によって演じられた悪いリスニングの例をどう思ったか意見を求める。どうして相手が話を聞いていないとわかったのだろうか、感じたことを述べる。
・話し手を演じた教員に、話を聞いてもらえていなかったことに対してどんな感じを受けたかを聞く。
・聞き手を演じていた教員に話の内容を何か覚えているかたずねる。ここではきちんと人の話に耳を傾けていない場合、いかに少しの情報しか得られていないかを強調する。
・模造紙に「聞き手としてやってはいけないこと」のリストを書き出す。
・同じロールプレイを繰り返すが、今回はリスニング側の教員は非言語のリスニングスキルをもちいる。
・聞き手側の非言語的コミュニケーションのなかで、どうして聞き手側の教員が話を聞いていたとわかったのかを報告してもらう。
・話し手側の教員に、話しを聞いてもらうとどのように感じるかたずねる。
・聞き手側の教員に、もう1人の教員が語ったことを繰り返してもらう。
・模造紙に「積極的なリスニングの態度」を書き出す。たとえば、うなずき、体を前に傾ける、視線を合わせる、など。

4 「言い換える」―積極的なリスニング
1）目標と留意点
　積極的なリスニングをすると、どのような変化が得られるかを体験する。積極的なリスニングの意義と成果を理解する。昆布おにぎりゲームは楽しみながら明確なコミュニケーションの重要性を学ぶゲームである。「言い換える」手はじめのゲームとして使える。

2）演習の方法
- 学生に2人1組になって非言語のコミュニケーションスキルのよくない例をやってもらう。1人が話し手となりもう一方が聞き手となる。話し手には何かその人にとって重要なことを話してもらう。何について話すか決めてもらう時間を与える。聞き手には非言語のよくないリスニングを大げさに誇張して行ってもらう。
- 2分間ロールプレイを行ってもらう。話し手は2分間目一杯話す。
- クラス全員で報告し合う。話し手にどのように感じたかたずねる。耳を傾けてもらっていない時はどのような気持ちがしたか、話をあまり聞いていなかった聞き手は自分に言われた話の内容をきちんと覚えていたかなど質問する。
- この訓練を繰り返す。今回は聞き手に非言語の前向きなリスニングスキルを使ってもらい、話の内容に注意を払うように言う。
- みんなに今回はどのように感じたか、前回とどう違ったかについて報告してもらう。
- 相手と役を入れ替わり、効果的また非効果的な非言語リスニングをやってもらう。その都度クラスのみんなに報告してもらう。
- 教員は日々の行動のなかで言い換えをやってみせなければならない。これは学生に遠まわしに「言い換える」はあらゆる場面で使えることを示す。こうやって「言い換える」が自然に反応でき、スキルを身につける。
- 最初は教員が大げさな「言い換える」や、わざとらしい「言い換える」を終始やってみせる。これはさまざまな状況や他の演習のなかでも「言い換える」が役立つことになる。
- 学生に使いやすい「言い換える」導入の言葉を考えてもらい、実際に使ってもらう。どのような導入語句を使おうかということで時間を費やす必要はない。
- 「言い換える」を訓練しているときに、その状況設定やロールプレイはやや難しいものでなければいけない。言い換えることに集中してやり遂げなければならない。
- 「言い換える」の訓練はしばらくは不自然で機械的に感じられる。わざとらしく思われるかもしれないが、この訓練を繰り返しやってみることは大切であり、これによって学生はこのスキルを日常的に使うことができるようになる。

5 「言い換える」―ロールプレイ

教材：ロールプレイの場面設定資料（ワークシート5-3-1・5-3-2参照）

1）目標と留意点

　「言い換える」はリスニングのための効果的なツールである。学生は「言い換える」を実際にやってみること、またされるとどのような感じがするかディスカッションする。仕事に必要な「言い換える」についての理解を深める。「言い換える」をした時はどう感じたか、やはりぎこちなく感じたのか、「言い換える」されたときはどう感じたか。そうされることは好ましかったか、などの質問をする。「言い換える」のスキルを実際に行ってみて、「言い換える」に対するぎこちなさを克服し、仕事の場で「言い換える」がいかに

効果的かを理解する。

2）演習の方法
- クラスが「言い換える」の定義を理解しているかを確認する。
- 「言い換える」のためにどのような導入の言葉がよいかブレーンストーミングする。たとえば「〜と言いましたね」「〜ということだったですね」「つまり〜ということですね」などである。これらの導入の言葉を模造紙に書き出し、誰もがみえるところに貼っておく。
- 手本をみせるために1人の教員が時々合間に話をし、もう1人の教員がそれを言い換える。「言い換える」をする教員は張り出してあるなかから導入の言葉を選びそれを使わなければならない。
- 円陣に座って1人の教員が話をし、一区切りついたところで1人の学生が張り出してあるなかから導入の言葉を選びそれを使って言い換えをする。教員は話を続け、また別の学生が同じことを行う。
- 「言い換える」のロールプレイをしたい学生を募り、教員が利用者を演じ、学生が援助者になる。ロールプレイはレベル1とレベル2の2段階に分かれているが、レベル1からはじめる。
- レベル1のロールプレイというのは単に情報を話し、復唱して返すのみである。
- ロールプレイは援助者役が導入の言葉を使って言い換えを終わると同時に終了する。最初はぎこちなくみえるかもしれないが、これは「言い換える」にのみ集中するのに必要なことである。
- 「言い換える」が終わるまで学生にロールプレイを続けてもらう。緊張すると笑い出してしまったり、しくじったりするが、集中して言い換えができるまでやり直す。
- 大人数のグループでロールプレイを続け、この訓練で期待されていた結果が得られたと感じることができるまで続ける。もし必要であればさらにクラスを2つか3つに分け、それぞれに教員が加わるか、ペアを組み交代で利用者と援助者を演じる。
- 教員またはペアの片方にレベル1のロールプレイを行うよう指示する。
- 時間があれば、スキルをレベルアップするためにレベル2のロールプレイを行う。
- レベル2のロールプレイは情報を繰り返すと同時に、より多くの情報を集めるための質問を行う。レベル2の場合、言い換えの目的はそもそも何かということを心に留めておくことが大切で、単に相手の言ったことを繰り返すだけでなく、その時その相手に本当は何が起こっているのかを知るのが目的である。
- ペアで行う場合、教員はクラス内を歩き回って必要なフィードバックを各ペアに行う。
- 「言い換える」ことに集中させ、問題解決に進もうとさせない。言い換えをするための導入の言葉を言わせるようにする。これにより訓練もスムーズにいき、よい習慣となる。
- 「言い換える」だけのロールプレイを行うのはどうしても不自然さが残ることを知らせ

ておく。十分な訓練時間を取って学生が「言い換える」の感覚をつかめるようにすることが重要である。
・ロールプレイの間の非言語リスニングについてフィードバックを行っておく。積極的なリスニングと効果的な「言い換える」を関連づける。

6「言い換える」―ロールプレイ ―家庭での介護の場で― 【教員用ガイド】

これは、ロールプレイを行う際の教員の指導ガイドである。

援助者はドアをノックしてなかに入ることを告げる。まず相手に自分の名前を名乗り、利用者に何をしてほしいかをたずねる。利用者は思っていること（ワークシート5－3－1・5－3－2参照）を落ち着いてしっかり言う。

このロールプレイの目的は単に導入の言葉とともに「言い換える」を行うことである。「言い換える」ができると同時にロールプレイに留めることが大切であり、問題解決までロールプレイを続けない。クラスが「言い換える」についての理解を深め、その重要性をわかるまで、それにのみ集中して訓練することが重要である。

ここでは、教員が利用者役をし、受講生が援助者役をすることによって「言い換える」の練習を行う。前の演習で述べたように、レベル1のロールプレイでは単に「言い換える」をする。たとえば、導入語句を使って利用者にそのまま情報を言い返して確認する。レベル2では情報を「言い換える」とともに追加の情報を得るための質問を行うようにする。

ワークシート5－3－1　レベル1のロールプレイ

1）利用者が涙ぐんでいる。「娘がさっき帰ったんです。彼女は私に対してひどい態度です。何にも助けてくれないし、お金が必要なときだけ来るんです。10分以上いたことがないし、孫の様子も知らせてくれないし、冷蔵庫のなかの食べ物を取り出したあげくお金をせびって帰っていくんです」⇒言い換える。

2）利用者は怒った様子である。「ここで何をしてるんですか？　ここには来てほしくないです。自分のことは自分でできます。手助けはいらないとみんなに言ってるんです。出て行ってください」⇒言い換える。

3）利用者は沈んだ様子で、「今何時ですか？　もうこんなのはいやです。世話を焼いてもらうのにも疲れたし、一体何のためにですか？　結局死ぬだけなんです。だったらなぜいつまでも待たなくてはならないんですか？　こんな人生を送っていても何の意味もありません」⇒言い換える。

4）「何か食べたいです。いつも朝食前にまずおせんべいを2、3枚食べてから朝ご飯にす

るんです。一番好きなのは海苔せんべいでそれにほうじ茶ももって来てください」⇒言い換えをする（朝食におせんべいを出す前にケアプランを見せてくれるよう頼む）。

5)「今日はとても天気がいいのですぐ近くの公園に行きたいです。あそこで時々顔を合わせる友人がいるんです」⇒言い換える。

ワークシート5-3-2　レベル2のロールプレイ

1)「ずっとしんどいです。足が痛くて昨日の晩はあまり眠れなかったし、今は頭痛もする。目を開けているのがやっとです」⇒言い換えて質問をする。

2)「オフィスから電話があってすぐほかの利用者のところに行ってほしいとのことでした。私のところにいるのではなくすぐにオフィスに戻ってほかの利用者のところに行ってください」⇒言い換えて、確認をするために質問をする。

3)「今朝、妹が来て私のお金を全部一番上の引き出しから取っていきました。ここにはそんなに長くいなかったし、立ち寄ってあいさつはちょっとしたけど、妹が私の部屋にいる音がしたし、その後私のお金がなくなっています。昨晩は息子が来ていました、あの子はとってもいい子です。私の好きなデザートをもって来てくれて一緒にテレビをみてくれました。どうすればいいのでしょう？　私の今月の薬代だったんです」⇒言い換えてもっと情報を集める。

4) 利用者は行ったり来たりしている。「どうすればいいのかわからない。私の年金では足りません。電気も電話も止めると言ってきています。電気なしでどうすればいいんでしょう。息子は老人ホームに入るように言ってきています。私はここを離れたくないし施設には行きたくありません。でもそうするしかないかも、どうすればいいんでしょう」⇒言い換えてもっと情報を集める。

5)「また遅れたんですか？　どうしていつも遅れるんですか？　今すぐにあなたの上司に電話して文句を言いますよ。どうして時間通りに来られないんですか？　今日はお医者さんの予約があるのであなたに一緒に行ってもらおうと思ってたのに、あなたが遅れたから間に合うかどうかわかりません！」⇒言い換えてもっと情報を集める。

（3）演習：（B）「気持ちを落ち着ける」

　「気持ちを落ち着ける」も効果的なコミュニケーションと問題解決にとって重要なスキルであり、実際のところ問題解決の第一歩となる。「気持ちを落ち着ける」をなぜ「言い換える」の後に教えるかと言えば、「言い換える」の方が具体的で理解しやすく、4Pカリキュラムの導入に向いているからである。「気持ちを落ち着ける」の演習で大切なことは、まず心を落ち着けて、前向きに肯定的に考え、心をクリアにし、状況を観察し、反応する前に問題に注意を集中することである。素早い反応より考えたうえでの反応をするべきである。概念的なことを考えることに時間を費やすより「気持ちを落ち着ける」の訓練に時間をかけたほうがよい。

■1 「気持ちを落ち着ける」―自己査定

1）目標と留意点

　「気持ちを落ち着ける」のスキルを伸ばすため、ロールプレイや「もし～だったら」という状況でちょっとした驚きや刺激をあたえ、学生がどのような反応をみせ、どのようなところを学ばなければならないかを考えることができる。これには驚かすような事柄や、思い込みに基づいた非難や知識を試すようなこと、権威をかさに着た脅しなどを使う。学生が仕事で出会うであろう実際の状況に基づいたものが望ましい。ロールプレイは短くてすぐすむものでよい。目的は学生のしっかりした反応を引き出すことである。演習を重ねていくうちに学生は自己に対する認識を深め自分の反応をコントロールする能力を身につけていく。

2）演習の方法

- ロールプレイは学生のレベルに合わせたものでなければならず、簡単なものからはじめだんだん難しくする。
- ロールプレイをはじめる時に最初に教員が演じるのはあくまでトレーニング用の役柄で、目的は学生たちを教えることにあることを明確にしておく。時として学生のスキルを高めるためにわざと怒らせるようなことを行うが、それは指導のテクニックの1つであり本気で行っているものではないことを先に知らせておく。
- ここで行うロールプレイと状況設定の2つ目の目的は、仕事で出会うことが多い事柄を学生にできるだけ体験させることである。看護師、管理者、利用者、利用者の家族、同僚、その他の関係者までを含めたシナリオを用意しておく。
- 憶測に基づく思い込みで行動しないこと、偏見をもたないこと、穏やかでいるために前向きな確信をもつことが大切である。
- ここでの目的は学生が自分自身の行動を理解し、必要であれば問題解決のスキル向上のためにその行動を変えることであることを繰り返し伝える。
- 目標は学生がいつか「気持ちを落ち着ける」ができるようになったと感じることができ

ることであり、確実に達成するために必要なサポートと時間を与える。
・学生は言葉のうえでは「気持ちを落ち着ける」ができるようになったかもしれないが、不適切なボディーランゲージを使っているかもしれない。「気持ちを落ち着ける」には、ボディーランゲージや声のトーンなどいろいろな要素が含まれていることに注意したい。
・このことをきっかけに、クラスでこれまでに感情的になったいろいろな経験をみんなで話し合ってもらう。ただし、話し合いが「気持ちを落ち着ける」の目的から離れないように気をつける。

❷「気持ちを落ち着ける」—自己評価

1）目標と留意点

この演習の目標は「気持ちを落ち着ける」の重要性を理解することである。学生は「気持ちを落ち着ける」をする能力は困難な状況を切り抜ける能力となることを理解しておかなければならない。「気持ちを落ち着ける」の意味を理解しそのやり方を知り、困難な状況でどのように「気持ちを落ち着ける」を使って効果的な結果を得るか理解する。「気持ちを落ち着ける」ためには応答したり反応したりする前にまず一息つき、前向きな結果を導き出すことに努め、逆に感情のコントロールを失うとよくない結果を生むことを学ぶ。「気持ちを落ち着ける」は誰にでもできることで日常生活のなかでも行っているが、ここでは専門職としてそのスキルを強化することを目的としている。「気持ちを落ち着ける」は言語的・非言語的コミュニケーションを含んでいる。

2）演習の方法

・クラスに「気持ちを落ち着ける」の定義をたずねる。答えを模造紙に書いておく。
・クラスで「気持ちを落ち着ける」のいろいろなやり方を討議する（数を数える、深く息をする、祈りの言葉を言う、自分の信念を言うなど）。最も効果的なもののみ模造紙に書く。
・学生たちに、「自分の信念」は「気持ちを落ち着ける」の手法を使うにはよいことであると伝える。この信念は自信をつける道具となり自分自身に対して否定的な考えを抱くことを防ぐ。
・どうして「気持ちを落ち着ける」が大切なのかクラスに問いかける。援助の現場でよくある感情的で緊張した場面（ものを取ったと非難される、費用の計算が間違っていると責められる、暴言を吐かれる、バカにされるなど）を挙げる。これによりなぜ「気持ちを落ち着ける」が重要なのか理解する。
・これまでも困難な状況のもとでは「気持ちを落ち着ける」を行ってきており、自分なりの「気持ちを落ち着ける」の方法をもっていることに気づく。つまり、カッとなった時、どのように自分の気持ちを落ち着かせるかなどである。目的はこの方法をすでにもって

いることに気づき、必要であればそれを強化することである。
・「気持ちを落ち着ける」の見本をみせる時には、実際の仕事の場面で気持ちを落ち着けられなかったためによくない結果を引き起こした場面を使う。
・教員はクラスをいくつかのグループに分けて以下のことを問いかける。
    ① その場面でどのように感じていたか。
    ② 思い通りの行動がとれたか。
    ③ もしチャンスがあったら、今度はどのような違う行動をとるか。
・教員は実際に仕事の場で「気持ちを落ち着ける」を行った状況を説明し、どのようなよい結果が得られたかを説明する。以下のようなことをクラスに説明する。
    ① どんなことを考えどのようなことを感じていたか。
    ② 自分のとった行動により思った通りの結果が得られたか。
・学生に「気持ちを落ち着ける」を行わなかったためによい結果が得られなかった例を思い出してもらう。学生自身が腹を立てたり、フラストレーションを感じた例である。各自、どうしてそのような悪い結果になったのか原因をはっきりさせるために15分間ふりかえりの時間を与える。
・グループで下記のような点を踏まえてディスカッションしてもらう。
    ① どのような行動が悪い結果に結びついたか、その時、自分の感情はコントロールできていたか。
    ② 強い感情が押し寄せてきた時にはどうなるか。
    ③ 我を忘れた後はどのような気持ちになるか。
    ④ 状況に反応することと結果を考えずに行動することがどんな影響をもたらすか。
    ⑤ もしその状況をやり直せるならどのような行動をとるか。
・今度は「気持ちを落ち着ける」ができて、よい結果が得られた時のことを思い出してもらう。グループに15分間を与え、腹を立ててフラストレーションはたまったが、よい結果を得るために何を行ったかを考えてもらう。
・グループで下記のような点を踏まえてディスカッションしてもらう。
    ① どのような「気持ちを落ち着ける」の方法を使ったか、感情はコントロールできていたか。
    ② よい結果が得られた後はどのように感じたか。
    ③ もし「気持ちを落ち着ける」を行っていなかったら悪い結果に終わっていたか。
・「気持ちを落ち着ける」とよい結果、及び我を忘れることと悪い結果の関係をそれぞれ考えるようディスカッションをしてもらう。
・ロールプレイの間、学生が目にできるよう一連の「気持ちを落ち着ける」の方法のリストを模造紙に書いて貼っておく。
・この方法を家でも使い、成功した場合はクラスで話してもらうようにする。
・学生の話は長くなりがちなので、彼らがとった行動と結果に話を絞るように気をつける。

可能であれば途中で割り込み質問をしながら「気持ちを落ち着ける」の方法とそれが失敗した話に焦点を当てる。
・このような話は相手に対する非難が混じるのであくまで自身がとった行動と結果に的を絞るようにしてもらう。またアドバイスを与えたり他の人がアドバイスするところからはじめないように気をつける。
・重要なことは学生に自身の「気持ちを落ち着ける」の方法に気づいてもらうことで、自分で過去に「気持ちを落ち着ける」を行った時のことを思い出してもらうことである。

3 「気持ちを落ち着ける」―あまのじゃく
教材：模造紙
1）目標と留意点
　ここでは学生に難しい場面で「気持ちを落ち着ける」のテクニックを使ってもらう。「気持ちを落ち着ける」を感情をコントロールするためにどのように有効に使うか実際に経験し、効果的に状況を観察し考えることができることを目標とする。そして困難な状況に出会った時に「気持ちを落ち着ける」テクニックを使う訓練ができる。自身の「気持ちを落ち着ける」テクニックを試して、もし必要であればそれを修正することができる。「気持ちを落ち着ける」がめざすところは強い感情が行き過ぎるのを待つ時間を与えることであり、それにより怒りやフラストレーションに惑わされない行動がとれることである。「気持ちを落ち着ける」は気持ちを静め、頭をクリアにし、状況に焦点を当てる時間を与える。これは容易に行えることではないかもしれないが訓練により可能になる。

2）演習の方法
・「気持ちを落ち着ける」を実演するために、教員2人のうち1人の教員（あまのじゃく）がもう1人にどうして社会福祉の仕事を選んだのかたずねる。たずねられた教員が答えはじめると、あまのじゃく役の教員はその答えに対する否定的な答えを次から次へと返す。答えている側の教員はあまのじゃくに対する自身の怒りをおさめるために「気持ちを落ち着ける」のテクニックを使わなければならない。大きく息を吸うなど、教え方のテクニックの1つとして大げさに行う。
・学生に援助者役の教員はどのように感情をコントロールしていたか、「気持ちを落ち着ける」のテクニックを使っていたことがわかったかをたずねる。
・教員たちはもう一度やってみせ、今度は「気持ちを落ち着ける」のやり方を前以上に誇張して行う。
・グループで1人か2人の学生を選んで教員とロールプレイを行ってもらう。教員があまのじゃく役をする。
・2人1組になってやってもらい、あまのじゃく役を交代して行ってもらう。
・あまのじゃく役は下品にならないように、しかし、相手に多少のプレッシャーは与え

ようにする。
・模造紙に気持ちがよくない表現をリストアップする。たとえば次のようなものである。
　① ほかのヘルパーの方が優秀だ。
　② 年寄りは1日中愚痴を言ってうっとうしい存在だ。
　③ 看護師はいばっていて、仕事仲間として不公平だ。
　④ 子どもはあなたに仕事をせずに家にいてほしいと思っている。
　⑤ この仕事はきつい、汚い、厳しい、召使のようだ。
　⑥ このような仕事をするあなたはバカだ。
　⑦ あなたにはこの仕事は向いていない。
　⑧ 家に帰ってから晩ご飯をつくったり、洗濯したり忙しく家事をしなければならない。
　⑨ このような仕事を続けていても出世することはできないだろう。
・これらに対して前向きなコメントをする。または福祉の仕事のいい面についてブレーンストーミングする。
・このことは「言い換える」と「気持ちを落ち着ける」を含むロールプレイにつながる。
・穏やかに、焦点を絞った話し方「気持ちを落ち着ける」をしないかぎり明確なコミュニケーション「言い換える」は取れないことをはっきりさせる。
・このトレーニングを通じてずっとこのスキルを実践し、学び、使うことを強調する。家族内で意見の不一致があった場合にこのスキルを実際に使ってみることを勧める。

3）体験を分かち合う
・「気持ちを落ち着ける」は難しかったか。
・どのような感情が心に浮かんだか。
・「気持ちを落ち着ける」をどのように行ったか。
・あまのじゃく役の学生に他の学生は「気持ちを落ち着ける」をどのように行っていたかを述べてもらう。
・自分を守るようなボディーランゲージはみられたか。
・このアクティビティに対してどのように感じたか、ディスカッションをしてもらう。
　多くの学生はあまりよくない反応があっても全く気にならなかったというであろう。「気持ちを落ち着ける」は難しいものではない。学生たちにはこの環境では難しくなかったが、そのうち気に障るような反応を受けることもあるだろうと告げておく。その時こそ「気持ちを落ち着ける」が重要になってくる。
・利用者や職場仲間から「気持ちを落ち着ける」の能力について指摘を受けることがあるだろうということを説明しておく。職場で求められるのは、困難な状況にあったらどのようにするかということである。

4 「気持ちを落ち着ける」と「言い換える」―訪問介護のロールプレイ

このロールプレイでは思いがけない状況を経験し、「気持ちを落ち着ける」と「言い換える」を使って相手の話を聞き、心を落ち着けて情報を集める。

> ヘルパーが利用者の家のドアをノックし、なかに入るように言われる。自己紹介をして何をしてほしいかたずねる。利用者はさまざまなレベルの感情や思いを表わす。

1）ロールプレイ

ⓐ 利用者はわめきちらし、神経質に行きつ戻りつ歩き、「あなたのような人にここにいてほしくない。あなたをよこさないようにずっと頼んで○○している」と言う。○○の部分を埋める（たとえば、「事務所に電話してあなたたちに家にきてほしくないと言った」など）。

ⓑ 利用者が今夜泊まってほしいと懇願する。ヘルパーが帰ってしまった後どんなにこわいかを述べ、娘が帰ってくるまで延長していてほしいと言う。

ⓒ 利用者が援助者の個人的な事柄、たとえば結婚しているか、何人子どもがいるか、お給料はどのくらいもらっているか、両親は福祉サービスを受けているか、など攻撃的な様子で聞いてきた。

ⓓ 利用者は援助者が約束の時間に遅れて来たことに腹を立て、なまけものだとののしりはじめる。

ⓔ 利用者には、夫から暴力を受け子ども連れで生活に困っている娘がいる。利用者が援助者に娘を助けるにはどうすればよいか相談してくる。そして電話をかけてシェルターや宿泊施設の手続きを調べて一番よいところに入れてほしいと頼んでくる。

（4）演習：（C）「いくつかの解決策を提示する」

この課題は、問題をどのように解決するかを決定する前に、まず難しい状況をつくり出している原因要素を特定することである。重要な原因要素というものは可能な解決法を検討する際にかならず考慮しなければならない大切なことである。しかし、ここでは原因要素を見つけ出すことに終始しないよう、いくつかの可能な解決策をみつけ出すことに焦点を当てていく。

与えられた状況にはいくつもの重要な原因要素が含まれているが、ここで目的とするの

はまず利用者のために質の高い援助をすること、次に所属する機関の方針である。実際の仕事の場面では重要な原因要素を明らかにするために、すでに習った「言い換える」や「気持ちを落ち着ける」を十分使って情報を集める。

　それらの原因要素に対処するためには可能性のある解決策を明確にしなければならない。そして利用者を援助する際に、最初の解決策がうまくいかなかったときのためにバックアップ体制を考えておくことは重要である。このように利用者にいくつかの解決策を提示することは援助するうえで効果的である。

■ 「いくつかの解決策を提示する」―重要な原因要素をみつける

　４Ｐのなかで、教えるにも、学生の理解にも、さらにスキルを伸ばすのにも最も難しいのがこの「いくつかの解決策を提示する」である。したがってそれぞれの演習のために十分な時間を取り、次のステップに進む前に全員が理解しているかを確認しておくことが必要である。概念を理解しやすくするために重要な原因要素の数を絞っておくが、それでも複数の解決策を考えつくのが難しいことがよくある。ここではほとんどの時間を可能な解決策を考えることに費やす。小人数のグループで行う場合には、どれが「一番よい」解決法かをめぐって議論がはじまると考えられるが、複数の効果的な解決法が潰されてしまわないように気をつけなければならない。また演習の最後にしっかりと復習することが効果的である。このことは概念とスキルの一連の理解を強めることになる。

１）目標と留意点

　ここでは困難な状況に対して可能性のある選択技を明確にし、適用するプロセスを細分化するものである。「言い換える」と「気持ちを落ち着ける」のコミュニケーションスキルは気持ちを落ち着け、必要な情報を問題解決のために集めるものである。この演習は問題解決のプロセスを後で述べるステップに分けていく。そのステップとは状況を分析して取り組むべき主な問題点を明らかにし、２、３の効果的な解決方法を挙げて「いくつかの解決策を提示する」ことである。この演習は問題について考え問題解決をするのに時間がかかり、それぞれのステップを完璧に習得していくと状況にそぐわず冗長で単調になるかもしれない。しかし、このプロセスにおいてこそ学生たちは問題解決のステップを理解しスキルを向上させることができ、援助者としての問題解決と決定へ導いてくれる重要な原因要素を理解できるようになる。１つ以上の問題解決方法をみつけ出す訓練をする。「いくつかの解決策を提示する」目的を理解しそれをどのように４Ｐに組み入れるか、複数の解決策についてどのように話を進めるかを学ぶ。

■ 「いくつかの解決策を提示する」―重要な原因要素
教材：状況事例、ワークシート（５－３－３）、模造紙、色つきステッカー
１）目標と留意点

この演習はどのように対処するかを決定する前に、まずその難しい状況をつくり出している重要な原因要素を特定する。ここでの目標は原因要素をみつけ出すことよりもいくつかの可能な解決法をみつけ出すことであるので、あまり時間をかけすぎないようにクラス全体で理解し、ブレーンストーミングによって可能な解決法を見出していく。重要な原因要素の定義を理解し、どのような状況においても重要な原因要素を明確にできるようにする。重要な原因要素に使われる言い回しや、「言い換える」のスキルを使う。
　この演習の目的と、この仕事の重要な原因要素の一覧は次のようなものである。
① 利用者の安全
② 援助者の安全
③ 感染・事故防止
④ 利用者のケア（利用者のケアの要望に応え、健康状態と行動を観察し、どのような変化でも報告する）
⑤ 援助者の役割（たとえば仕事の範囲を守るなど）
⑥ 相手の生活や文化の尊重
⑦ 利用者の権利
⑧ 所属事務所の方針（規約の範囲内で自分の仕事を果たす）

　重要な事項を明らかにするには焦点を絞ること、明晰な思考、適切な情報などが要求される。このためいつも「言い換える」と「気持ちを落ち着ける」が必要となってくる。重要な原因要素にどのようなものがあるかを十分に学べば、すぐにそれを見抜くことができるようになる。前の「言い換える」と「気持ちを落ち着ける」の演習により重要な原因要素をみつけ出す素地ができている。たとえば「気持ちを落ち着ける」により感情をコントロールし、すぐに反応しないよう（一呼吸おいて確認する）になっており、「言い換える」により重要な原因要素を明確にするための正確で十分な情報（つまり状況の全体図）を集められるようになっている。

2）演習の方法
・「言い換える」と「気持ちを落ち着ける」の演習を簡単に復習し、これらは効果的な問題解決への重要なコミュニケーションスキルであると気づかせる。「いくつかの解決策を提示する」は解決策をみつけることにつながる。
・「いくつかの解決策を提示する」はなぜ重要なのかについてディスカッションする（いくつかの解決策を提示することは利用者に自立の意識をもたせることになる）。そしてなぜ援助者は1つ以上の選択肢を用意しなければならないかについても話し合う（1つ目の解決策がうまく機能しなかったときのために予備策が必要）。
・「いくつかの解決策を提示する」の定義を模造紙に書き出す（重要な原因要素を明確にする能力、効果のある解決法についてブレーンストーミングし、利用者や家族、職場仲間にいくつかの解決策を提示する）。

- 「いくつかの解決策を提示する」とはどういうことで、それはなぜ重要かをクラスが理解するまでは次に進まない。
- クラスに「何が問題解決につながるか」「どのように解決までたどり着くか」「1つの解決法ですべてのニーズに応えることができるか」を質問する。
- クラスに重要な原因要素の定義を伝える（明確にしなければならないポイント、提示した解決策によって解決されるもの）。
- 実際に現場で経験する重要な原因要素のリストは1行ずつ空けて数ページにかけて書いて目につくところに貼っておき、空いた行にはその例を書き込んでゆく。たとえば「職務内容」の例としては"プロとしての態度を保つ"と挙げ、「事務所の方針」の例としては"秘密を守る"というのが挙げられる。
- 事例のプリントを配り最初のものを読む。
- クラスにこの状況での重要な原因要素は何かを問う。ディスカッションで挙げられた要素のリスト上に色つきのステッカーを貼る。
- 幅広いカテゴリーのなかでどこに一番当てはまるかをクラスに問う。たとえば"時間を守る"は「事務所の方針」のカテゴリーに当てはまる。この2つの結びつきを説明し、「事務所の方針」にステッカーを貼る。
- なぜこれらの重要な原因要素が「いくつかの解決策を提示する」により援助者の問題解決を導くものとなるのかについてディスカッションを促す。
- 次の事例についても同じことを繰り返し、必要であればステッカーを貼る。
- 各グループに残りの事例についてもそれぞれ重要な原因要素をみつけ出すように言う。
- 一度に1つの事例に取り組み、それぞれのグループで重要な原因要素のうち1つを挙げるように言う（もしすべての要素を書き出したグループがあれば、ほかのグループもすべて同じ要素を挙げていなければならない）。クラス全体が、選ばれた重要な原因要素について理解し同意するようにする。クラスで話し合った後ステッカーを重要な原因要素に貼っていく。

---

3 「いくつかの解決策を提示する」―解決策を明確にする

教材：模造紙、状況事例、ワークシート（5-3-3）

1）目標と留意点

　この演習では、利用者とトラブルがあったときの解決法を学ぶ。もし学生自身が個人的な問題、たとえば家族が病気で病院に連れていかなくてはならない時には自身も可能な解決策を1人で探らなくてはならない。そして職場の担当者や管理者は最終的な決定を知らせなくてはならない。一旦重要な原因要素を明確にすれば、次はそれと取り組むための2、3の解決策を明らかにする。複数の解決策をもっておいたほうがよいのは利用者に選択肢を提示し、決めてもらうことにより彼らの自立を促すことになるからである。同時に、責任者に対していくつかの選択肢を提示することは、彼らが利用者や事務所にとって一番よ

い決定は何かを考える機会となるうえに、援助者がその問題を十分に考えていることを示すことにもなる。

2）演習の方法
- この時点でワークシート５－３－３を配布する。このワークシートによりこの訓練を図式的にみることができ、大いに助けになるだろう。このシートは本書に添付されており、他の状況事例のための宿題として使える。
- 前の演習で使った事例の最初のものを使って重要な原因要素の復習をし、模造紙の上に色つきのステッカーを貼って示す。もしワークシートを使うなら学生に重要な原因要素をそれに書き込むように言う。
- 援助者はいくつかの解決策を誰に対して提示しているのか尋ねる。この質問も解決策を明確にするプロセスに焦点を絞るためのものである。
- グループで重要な原因要素に取り組むための可能な解決策を特定する。実現可能な解決策を模造紙に書き出し、３つから５つできたらやめる。
- もし選ばれた解決策が教員にとって一番よいものとは思えなかった場合、もう一度よく考えるために時間をとり、どうして効果的な解決法とは思えなかったかを説明する。これは模造紙には書かない。
- それぞれの解決策がどのように重要な原因要素に効果があるのかクラスで話し合う。重要な原因要素とそれぞれの解決策のつながりを実感させる。クラスで最もよい解決策を３つ選ぶ。それらは重要な原因要素に最も効果があるはずである。
- それぞれの状況事例を同じ方法で見直す。重要な原因要素は何かをみつけることからはじめ、解決法をステッカーで模造紙上に印をつけるため貼り、その解決策は誰に提示されるものかをはっきりさせる。
- クラスにもう一度効果的な解決策を問い、よいものだけを模造紙に書き、どれだけ重要な原因要素と関連しているかという基準で解決策を見直して、最もよい３つを選ぶ。
- 学生がこの演習を理解したと思ったときは、各グループで続けるように言う。すべての学生がこのスキルを教室で実際に行ってみる。もし時間がかぎられているならワークシートを使って宿題として続けてやるように言う。
- 重要な原因要素に一番取り組むことができる解決法をみつけた時はどのように感じるかを述べる。
- もし予備の解決策をもっていなかった場合は何か起こるかを考える。また、１つ以上の解決策を考えるのはしばしば時間がかかるものであり、可能性のある解決策であっても「これはうまくいかない」「もし……してしまったら」など否定的な反応を示してしまうこともある。ここで１つか２つの解決策だけではなく、それが機能しなかった場合に備えていくつかの解決策をもっておかなければならないことを強調する。与えられた状況事例に集中して取り組めるようにし、もっと情報があったらと思わせないようにする

ことが大切である。
- 自然に行えるようになるまで大人数のグループでいくつかの解決策についてブレーンストーミングを続ける。ここで大切なのは常に1つ以上の解決策が存在するということを経験することで、「もし……だったら」という否定的な考え方はやり過ごし、1つ以上の解決策をもつことは大切だと理解する。
- 学生が最もよい解決策と重要な原因要素の関連をはっきり理解するようにする。
- この訓練は重要で複数の解決策を苦労せず考えつくようになるまで続けなければならない。クラスでもっと演習が必要だと思えばさらに別の状況事例を用意する。事例はそれ以上の情報を集める必要がないように十分な詳細情報も含まれたものでなければならない。
- 常にオプションの1つには「事務所、援助者、責任者にサポートを頼むために電話をする」というものにする。しかし、これは一番よいオプションになることは決してない。

4「いくつかの解決策を提示する」─状況事例のワークシート

ワークシート5-3-3

【事例1】
① あなたは奥田道子夫人(仮名)のところに来はじめて3週間になる。彼女はひとり暮しで、息子が様子をみるために週に一度立ち寄っている。金曜日の朝にあなたが行った時、その息子が「母親の時計を盗んだだろう」とあなたを責めた。「あなたが来た水曜日には化粧ダンスの上にあったがそれ以来みたことがない」と言う。息子によれば奥田夫人は非常に腹を立てており自分もそうだと言う。

重要な原因要素

解決策

第5部　問題解決に向けてのコミュニケーションスキル演習

【事例2】
② 吉田和子さん（仮名）は最近心臓麻痺を起こし、とても心配性になっている。あなたはここに来はじめて1週間になるが、彼女にはよい印象をもっている。週に2回、午後2時から6時までいる。ある時、5時半に彼女の娘が7時にならないと戻ってこないので1時間延長してもらえないかと言われた。「1人でいるのはとてもこわい」と言っている。

重要な原因要素
_____　_____
_____　_____
_____　_____
_____　_____
_____　_____

解決策
_____　_____
_____　_____
_____　_____
_____　_____
_____　_____

【事例3】
③ 竹村吉雄氏（仮名）は発作に苦しむ72歳の男性である。朝8時には彼の家に着くことになっていた。ちょうど家を7時に出ようとすると、あなたは自分の母親が39度の熱があり、呼吸困難になっていることに気がついた。

重要な原因要素
_____　_____
_____　_____
_____　_____
_____　_____
_____　_____

解決策

（5）演習：(D)「報告する」

「報告する」は4つ目のステップである。「報告する」目的は効果的な問題解決の最後のステップ、つまり重要な情報を口頭または書面で伝えることである。援助者は誰にそれを知らせるべきかを知っており、客観的な表現で適切に情報を伝えるようにするのは重要である。ワーカーは書面に利用者の状態を読みやすい字で簡潔に記入しなければならない。

◼ 「報告する」―客観的な表現

教材：状況事例（ワークシート5-3-3）

1）目標と留意点

　この演習は客観的な表現を定義し、それを使うことを学ぶ。また、客観的な表現と主観的な表現の違いを知り、客観的な表現で効果的なコミュニケーションをとれるようにする。情報を明確に報告する重要性を復習する（参照：昆布おにぎりゲーム）。援助者が看護師、責任者、利用者の家族、生活支援担当者にそれぞれどのような情報を報告するか復習する。報告するには口頭と書面の2種類の方法がある。客観的な表現というのは、みたままを説明し、意見や推測より事実を使って述べる方法である。主観的な表現は意見を含む。2つの例をみせる。どのような状況においても客観的な表現を使うことが大切であることを強調する。

2）演習の方法

・客観的、主観的な表現をそれぞれ定義させる。定義と例を模造紙に書いて貼る。
・ワークシート5-3-3の【事例1】を読んでもらう。
・主観的な表現と客観的な表現を使って、利用者の状態を説明してもらう。
・2つの違いを復習しディスカッションしてもらう。
・ワークシート5-3-3の【事例2】についても同じことを行う。
・ワークシート5-3-3の【事例3】を各グループに割当て、看護師に宛てて状況を説明する短い客観的なレポートを書いてもらう。
・各グループにレポートを読んでもらい、レポートについてディスカッションをする。

第5部　問題解決に向けてのコミュニケーションスキル演習

2「報告する」―作業別所要時間記録用紙の記入とロールプレイ
教材：状況事例（ワークシート5-3-3）、日報用紙
1）目標と留意点
　このアクティビティの目標は、日報用紙に載っている客観的な用語を使って情報を書面にすることである。日報用紙をどのように記入するか理解する。どのような情報を日報用紙に記入しなければならないかを理解する。日報に記入する際に客観的な表現を使う練習をする。ほとんどの重要事項は事務所の方針に基づいたもので、たとえば記録用紙にどの情報を記入するか、いつ記入したかなどである。客観的な表現で読みやすく記入することが重要である。

2）演習の方法
・日報用紙を配布し細部まで目を通す。
・状況事例のリストを渡し、グループごとに事例を割り当てる。
・各グループで割り当てられた事例について記録用紙に記入するように言う。
・どのように記入したか各グループに発表してもらう。一貫性、客観的な表現、正確さなどに気をつける。
・ここで大切なのは正確な書面づくりと読みやすさである。適切な文章を書く力と誤字をなくすことは重要な要件である。なかには情報を記入することに非常な抵抗を感じる人もいるかもしれないが、相談援助専門職として記録の重要性を理解しておくべきである。

　以上が4つのPによる演習である。援助者としてのコミュニケーションスキルを高めるために、また困難な場面、事例に対して適切な解決方法が提供できるように各演習課題を通してもう一度、それぞれの演習の意味を学び、これらの体験学習によってしっかり身につけておくことが求められる。

【本教材資料について】
1）Paraprofessional Healthcare Institute（Bronx, NY）
　　"Problem-Solving And Communication Skills Curriculum"
　　（「問題解決とコミュニケーションスキルカリキュラム」）
本教材資料は、Sara Joffe（Philadelphia, Pennsylvania）,Mariko Abe Foulk（Ann Arbor, Michigan）両氏の協力によって得ることができ、翻訳の許可を得て、本書にその一部を紹介することができた。ここに感謝して報告したい。

第6部

実習の学びを
より深めるために

6-1 相談援助演習のふりかえり

1 相談援助演習のまとめ

（1）これまでのまとめ

　これまでに相談援助に必要な専門的な知識・技術・価値について、具体的な演習プログラムを通してトレーニングを積み重ねてきた。これまでの演習をふりかえってみよう。

　最初にオリエンテーションにおいて、ソーシャルワーク教育における相談援助演習の意義について検討した。相談援助はソーシャルワーク実践の基盤となる援助技術であり、相談援助専門職は生活上の問題を抱える利用者の問題解決に向けて共に歩むプロセスのなかで、利用者がその人らしく生きていく方策を考え、また、そのための生活環境を整えていく、利用者と相談援助専門職との相互協働的な行為であることを確認した。

　第1部の基礎的なコミュニケーション演習では、相談援助専門職が対人援助専門職者としての自己を意識して利用者と関わる一方で、1人の人間（プライベートな自己）として存在していることを確認した。そして、この両者をきちんと峻別し、自己覚知することの重要性について考察した。換言すると、相談援助とは問題解決に向けて利用者に関わっていく行為であるが、このことは同時に、相談援助専門職が専門職者たる自己（職業人としての自分）と、個人としての自己（プライベートも含めた自分自身）に関わっていくことでもあり、両者を常に監視し、コントロールしていく専門性を備えておらねばならない。

　次に、言語・非言語からなる対人コミュニケーションのありようを検討し、基本的な面接技術の習得を図った。これらの演習から人と人とのコミュニケーションの多様性、複雑性について学び、対人援助を目的とする相談援助が、相談援助専門職によってきわめて意識的に行われる種々のコミュニケーション技術によって構成されていることを確かめることができた。

　第2部では、相談援助プロセスの演習に取り組んだ。相談援助プロセスは利用者に対していかにアプローチしていくのか、時間的な順序を追って利用者を中心に相談援助を進めていくための道標となるものである。このことは利用者と相談援助専門職が、たとえ現実の厳しい場面、状況に遭遇したとしてもしっかりと援助関係というタッグを組んで、問題解決に向けて建設的に前進していくためのルートを確保することを意味している。

第3部では、対人援助の基盤となる相談援助の基礎技術を踏まえて、相談援助事例演習を行った。児童、高齢者、医療等、さまざまな社会福祉領域における具体的な相談援助の実践事例を検討した。いわば、相談援助の実践応用編である。ここではまず相談援助のバリエーションの多さに驚かれたことだろう。そして、児童虐待や高齢者虐待、ドメスティックバイオレンスへの対応、ホームレス支援等、リーチアウトやチームアプローチの手法、種々の社会資源の導入、権利擁護、インフォームド・コンセント等を活用しながら、各領域でどのように相談援助が進められていったかについて理解した。

　第4部では、地域社会をベースとしたコミュニティワークの考え方と方法について学んだ。とくに、地域福祉の基盤と開発に関する技術について、行政・社会福祉協議会による資源開発やNPO法人・住民参加による新たな地域ネットワークづくりの事例検討を通して、地域レベルにおける問題対応の方法について検討し、たとえ障害を抱えても決して孤立することのない地域社会づくりのために、さらには、人々がお互いを尊重し合い、ともに生きていく共生社会の創造を企図するためのコミュニティワークの方法について、考察を深めることができた。

　第5部においては、今一度コミュニケーションスキルに着目し、問題解決型（4P）のコミュニケーション技術の方法について確認し、特にコミュニケーションの困難な人への対応について実践的に学んだ。コミュニケーションの意味は、人と人とが何らかの社会関係を取り結んで生きている以上、通常のコミュニケーションが難しい利用者ほど、本質的に問われなければならないものである。
　さて、これらの演習プログラムによって教示された援助技術は、すべて相談援助専門職に求められる技術であり、またこれらは相互に関連づけられるものである。実践現場における相談援助実習に向けて総合的に多様な技術を身につけていくことが求められている。

（2）演習：学びの態度についての評価
　ここで相談援助演習に対する学びの態度がどのようなものだったか、自分自身で評価してみましょう。まずワークシート6－1－1に記入し、個人で評価した後、小グループに分かれてお互いの評価を報告しながら、演習で得られた全体的な感想、意見などを自由にディスカッションしてみましょう。

ワークシート６－１－１　学びの態度についての評価

（１）演習に伴う事前学習をどの程度しましたか。

　　　　行わなかった　　　　　　　　　　　　大いに行った
　　　　　　　　　１　・　２　・　３　・　４　・　５

（２）演習に対して積極的な関心をもって取り組みましたか。

　　　　関心をもてなかった　　　　　　　　大いに関心をもって取り組んだ
　　　　　　　　　１　・　２　・　３　・　４　・　５

（３）演習を楽しみながら（リラックスして）行えましたか。

　　　　楽しめなかった　　　　　　　　　　大いに楽しくできた
　　　　　　　　　１　・　２　・　３　・　４　・　５

（４）演習を行うにあたり関連する講義科目の学びを意識しながら取り組みましたか。

　　　　意識しなかった　　　　　　　　　　大いに意識して取り組んだ
　　　　　　　　　１　・　２　・　３　・　４　・　５

（５）演習を行う際、グループのメンバーの意見を尊重しながら取り組みましたか。

　　　　尊重できなかった　　　　　　　　　大いに尊重しながらできた
　　　　　　　　　１　・　２　・　３　・　４　・　５

（６）演習を通して「相談援助実習」への動機は高まりましたか。

　　　　高まらなかった　　　　　　　　　　大いに高まった
　　　　　　　　　１　・　２　・　３　・　４　・　５

（７）演習で最も印象に残ったことはどのようなことでしたか。（自由記述）

（８）演習であなた自身にとっての新たな気づきはありましたか。（自由記述）

2 相談援助演習の評価

(1) 向上のために課題をみつける

　相談援助演習の事後評価は大切である。演習プログラムを通して各種の援助技術をどれほど身につけることができたのか、この後に控えている相談援助実習に向けて「それぞれの課題は何か」についてふりかえることは、援助技術の力量を段階的に向上させていくために必要なことである。さらに、学生と教員がこれらの評価を共有することは、個別的に実習プログラムを具体化し、内実のあるものにしていくためにも必要不可欠な作業である。

　相談援助技術の習得について、それぞれの援助技術の内容や目標などをどの程度、理解し、習得できたであろうか。教室内での面接のロールプレイや模擬事例によるグループディスカッション等を用いたシミュレーションで学んできたので、実感としてはわかりにくいと思われるが、次の演習課題に取り組みながらふりかえってみよう。

(2) 演習：相談援助技術の理解と習得についての評価

　相談援助演習が終了した時点で、相談援助技術の評価を（1）自己覚知、（2）価値・倫理、（3）コミュニケーション・面接技法、（4）相談プロセス、（5）利用者の把握、（6）施設・機関・地域・社会の把握、以上の6つのカテゴリーに区分けして、ワークシート6－1－2に記入してみましょう。最初に個人で評価し、その後、小グループに分かれて自由にディスカッションをしながら、お互いに確認してみましょう。

　なお、実習前のこの時期の評価では、各評価項目のアウトラインのみをフォローすることにし、相談援助技術に関する詳細な評価は相談援助実習終了後の事後評価（次節）で行うこととします。

ワークシート6−1−2　相談援助技術の理解と習得についての評価

（1）相談援助に伴う自己覚知の理解とその方法の習得
　　　　できなかった　　　　　　　　　　　　大いにできた
　　　　　　　　1　・　2　・　3　・　4　・　5

（2）相談援助における価値・倫理の理解と習得
　　　　できなかった　　　　　　　　　　　　大いにできた
　　　　　　　　1　・　2　・　3　・　4　・　5

（3）相談援助に必要なコミュニケーション・面接技法の理解と習得
　　　　できなかった　　　　　　　　　　　　大いにできた
　　　　　　　　1　・　2　・　3　・　4　・　5

（4）相談援助のプロセス・方法の理解と習得
　　　　できなかった　　　　　　　　　　　　大いにできた
　　　　　　　　1　・　2　・　3　・　4　・　5

（5）相談援助における利用者の把握の理解と習得
　　　　できなかった　　　　　　　　　　　　大いにできた
　　　　　　　　1　・　2　・　3　・　4　・　5

（6）相談援助に伴う施設・機関・地域・社会の把握の理解と習得
　　　　できなかった　　　　　　　　　　　　大いにできた
　　　　　　　　1　・　2　・　3　・　4　・　5

3 相談援助技術を支える援助理念の確認

（1）理念のキーワード

　いよいよこれから社会福祉の実践現場に出かけて相談援助実習にチャレンジしていくことになる。大学や養成機関の演習室のなかでの学びではなく、実際の現実場面において、現場の実習担当指導者の助言・指導のもと、生身の利用者と援助関係を結び援助を展開していくのである。

　ところで、利用者にとっては、担当者がその機関の正規の職員であっても、福祉を学ぶ実習生であっても、おそらく同じ相談援助専門職者として受けとめることであろう。社会福祉士の専門性を支える、幅広い知識と利用者の生活実態に応じた的確な援助技術、そして、確固とした職業倫理観を身につけて、緊張感をもって実践現場に向かってほしい。こう考えると、やはり実習前の実習生による主体的、自発的な事前学習、予備学習が大切になってくるので準備を怠らないようにしてほしい。実習生の学びの質によって、利用者の生活の質が大きく左右されることを肝に銘じておいてほしい。

　実習先では、さまざまな利用者に出会うであろう。第3部の事例で学んだような社会的に対応しなければならない生活問題を抱えた利用者の存在である。これらの利用者に対して、相談援助演習で学んだ多様な援助技術を適用していくことになるが、それらを活用していく前に、相談援助専門職は、いかなる態度、姿勢、すなわち、どのような対人援助の価値観で利用者とかかわっていくべきであろうか。換言すれば、援助技術を根底で支える援助理念を今一度確認しておくことが肝要である。

　相談援助活動を支える福祉理念として、たとえば、以下のような4つの領域における7つの理念をキーワードとして取り上げることができる[1]。

（1）自分らしく生きることへの援助の理念として、①「自己実現」、②「自立生活支援」
（2）よりよい生活をめざす援助の理念として、③「生活の質」
（3）人として生きることへの援助の理念として、④「尊厳」⑤「人権」
（4）共に生きることへの援助の理念として、⑥「ソーシャルインクルージョン（社会的包摂）」、⑦「社会連帯」等である。

　相談援助実習に向かう前に、これらの基本的な援助理念について復習し、さらに、演習事例を通して具体的にどのようにとらえられるのか、再確認することは一考に値するだろう。

（2）演習：相談援助技術を支える援助理念の確認

　第3部で検討した実践事例を題材に、上述の援助理念の①～⑦までについてグループに分かれてディスカッションを行ってみましょう。ワークシート6-1-3に記入しながら、各事例に対する援助プロセスにおいて、それぞれの援助理念が具体的にどのように生かされているのか、話し合ってみましょう（事例によってディスカッションする理念を選定してもよいし、理念ごとに各事例を照らし合わせて共通点、相違点を整理してもよい）。

ワークシート6−1−3　相談援助技術を支える援助理念の確認

選定事例＿＿＿＿＿＿＿＿＿＿＿＿＿＿＿＿＿＿＿＿

　　　たとえば、以下のような問いかけについてディスカッションしてみましょう。

（1）自分らしく生きることへの援助の理念（キーワード：自己実現、自立生活支援）
　　選定事例において…
　　①「自己実現」とは、どのような生活の姿を表しているのでしょうか？

　　②「自立生活支援」をめざした援助において留意すべき事項は？

（2）よりよい生活をめざす援助の理念（キーワード：生活の質）
　　選定事例において…
　　③「生活の質」とは、具体的にどのような生活の内容を示すものでしょうか？

（3）人として生きることへの援助の理念（キーワード：尊厳、人権）
　　選定事例において…
　　④「尊厳」（誇り、プライド）を保持することはどのようなことでしょうか？

　　⑤「人権」はいかに擁護されるべきでしょうか？

（4）ともに生きることへの援助の理念（キーワード：ソーシャルインクルージョン、社会連帯）
　　選定事例に通して…
　　⑥「ソーシャルインクルージョン」の考え方につなげて考えてみましょう。

　　⑦「社会連帯」の思想に思いを馳せてみましょう。

4　相談援助実習に向けてのエール

（1）実践現場における相談援助実習の意義

　当然のことではあるが相談援助実習は実践現場において実行される。実践現場はさまざまな人や組織が登場する生活の現場である。たとえば、当事者である個人と家族、その周辺に近隣、地域住民がいる。そして、多職種からなる対人援助専門職が活動している。

　地域社会全体を見渡すと、福祉行政組織があり、高齢者、障害児者、児童などの社会福祉施設があり、社会福祉協議会をはじめとする地域福祉機関があり、病院、診療所等の医療機関がある。さらに、福祉、まちづくり、環境保全や文化活動等の市民参加型のNPO・NGO団体、当事者団体、自助グループ、さらに、福祉関連の民間企業も地域社会をベースにして活動、事業を行っている。これらの人々や組織活動を横断的にみて、関連づけて、実際にかかわりをもち、援助実践の具体を学んでいくのが相談援助実習である。

　ここで考慮しなければならないことは、それぞれの個人、家族、近隣、地域、組織・団体、社会制度は協調的に機能し合う場合もあれば、利害関係の不一致から、摩擦や対立、矛盾、葛藤、軋轢を生じさせている場合もあるということである。さまざまな価値観、意図、力学が交錯するのが実践現場の現実（リアリティ）である。そして、人の生活は、個人と環境が相互に影響し合い、あるいは、相互に規定し合って成立しているものであり、ソーシャルワーク実践は、まさに人の生活を構成する社会関係、言い換えれば、人と人、人と社会制度、人とシステム、人とモノ、などとの接点において現出する生活障害や社会的、制度的な問題に対する介入と支援を行うことである。相談援助実習はこの生々しい現実の社会関係のなかで行われる実践的な学びであることを自覚しておこう。

　以下に、相談援助実習の意義について、6つの項目に整理してみた。相談援助演習を学ぶ際も次のステップである相談援助実習を意識して援助技術の習得を心掛けてほしい。

①　利用者の生活を理解すること

　よりよき援助を行うためには、まず対象となる利用者の現実の生活に接近し、触れなければならない。援助実践の前提として、対象の正確な理解が求められるのである。また、人が障害をかかえながらも生活を営むことの意味について、じっくりとみつめてほしい。生活理解の視点としては、人と環境との相互作用として利用者の生活を把握する視点が、オーソドックスなソーシャルワーク実践の見方である。人の生活の全体性、社会性、主体性、現実性などの社会福祉の原理と照合しながら援助のあり方を考察してみてほしい。

②　地域社会の実態を知ること

　地域社会には、人々の多様な生活が営まれ、生活を支える組織、システム、社会資源が存在する。人口形態、産業、経済、政治、文化、歴史は、直接的、間接的に人々の生活に影響を及ぼしている。また、地域社会をベースとした社会福祉援助では、フォーマルな（法

律や制度に基づく）サービス資源、機関、社会制度はむろんのこと、インフォーマル（法律や制度に基づかない）なサポート資源にも着目し、活用していく。とくに、一定の生活圏における社会関係ネットワーク、相互扶助と利害関係の実態を把握しておくことは欠かせない。これらのことを熟知しておくことは、地域社会の潜在的な力を引き出しながら課題を解決していくための貴重な手がかりを提供してくれる。

③ 社会福祉施設・機関の基本的な役割と機能を理解すること

社会福祉施設・機関がどのような法律によって運営され、いかなる基本的理念に基づいて援助活動されているところなのか、その役割と機能を理解することが重要である。さらに運営実態と課題について、運営目標や職員組織の把握、援助プログラムの実行等を通して把握する。また、施設・機関が他の関係機関とどのような連携をとっているのか、また、ほかの社会制度との関連性についても幅広く学ぶことが求められる。

④ 利用者の主体性に対する支援の方法を検討すること

人が生活の主体者として生き生きと生活することのできる場、自己実現を図ることのできる社会参加の機会をつくり出していく方法を検討することが重要である。最近ソーシャルワーク実践において強調される「エンパワメント・モデル」、「ストレングス・モデル」に基づく援助実践である。実習の場において、あくまでも利用者を生活の主人公としてとらえ、豊かなコミュニケーションを通して、利用者の生活に対する意向を確かめながら、自己決定に基づく主体的な生活を創造していくための要件と支援の方法について具体的に考えていく力が養成されねばならない。

⑤ チームアプローチの考え方と方法について学ぶこと

最近のソーシャルワーク実践は、チームアプローチに基づいて展開されている。特に高齢者のヘルスケアにおいては、利用者参加を原則に、医師、看護師、保健師、理学療法士、作業療法士、言語訓練士、栄養士、薬剤師、ケアワーカー、さらには、エンジニア、建築設計士等の福祉用具や福祉機器、住居建築分野の専門職も含めてカンファレンス（支援検討会議）を開催し、情報を共有し、協働的なアセスメントやケアプランの策定を行い、援助目標を定めて総合的な生活支援を行うことが主流の時代になった。相談援助実習においても、それぞれの職種やサービス内容の特性を理解し、利用者中心のチームアプローチの考え方、連携の方法について学んでいくことになる。

⑥ 対人援助専門職としての基本的態度を学ぶこと

実習中、利用者に対して、自分はどのような感情を抱き、いかなる価値観で援助しようとしたのか、自分の態度や言動は、利用者や周囲の人々にどのような影響を与えたのか。実習生が行った援助実践を常に論理的にふりかえることが、利用者本位の援助をしていく

ための基礎的素養となる。したがって、実習は将来、援助専門職となる実習生自身の自己理解の場、自己覚知を行う場でもある。また、実践現場の実習指導担当者から相談援助専門職としてのやりがいや心構えについて、教えてもらう機会もぜひ設けてほしい。

　実習において、不安と緊張の前に、利用者にどのような言葉をかけ、いかに接し、援助していけばよいのか、戸惑うことも多々あることだろう。実習での体験は、実習生にとっては非日常的な体験であり、時にはショックなものになるかもしれない。しかし、利用者との出会いを通して、はじめて自分自身が相談援助専門職であることを自覚し、その心構えが芽生え、真に生活を支える援助技術が「自分のもの」となっていくのであろう。まずは利用者としっかり向かい合い、その方の生活の実態、生きざまから、たとえ障害を抱えながらも、現実世界を生き抜いていくことの大切さを学んでもらいたい。そして、利用者の生き方と実習生であるあなた自身の生き方を重ね合わせてほしい。実習が単なる資格取得のためのものを超えて、あなたのこれからの新たな社会経験、人生経験の1つの契機になることを期待している。

(2) 演習：相談援助実習に向けて

　相談援助実習に対する抱負、心配ごとや不安に思っていることについて、ワークシート6-1-4に記入し、自由に話し合ってみましょう。

ワークシート6-1-4　相談援助実習に対する期待や抱負、心配や不安

・実習に対する期待や抱負
・実習に際しての心配や不安

【引用文献】
1）浅野仁監修・浅野仁ゼミナール福祉研究会編集『福祉実践の未来を拓く　実践現場からの提言』中央法規出版　2008年　pp.224-264

【参考文献】
岡村重夫『社会福祉原論』全国社会福祉協議会　1983年

6-2 相談援助実習のふりかえり

1 演習——実習後教育のねらいと留意点

本演習の目標は、次の2点である。

1点目は、相談援助実習において相談援助演習で学んだことを生かした行動や態度をとることができたか否かを評価したのちに、今後、自らが身につけるべき相談援助にかかわる実践力の把握に努めることである。

2点目は、今後さらに相談援助に関する理論や概念を生かした実践ができるようになるために、相談援助に関する理論や概念が、実践でどのように生かせるのかについて理解を深めることである。

本演習を行う際の留意点としては、利用者に関する事柄など相談援助実習で知り得た個人情報について、その個人が識別できないようにするなど個人情報の保護に努めることである。

2 演習①「自己評価・考察と活用例の記述」

ここでは、次の2つの作業を主に行うこととする。それらは、①相談援助実習において相談援助演習で学んだことを生かした行動や態度をとることができたか否かに関する自己評価と考察、②その結果を参考とした活用内容の具体例の記述、である。

（1）自己評価

ワークシート6-2-1のチェック項目は相談援助実習において、あなたが「できたこと」「できなかったこと」に関する質問です。各質問について「できなかった」は1、「ややできなかった」は2、「どちらともいえない」は3、「ややできた」は4、「できた」は5として、該当するものを1つ選び○印をつけてください。そして回答後、カテゴリーごとの合計点数を算出し記入してみましょう。合計点数の算出は、ワークシート6-2-1の「選択肢番号・内容・点数の対応表」をもとに行います。なお、この作業中に用語の意味など、わかりづらいところがある場合は、本テキストの見直しや、クラスメートや教員と相談をしながら進めましょう。

ワークシート6−2−1　相談援助実習　自己評価表

選択番号・内容・点数の対応表

選択肢番号	1	2	3	4	5
内容	できなかった	ややできなかった	どちらともいえない	ややできた	できた
点数	1点	2点	3点	4点	5点

カテゴリー1　自己覚知の自己評価表

相談援助実習における実施状況のチェック項目	選択肢番号
自分がもっている価値観を自覚した行動	1 2 3 4 5
自分の性格を自覚した行動	1 2 3 4 5
自分の感情の傾向を自覚した行動	1 2 3 4 5
自分の思考の傾向を自覚した行動	1 2 3 4 5
自分の行動の傾向を自覚した行動	1 2 3 4 5
自分の話し方の傾向を自覚した会話	1 2 3 4 5
自分の反応が利用者に与える影響を客観的にみようとする態度	1 2 3 4 5
相談援助専門職としての自身の適性を知ろうとする態度	1 2 3 4 5
自己覚知の合計点数	＿＿＿点

カテゴリー2　価値・倫理の自己評価表

相談援助実習における実施状況のチェック項目	選択肢番号
人権の擁護を意識した行動	1 2 3 4 5
利用者本位を意識した行動	1 2 3 4 5
自立支援を意識した行動	1 2 3 4 5
利用者による自己決定を意識した行動	1 2 3 4 5
利用者と私的な関係にならないことを意識した行動	1 2 3 4 5
利用者のプライバシーの保護を意識した行動	1 2 3 4 5
利用者の考えや意見の代弁を意識した行動	1 2 3 4 5
職員との情報の共有を意識した行動	1 2 3 4 5
価値・倫理の合計点数	＿＿＿点

カテゴリー3　コミュニケーション・面接技法の自己評価表

相談援助実習における実施状況のチェック項目	選択肢番号
共感を意識した利用者との関わり	1 2 3 4 5
受容を意識した利用者との関わり	1 2 3 4 5
傾聴を意識した利用者との関わり	1 2 3 4 5
準言語(話す速さ、声の音量や抑揚など)を意識した利用者との関わり	1 2 3 4 5

相談援助実習における実施状況のチェック項目	選択肢番号
非言語（身振り、手振り、表情、視線、距離、位置、姿勢、服装など）を意識した利用者との関わり	1 2 3 4 5
面接技法（うなずき、繰り返し、感情の反射、開かれた質問、閉ざされた質問、要約、明確化、沈黙への対処、支持など）を意識した利用者との関わり	1 2 3 4 5
身体的な障害（聴覚障害、視覚障害など）への配慮を意識した利用者との関わり	1 2 3 4 5
認知障害への配慮を意識した利用者との関わり	1 2 3 4 5
コミュニケーション・面接技法の合計点数	＿＿＿点

カテゴリー4　相談援助のプロセス・方法の自己評価表

相談援助実習における実施状況のチェック項目	選択肢番号
インテークの行い方の理解に向けた行動	1 2 3 4 5
アセスメントの行い方の理解に向けた行動	1 2 3 4 5
プランニングの行い方の理解に向けた行動	1 2 3 4 5
モニタリングの行い方の理解に向けた行動	1 2 3 4 5
アウトリーチの行い方の理解に向けた行動	1 2 3 4 5
チームアプローチの行い方の理解に向けた行動	1 2 3 4 5
社会福祉調査の行い方の理解に向けた行動	1 2 3 4 5
社会資源開発の行い方の理解に向けた行動	1 2 3 4 5
相談援助のプロセス・方法の合計点数	＿＿＿点

カテゴリー5　利用者の把握の自己評価表

相談援助実習における実施状況のチェック項目	選択肢番号
利用者の生活歴の把握を意識した行動	1 2 3 4 5
利用者の生活習慣の把握を意識した行動	1 2 3 4 5
利用者のニーズの把握を意識した行動	1 2 3 4 5
利用者の心理面（楽しみやストレスなど）の把握を意識した行動	1 2 3 4 5
利用者の身体面（障害の有無や麻痺の状態など）の把握を意識した行動	1 2 3 4 5
利用者の社会面（家族との関係、地域社会とのつながりなど）の把握を意識した行動	1 2 3 4 5
利用者の経済面（収入や預貯金など）の把握を意識した行動	1 2 3 4 5
利用者の疾病面（病名や症状など）の把握を意識した行動	1 2 3 4 5
利用者の把握の合計点数	＿＿＿点

カテゴリー6　施設・機関・地域・社会の把握の自己評価表

相談援助実習における実施状況のチェック項目	選択肢番号
実習先施設・機関に従事する各職員の役割の把握を意識した行動	1 2 3 4 5
実習先施設・機関の機能の把握を意識した行動	1 2 3 4 5
地域にある福祉施設・機関の名称やその機能の把握を意識した行動	1 2 3 4 5
地域にある福祉にかかわるインフォーマルな支援の把握を意識した行動	1 2 3 4 5
福祉に関する制度の把握を意識した行動	1 2 3 4 5
地域における福祉ニーズの把握を意識した行動	1 2 3 4 5
地域福祉にかかわる計画の把握を意識した行動	1 2 3 4 5
福祉に関する制度・政策の問題点の把握を意識した行動	1 2 3 4 5
施設・機関・地域・社会の把握の合計点数	＿＿＿点

（2）自己評価結果のまとめ

　次に、ワークシート6－2－1で行った自己評価の結果のまとめとして、各カテゴリーの合計点をもとにワークシート6－2－2のレーダーチャートを完成させましょう。

ワークシート6－2－2　自己評価結果のレーダーチャート

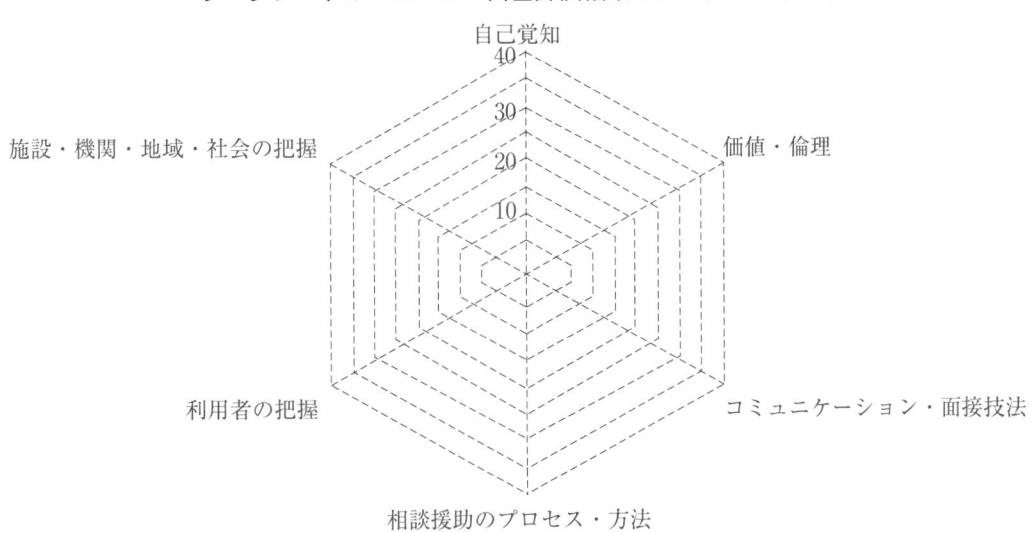

（軸：自己覚知、価値・倫理、コミュニケーション・面接技法、相談援助のプロセス・方法、利用者の把握、施設・機関・地域・社会の把握　目盛：10, 20, 30, 40）

（3）自己評価結果の考察と具体例の記述

　自己評価の結果をふまえて、各自、次の①〜③を行ってください。

①自己評価の結果をみて、自分が相談援助専門職になるにあたって不足している点など気づいたことやわかったこと、そして考えたことを記述しましょう。

②一番得点の高いカテゴリーについて、相談援助演習における学びを実習で活用した具体

的内容を思い出し、記述しましょう。
③上記②のカテゴリー以外で、相談援助演習における学びを実習で活用した具体的内容を思い出し、記述しましょう。

3 演習②「発表会」

　ここでは、クラスメートと実習体験の共有化をはかるために発表会を行う。発表会の手順は、次の通りである。

（1）グループ分け・発表
　教員などが次の3つのなかから発表方法を決め、その後、演習クラスに所属する全員が、先の演習①で行った「（3）自己評価結果の考察と具体例の記述」で記した内容を発表します。

小グループ型：小グループ（6名程度）をつくり、小グループ内で全員が発表する形式。
クラス全員型：全員が、1人ずつ演習クラスの全員に対して発表する形式。
折　衷　型：小グループ型を行ったのち、各グループが自らのグループメンバーのなかでよい発表をした者を1名ずつ選び、その者たちがクラス全員に発表する形式。

（2）質疑応答
　発表者は、学生や教員から質問やコメントを受け、それに対して返答をします。

4 演習のふりかえり

　以上の演習をふまえて、各自、次の（1）（2）を行う。

（1）ふりかえり1
　今後、あなたが最も身につけるべき相談援助にかかわる実践力を挙げてみましょう。そして、それを挙げた理由を記述してください。

（2）ふりかえり2
　他者の発表を聞いて、学んだことや考えたことを記述しましょう。

5 演習のまとめ

　本演習では、相談援助演習で学んだことの相談援助実習における活用に関して、自己評価・考察という単独でのふりかえりや、発表会という教員やクラスメートとの共同でのふりかえりを行った。

　単独によるふりかえりは、自身が相談援助演習で学んだことを実践現場で生かすことができたか否かを知る手がかりとなる。そして、この活用状況を知ることは、自身の実践力の現状を把握する資料となる。なお、本演習の自己評価結果は、相談援助演習で学んだことの実践現場における活用状況を示す絶対的な指標ではないため、ふりかえりのための資料の1つとして考えてほしい。

　共同によるふりかえりは、他者の実習体験を知ることや他者のコメントから気づきなどが得られるというグループスーパービジョンともいうべき機会を各自に提供する。そして、これは、各自が相談援助にかかわる知識の幅を広げ深めることに寄与する。

　以上のような本演習の学びをふまえて、今後、次の3点を行うようにしてほしい。

　1点目は、相談援助にかかわる理論や概念について理解できていないものがあった場合、相談援助にかかわるテキストや社会福祉の用語辞典などを活用して、その理解に努めることである。特に「人権尊重」「利用者本位」「自立支援」「権利擁護」といった相談援助の基本理念については、必ず理解するようにしてほしい。

　2点目は、相談援助実習における現場の職員からの指導・助言内容を思い出すことや実習日誌に記されたコメントを見直すなどして、自身の相談援助の実践力に関して理解を深めることである。なお、このふりかえりを行う理由は、自己評価だけでなく、福祉実践者からの評価をしっかり把握することが、自らの実践力の理解につながるからである。

　3点目は、本演習で明確化した今後自身が身につけるべき相談援助にかかわる実践力について、相談援助の実践事例が記載されている書籍などを読み、その向上に努めることである。もちろん、2点目に挙げた継続的な自己理解への試みで明らかになると思われる身につけるべき実践力についても、その向上に努めてほしい。

【参考文献】
福祉臨床シリーズ編集委員会・秋山博介・谷川和昭・柳澤孝主編『社会福祉士シリーズ21　相談援助演習』弘文堂　2008年
福山和女・米本秀仁編『社会福祉援助技術現場実習指導・現場実習』ミネルヴァ書房　2002年
岡田誠監『あなたを育てる対人援助の本－これさえ読めばよく分かる相談ガイドブック』久美出版　2006年
白石大介『対人援助技術の実際－面接技法を中心に』創元社　1988年
ソーシャルワーク演習教材開発研究会編『ソーシャルワーク演習ワークブック』みらい　2008年

演習課題の解説

第1部　基礎的なコミュニケーション演習

1−1の演習課題の解説

▶ ①　演習1）「私シート」で文章を書いてみて、改めて気づいたことはありましたか？　また、肯定的、中立的、否定的、両立的等の分量はどうでしたか？

　　たとえば、以下のような記述が書かれていたとしよう。

1. 私は○山○美です。	中
2. 私はめがねをかけています。	中
3. 私はハナレグミの音楽を聴くと元気が出ます。	肯
⋮	
8. 私は夢を追いかけている人が素敵だと思います。	肯
9. 私は何だか自分は欲張りだなとも思えました。	両
10. 私はやることの優先順位を考えなくちゃ！	中

　この例のように「私シート」では、最初は外見的なことや現実的な内容が書かれ、次いでその人の性格や好みなど内面的な思いに移ることが多く、また、終盤では書きながら気づいたことやふりかえり的な記述がされることもある。

　また、肯定的、中立的、否定的、両立的等の分量に注目してみると、この例では否定的な内容は多くないが、両立的な内容も書かれていることから自分のなかでいろいろと迷っていることがあることがうかがえる。ここで大切なのは、肯定的な内容が多いからよくて、否定的な要素が多いので悪い、という単純なとらえ方をしないことである。自分が表現した内容が、改めて自分にとってどんな意味があるか（なぜ否定的に思えたのか、どこに両立的な要素があるのか、肯定的な内容が多かったのかのはどうしてか？）などと、ふりかえることに意味がある。

▶ ②　演習2）「私と福祉」で「社会福祉に関心をもった理由」についてグループでつき合わせて、共通する内容と独自の意見を整理し、グループ発表で他グループの意見も聞き、改めて自分が関心をもった理由に立ち戻り、気づいたことを考えてみましょう。

社会福祉に関心をもった理由には、多くの人と共通点があり、さらには各自に固有の理由があることだろう。

　祖父母の介護体験がある人、親が介護職場で勤務していることから福祉に関心をもった人、兄弟や友だちに障害をもった人、また、自身やきょうだいが不登校体験をしていたなど、身近に福祉とかかわる経験をした人などもいることだろう。

　一方で、そうした体験とは関係なく、人とかかわることに関心がある人、高齢化時代だから介護が必要となる仕事だと感じた人、仕事をするうえで資格が必要だと感じた人、地域や出身校でスポーツを通して子どもたちとかかわる経験がしたいという運動部出身の人もいることだろう。

　ここで大切にしたいのは、社会福祉に関心をもった理由の共通性と違いにみられる多様性を理解することである。他者の意見交換から私たちは多くを学ぶことができる。

▶ ③　（2）演習2）「自分が現場で経験する葛藤を感じる場面から考える」から、自分が実習生（支援者的立場）として、最初どんな価値観をもっていたかをふりかえってみましょう。また、演習を通して、自分と利用者のかかわりから自分の価値観について気づいたことを挙げてみましょう。

　価値観とは「ものの考え方や判断の基準となるもの」である。自分の価値観をすぐに把握することは実は難しいことであり、明確な正解がない状況や葛藤を生じる場面での対応などにより各自の考えや価値観は明らかになっていく。私たちは、それぞれが生活してきた家庭での考え方や学校教育、地域そして職場の価値観などにも影響を受けている。この演習によって、異なる価値観を蓄積している人同士がどのようにコミュニケーションをしていくかという問題を、改めて見直す機会になったかもしれない。

　多くの場合、「自分は支援者として何かしてあげたい」という思いが強くなりがちである。支援者と利用者は対等な立場であるはずが、意識せずとも「自分が支援者として助けてあげなくては」と上に立ってしまうことがあるかもしれない。そして、相手から拒否された時には、相手を責めたくなるし、どうして理解してくれないのだろうと、否定的な思いをもつことも多い。ここで忘れてはいけない第1のことは、自分が利用者に対する先入観をもってしまっていることである。そうならないためには、目の前の利用者一人ひとりの状況をしっかりと理解する必要がある。第2に、「相手がなぜそういう発言・行動をしているのか」という具合に、相手のおかれた状況を改めて理解し学ぶ姿勢を忘れないことが大切である。

1-2の演習課題の解説

▶ ①　2つのパターンの「絵しりとり」を体験して、異なる伝達パターンからどのような印象を受けたかをグループで考えてみましょう。

「絵しりとり」というゲーム的な要素で実施したが、伝達パターンの違いが意識できただろうか？　1回目と2回目の「絵しりとり」の正解に差が出ただろうか？

質問できないという状況と、わからなければ質問してもよい場合では、情報を受信する人の受け止め方に違いが出たかもしれない。今回の1回目のように、質問ができず発信者の情報をただ受信するという形式を「一方通行の伝達」という。一方、2回目の、発信者の情報に関する質問を受信者がする場合を「双方通行の伝達」という。

小講義と演習まとめでも触れたが、コミュニケーションのプロセス、記号化や解読において誤解が生じてくることは多々ある。そのため、「一方通行の伝達」では情報伝達の内容の修正ができずに、誤解を含んだまま伝達されることが多い。しかし、「双方通行の伝達」では、発信者・受信者にとって、伝達情報の内容に関する修正や確認が可能になるため、通常は交流が増え相互理解が進んでいくことになる。

▶ ②　感情リレーを行ったふりかえりを、ワークシート1－2－1に記入する。示された「感情カード」をみて、自分が非言語コミュニケーションによってどのようにその感情を表現したかを具体的に書いてみましょう。

ほかのメンバーはその表現についてコメント（表現者の工夫と自分が行う場合であればどうやって表現したか、など）を具体的に書いてみましょう。

人前で非言語的な表現をすることへのためらいから、はっきりと実演できなかった人もあったかもしれない。ただ、できればこうした非言語メッセージを思い切って具体的に表現することで、どのような感じを受けるのかを、経験してほしい。

多くの場合、私たちは友人との話し言葉など、使い慣れてかぎられた語句で表現しがちになっている。そのため私たち自身が表現された感情を受け止める感受性も高める必要があるし、その感情を表現する語彙も豊かにしたい（下記はワークシート1－2－1の記入例である）。

ワークシート1－2－1の記入例

伝達者氏名	伝達した感情	非言語コミュニケーションをどのように表現したか
○山○美	落ち込んでいる感情	視線を下向きにし、グループのメンバーとは視線を合わせないようにした。肩を落として前かがみにしていた。
受信者氏名	伝達した感情	コメント（非言語的コミュニケーション表現方法の工夫や課題など）
△原△子	落ち込んでいる感情	うつむき加減の姿勢や視線が合わない様子から、落ち込んでがっかりしている感情が伝わってきた。表情などをもっとつまらなそうにしていると、よりこの感情が伝わったかもしれない。表情を変えることで、声の調子も、もっと元気のない声になるかもしれないと思った。

③ 演習3で、自分が緊張した時や相手の緊張した場面を観察し、一般的に緊張した場合の非言語的コミュニケーションや言語的コミュニケーションの特徴を整理し、よりよい聞き手や話し手としての接し方を考えてみましょう。

　「大学生活でのコミュニケーション場面から考える」では、打ち解けた場面と緊張した場面を体験した。演習③でのふりかえりのように、自分の普段に近い打ち解けた場面の話し方やその時の非言語的コミュニケーションの特徴を考えて、それと緊張した場面とを比較するとよりわかりやすいかもしれない。
　普段であれば、姿勢に余分な力が入らず表情も自然で、話題が盛り上がれば屈託のない笑顔になっていることであろう。そうなると、声の調子にもメリハリが出て、穏やかな状態であることが多い。聞いてくれる人と視線も適度に合っている。
　かたや緊張している場面では、基本的には打ち解けた場面と逆の心身状態になる。肩に力が入り、表情も硬くなり、笑顔を意識しても引きつった感じになる。また、うまく、きちんと話をしなければと意識すればするほど声がうわずり、時には手や背中に汗をかくなど生理現象を催すこともある。加えて何を話したいのかが考えがまとまらず、論理的に話せないことが多い。
　そんな時は、「現在の自分は緊張しているな」ということを、まず認識することが大切である。そして、話しはじめる前に「ふ～」と一息吐き出してから、「少々緊張しているので、うまく言えませんが、私は○○だと思います」と戸惑っていることを率直に述べて、伝えるべき内容を伝えたら、多くを話さなくてもよい。
　よりよい聞き手・話し手について考えた時、「自分は聞き手がやりやすい」「話し手は、何を話すのか、また、うまく盛り上げて話せるかといったことが気になるので難しい」「あいづちやうなずきなどによって、○○さんが上手に聞いてくれたので話しやすかった」など、さまざま意見が出たかもしれない。いずれにしても、こうしたロールプレイを通して、改めて自分の話し方（非言語的コミュニケーションの様子も含めて）をふりかえることは大切である。
　聞き上手といわれる人は、会話の最中は適切なタイミングでうなずき、また「そう……」「うん、わかる」など短いあいづちを入れており、その様子からいかにも聞いてくれているという雰囲気が伝わってくる。また、時には相手が話した言葉を繰り返すことで、「それってどういうことなのか聞かせて」という"開かれた質問"と、「それってこういうこと？」と確認する"閉じられた質問"をバランスよく使っている。
　一方、話す時には、５Ｗ１Ｈを意識してできるかぎり１文をコンパクトに話すとわかりやすい。ただし、きちんと話さねばと意識しすぎると、かえってうまくいかないことが多い。話す前に「○○のことを話そう」と軽くイメージしておくとコミュニケーション能力の向上に役立つだろう。

1−3の演習課題の解説

▶ ① 演習1を行ったうえで、はじめて出会う人に自分の困っていることや弱みを打ち明けねばならないとしたら、どんな気持ちになるかを考えてみましょう。相談援助専門職と相談者、観察者のそれぞれの立場から感じたことを話し合ってみましょう。

　相談者は、自分で解決できない課題に直面し、不安を感じながら相談援助専門職を訪ねる。誰かに言われて嫌々相談にくる場合もあるし、とにかく頼めば何とかしてくれるという依存心をもっている時もある。相談援助専門職は、まず相談者が「この人にならば自分の感情や考えを正直に打ち明けても大丈夫だ」と感じる第一印象をつくり出すことが重要である。そして相談者が自由に自分の経験や考えを話すことができるように関わる。これが面接技術の第1歩である。

　面接中の自分の様子を知るためにはビデオ撮影が効果的である。また、この演習のように相談者役を演じることによって、相談援助専門職の関わりが相談者に与える影響についても知ることができる。相談者の役割を演じると、話しながら相談援助専門職の態度や姿勢が気にかかることがわかる。相談援助専門職が相談者の非言語的表現に気を配るように、相談援助専門職もまた相談者から観察されているのである。

▶ ② 「相談者」の話に適切に応答しながら、面接の目的を達成するためには、どのような工夫や面接技術が必要となるかを話し合ってみましょう。

　相談援助面接では、相談者の話す内容を整理しながら理解し、応答することが必要となる。相談者の話す事実だけでなく、相談者の言語的・非言語的表現から相談者のもつ感情をも感知し、それらを統合して利用者を「理解する」ことが重要になる。相談援助面接の過程は、相談援助専門職と相談者との協働作業である。相談援助専門職が傾聴の姿勢を示すことにより、相談者は自分の状況や考えを自由に話すことができる。そして相談援助専門職が面接技術をもちいて意図的に関わることにより、相談者は自分の課題を自覚し検討できるようになる。このように相談面接過程を通じて、相談者が自らの課題に向き合えるように支援するのが相談援助専門職の役割である。面接とは相談者に適切に応答する「横のやりとり」によって、面接の目的を達成するという「縦の流れ」を実践する過程である。

第2部　相談援助のプロセス（過程）

2-2の演習課題の解説

▶ ① ロールプレイを行ってどのような感じがしましたか？　相談援助専門職としては？　来談者としては？　相談援助専門職や来談者としてではなく、私個人としては？　それぞれの立場において感じたことを言葉にしてみましょう。また、観察者の人はロールプレイを観察している時にどのような感じがしたでしょうか。グループのメンバーにそれぞれの思いを伝え合ってみましょう。

　相談援助専門職の役をした人はどのように感じただろうか？　ロールプレイをはじめる前は、「いろいろと話しを聞いてあげたい」と考えていても、いざやってみると緊張し、思ったように会話が進まないことを実感したのではないだろうか。来談者の役をした人はこの事例のような状況に置かれている人の気持ちをよく理解できただろうか。もし、この来談者の気持ちがよく理解できなかったという場合には、どのようにすればより理解ができるようになるのかを考えよう。「あまり親しく話をしたことがない先生に授業のことで質問をしに行く」というようなことを実際に行ってみたら、「知らない人と話をする」という状況での緊張感や不安がわかるかもしれない。また、自分が親しみや尊敬を感じている人が加齢によって別人のようになっていく時の気持ちがわからない、そもそも、お年寄りと接した経験がほとんどないという人もいるかもしれない。加齢や認知症をテーマにした映画をみたり、小説を読んだり、高齢者福祉施設でのボランティア体験などが理解を促してくれるだろう。また、自分が困っている事情を詳しく伝えることや言語化することが難しいということを感じた人もいるであろう。

　また、私個人として感じたことは「恥ずかしい」「難しい」という思いではないだろうか。同様に、観察者もロールプレイをしているクラスのメンバーをみていると照れくさいような気持ちになったかもしれない。友人たちの前で、何かの役割になりきって深刻な表情をしたり、声を落としたり、普段の自分たちとは違う様子をみせるのは気恥ずかしいものである。

　しかし、暗い表情の人を目の前にした時どのような感じがしただろうか。居心地が悪くて逃げ出したいような気持ち、あるいは何かをしてあげたい、という思いがわき上がってきたなど、さまざまな思いが心のなかにあったはずである。このような自分の心のなかの声に耳を澄まし、そのような感情がなぜ起こるのかを考えてみよう。そこに自己覚知の一歩がはじまっているのである。

▶ ② 来談者が落ち着いた雰囲気のなかで安心して話ができるように、相談援助専門職はどのような工夫や気遣いをしましたか？　自分なりに取り組んだ点について来談者役の人に伝えてみましょう。また、それが来談者役の人に伝わっていたかどうかも聞いてみましょう。

観察者は相談援助専門職役の人のよいところ（声の調子、表情、姿勢、話題など）をできるだけたくさんみつけて、伝えてあげましょう。

　「あなたの話を一生懸命に聞いていますよ」「どうぞ安心してお話しください」というメッセージを伝えるためにはどのような方法があるだろうか。穏やかな落ち着いた口調で話す、少しからだを前に傾けて聞く、目線を合わせるなどの非言語的なコミュニケーションを心がけることはできただろうか。最初からうまくはできないものであるが、観察者はそのような様子を見落とさずみつけてあげることはできただろうか？　相談援助専門職役の人が自分では気づいていないよい表情や言い回しなどをしていることもある。積極的によいところをみつけ、伝えてあげるとともに、そのよいところをぜひまねしてみよう。

▶ ③　観察者の人は、相談援助専門職がどのような話題から面接をはじめたのかを観察し報告しましょう。次に、グループメンバーはほかにどのような話題から面接をはじめることができるか、アイデアを出し合いましょう。そして、もう一度ロールプレイを行い、今度は最初と違う話題から面接をはじめてみましょう。話題の展開は最初の時とどう違ったでしょうか。

　ロールプレイでは最初にどのような話題から面接をはじめることができるだろうか。たとえば、次のような言葉かけではじめることが考えられる。
・「昨日お電話でうかがいましたが、もう一度詳しくお話してもらえますか？」
・「おばあさんの認知症の具合はいかがですか？」
・「おばあさん思いのお孫さんがいて、おばあさんは幸せですね」
あるいは、こんな方法があるかもしれない。
・まずは天気についてなどの世間話からはじめる。
・来談者が何か話をはじめるまでしばらくゆっくりと待つ。
・自己紹介をわかりやすくする。
　いろいろな形でやり直してみて、来談者役の人にどんな感じがしたかを聞いてみよう。また、最初の話題を変えると、その後の面接の流れ（話の展開）はどのような変化があっただろうか。面接は必ずこのようにはじめなければならない、という決まりはない。ある1つの話題からはじめようとしても来談者があまり多くを語らないということがある。そのような時には、来談者の反応を見ながら柔軟に対応や話題を変え、来談者の話しやすい話題や口にした言葉を大切にしながら面接を進めていくことが大切である。

2−3の演習課題の解説

▶ ① 事例の概略にある情報の他に知りたいことはありませんか？ またそれらの情報はどのようにして収集すればよいかを考え、ワークシート2−3−1に書き込んでみましょう。

　事例のような状況にある家族はどのようなことに困難を抱え、どのような気持ちであるのかを想像しながら、利用者と家族、その環境について他に知りたい情報はないか検討しよう。グループのなかで話し合いを行い、自分が気づかなかった情報がないか確認したり、なぜその情報が必要なのかについて討議するのもよい（下記はワークシート2−3−1の記入例である）。

ワークシート2−3−1の記入例

ほかに知りたい情報	どのようにして集めるか
・ほかに心配な病気はないか。高血圧や脳梗塞の詳しい病状	・家族に聞く ・かかりつけ医を教えてもらい、ちよさんの了承のもとに、病院に問い合わせる
・最近、自宅のなかで不自由なこと、危険なことが他にはないか	・ADLやIADLについて詳しくちよさんや家族から聞く
・社会福祉の支援を利用することについて、ちよさんはどのように感じているのか	・ちよさんに聞いてみる ・ちよさんが本音を話せるように、これからも時々会いに行く
・自宅のなかにはベッドや手すりはあるのか	・ちよさんや家族から聞く

▶ ② 山田ちよさんが望む生活とはどのようなものでしょうか。また、その生活を送るために力（ストレングス）となること・課題となることを挙げて、ワークシート2−3−2に書き込んでみましょう。

　利用者が主体となった支援を実現するためには、まず最初に利用者がどのような暮らしを望んでいるのかを確認するのは大切なことである。それは援助の方向性を指し示すものとなる。利用者も相談援助専門職も困りごとの解決・軽減に目を向けがちになるが、アセスメントにおいて、困難な点だけでなく利用者や家族のもつ力（ストレングス）をできるかぎり活用することに常に留意しなければならない。

ワークシート２－３－２の記入例

ちよさんが望んでいる生活
・自宅で、家族に迷惑をかけずに暮らしていきたい

	ストレングスとなること	課題となること
健康状態		・高血圧と脳梗塞の後遺症の定期的な管理が必要
心身機能・ＡＤＬ	・心身機能低下の初期とみられる	・認知症の疑いがある ・最近転倒が多く、ＡＤＬが低下している可能性がある
参加	・人づきあいがよく、近所に知り合いが多い	・１人で外出するのは危険
環境因子	・長女と孫ができるかぎり世話をしたいと考えている ・居室が１階にあり、トイレや風呂から近い	・長女と孫には仕事がある ・長女はちよさんの老いに戸惑っている ・具体的な介護の方法などがわからない
個人因子	・家族に迷惑をかけたくないので自分のことはできるかぎり自分でしたいという意欲がある ・人と接するのが好き	・最近、不安な気持ちがある

▶ ③ 山田ちよさんの現在の状況をエコマップに書いてみましょう。

　エコマップを作成する際には、ちよさんを中心にし、ちよさんを取り巻く人やグループ、組織、地域にまで視野を広げて検討してみるようにする。またそれらの関係性を表すように工夫した線でつないでみるようにしたい。

２－４の演習課題の解説

▶ ① 事例への対応策を考え、ワークシート２－４－１に記入してみましょう。次にグループでどのような対応策が考えられるのか話し合ってみましょう。

　ストレングスとなることを強めていくため、また課題となることへの解決・軽減のためにどのような対応が考えられるのか、できるかぎり自由にいろいろな意見を出し合えることが重要である。

ワークシート２−４−１の記入例

ストレングスとなること	課題となること	考えられる対応策
	・高血圧と脳梗塞の後遺症の定期的な管理が必要	・定期的な通院をこれからも続ける
・心身機能低下の初期とみられる	・認知症の疑いがある ・最近転倒が多く、ＡＤＬが低下している可能性がある	・かかりつけ医に相談する ・リハビリの必要性は？
・人づきあいがよく、近所に知り合いが多い	・１人で外出するのは危険	・近所の人に訪ねてもらう ・日中、時々ちよさんに声をかけてもらう人を探す ・友人づくりの場への参加は？
・長女と孫ができるかぎり世話をしたいと考えている ・居室が１階にあり、トイレや風呂から近い	・長女と孫には仕事がある ・長女はちよさんの老いに戸惑っている ・具体的な介護の方法などがわからない	・日中の１人の過ごし方を工夫する ・長女の不安を傾聴する ・介護の方法や用具などの情報を伝える
・家族に迷惑をかけたくないので自分のことはできるかぎり自分でしたいという意欲がある ・人と接するのが好き	・最近、不安な気持ちがある	・不安な気持ちを傾聴する ・ちよさんの家庭での役割（仕事）をみつけて、やってもらう

▶ ② 演習課題①で挙げた「対応策」を援助として実施するためにはどのような方法が考えられるでしょうか。「対応策」を実行するために利用可能と思われるフォーマル・インフォーマルな社会資源をできるかぎりたくさん挙げてみましょう。またそれらの資源をどのように活用することができるでしょうか。グループで話し合い、ワークシート２−４−２に記入してみましょう。

　アセスメントから行ってきた作業を「援助計画」として組み立てるために、具体的な社会資源を検討することを目的とする。ここでは、高齢者支援においては欠かすことのできない介護保険サービスについてはもちろんであるが、インフォーマルな社会資源を含めてできるかぎり多様な方法を自由な発想で出し合うことをねらいとする。

　なお、社会資源については地域差が大きく、また実際の援助におけるサービス利用においては考慮しなければならない条件や利用上の制限もあり、下記の回答はあくまでも一例として挙げたものである。

ワークシート2-4-2の記入例

考えられる対応策	社会資源とその活用
・定期的な通院をこれからも続ける	・家族が連れて行く ・ホームヘルパー（訪問介護員）に連れて行ってもらう ・訪問看護サービスを利用する
・かかりつけ医に相談する ・リハビリの必要性は？	・かかりつけ医に認知症について家族から相談してもらう ・ちよさんが了解すれば、認知症の専門医を受診する ・家族が認知症について調べて、ちよさんの言動に対し適切な対応ができるようにする ・リハビリの機会をつくる（病院でする、自宅で家族が手伝う、デイサービス等で行う　など）
・近所の人に訪ねてもらう ・日中、時々ちよさんに声をかけてもらう人を探す ・友人づくりの場への参加は？	・近所の人にお茶を飲みに来てもらう ・民生委員に訪ねてもらう ・家族が近所の知人宅に連れて行く ・デイサービスに行き、友人をつくる
・日中1人の間の過ごし方を工夫する ・長女の不安を傾聴する ・介護の方法や用具等の情報を伝える	・（上欄のように）近所の人に訪ねて来てもらう ・デイサービスを利用する ・社会福祉士やケアマネジャー等の相談援助の専門職が長女の話を聞く機会をもつ ・介護の専門職等（かかりつけ医の看護師、ホームヘルパー、福祉用具の業者等）から介護方法の指導をしてもらう
・不安な気持ちを傾聴する ・ちよさんの家庭での役割（仕事）をみつけて、やってもらう	・社会福祉士やケアマネジャー等の相談援助の専門職がちよさんの話を聞く機会をもつ ・ちよさんの趣味を聞く ・ちよさんの得意料理の味つけをしてもらう、自分の洗濯物をたたんでもらう等、家事のなかでちよさんにできることをしてもらったり、ちよさんに教えてもらいながらするようにする

▶　③　演習課題②で挙げたフォーマル・インフォーマルな社会資源の実際の様子を調べてみましょう。また、調べるためにはどのようなやり方があるのかについてもグループで話し合ってみましょう。

　社会資源を援助に活用するためにはどのようなことを調べたらよいのか、どのように調べたらよいのかについてまずは検討しなければならない。制度の概要や申請手続きの方法、近隣の市町村にある社会福祉機関・施設の所在地、個々のサービスの内容などについて調べる、書籍やインターネット、施設の見学や役所を訪ねる等の方法が考えられる。
　次に留意すべきは、実際に施設・機関や役所を訪問、見学したり話をうかがう場合には、事前

にどのようなことをしなければならないか、準備をしていくことである。ある日突然押しかけていく、何が聞きたいのかわからずに訪問するといったことは社会福祉の現場で働いている専門職の方々に対して失礼であるとともに、ひいてはサービスの利用者の方に迷惑をかけることにもなる。

このような事前準備の作業や社会資源について調べることは、実習教育にもつながるものとなる。

2-5の演習課題の解説

▶ ① 上記の経過を読んで、モニタリングの必要性について考えてみましょう。いつの時点で、誰に、何についてモニタリングを行えばよかったと思いますか？ 事例の経過を追いながら具体的に検討してみましょう。

援助が開始されてから3か月程度の間に、ちよさんのADLや、家族の心身の疲れ、それらが転倒の可能性を高めたことを読み取ると、モニタリングの必要について理解できるだろう。

モニタリングを行う際には、誰に（対象）、どのようにして（方法）、何を（内容）モニタリングするのかをしっかりと認識していなければならない。利用者であるちよさん自身から話を聞くことは最も大切なことである。また、家族のメンバーや、サービス提供にかかわる人からも情報を得ることができる。利用者や家族から話を聞くときには、自宅を訪問することも多い。これは利用者にとって、わざわざどこかに出向いていかねばならないという煩わしさがないため簡便であるが、プライベートな部分に立ち入ることになるため配慮も必要である。自宅は利用者や家族の普段生活している様子がよくわかる場所でもあり、生活環境を具体的に理解することができる点で優れている。利用者にサービスを提供している人々へのモニタリングについては、必要に応じて個別に行うほか、サービス担当者会議、カンファレンスといった話し合いの場を設ける方法がある。普段、別々の場面で利用者にサービスを提供している事業者が一同に集まることにより多面的な情報を得ることができ、また援助の方向性を共有することができることは利用者にとって大きな意味をもつ。

援助を開始して以降にみられた状況の変化を確認するとともに、利用者の思いや家族のかかわり方についても把握する。

▶ ② モニタリングによって、利用者を取り巻く状況に変化が確認されれば、再度アセスメントやプランニングを行わなければなりません。事例ではどのような再アセスメントが考えられるでしょうか？

援助が実行されてあまり日が経たないうちに、生活の様子やサービスを利用しての感想を確認

することができる。事例ではちよさんはデイサービスや近隣からの手助けを喜んでおり、＜その１＞の時点では特に見直すことはないといえるだろう。

　＜その２＞の時点では、ちよさんの足腰が弱ってきているということで、その原因となる体調不良がないか、リハビリでの改善は可能か等についてかかりつけ医に相談することが考えられる。ＡＤＬ低下が今後も続くようであれば、要介護度の変更の手続き必要となる。また、家族の介護疲れという状況からは「レスパイトケア」についてのニーズが読み取れる。ショートステイの利用、デイサービスの利用回数の増加や、家族が趣味や楽しみの時間をもてるようにすることも再アセスメント、プランニングにあたり大切なことである。

▶　③　山田ちよさんの入院によって、今後のちよさんへの相談援助は病院の相談援助専門職が担当することとなり、地域包括支援センターの相談援助専門職による援助は終結することとなりました。アフターケアとしてどのようなことができるでしょうか？

　援助が終結することになっても利用者にとっての生活（人生）は１日１日と続いていくということを忘れてはならない。これまでの経過がこれからの利用者の生活や援助につながるのである。また、予測していなかった問題を利用者が新たに抱えることもあるかもしれない。

　これまでの援助の経過を正確に記録し保管しておくことは、援助を再開したり、他機関からの問い合わせに対応したりする際に非常に役に立つものである。また、利用者や家族の了承のもとに、病院の相談援助専門職にこれまでの援助の経過や利用者の生活の様子を伝えることによって、スムーズに援助を引き継ぐことができる。

　利用者と家族に対して、今後も必要であれば援助を再開できることを伝え、連絡先を明示するようにする。また、関連したサービス提供者に、これまでの関わりへのねぎらいと援助の再開がいつでも可能であることを伝えることもできるだろう。

第3部　相談援助事例演習

3-2の演習課題の解説

▶ ①　公的機関が利用者の意思に反して積極的介入をする際、相談援助専門職として留意しなければならない点にはどのようなものがあるでしょうか。

　児童相談所や福祉事務所のような公的な相談援助機関では、市民の身体生命を守るため、時として積極的、あるいは強制的に個人や家族に介入する必要が生じる。一方で、そのような介入は、個人や家族の生活に大きな影響を与え、さらには私権の制限に直結することを十分に認識しなければならない。

　相談援助専門職は、法律や規則に定められた手続きを厳格に踏みながら、判断材料となる客観的な情報（根拠となる事実）を収集することが求められる。

　調査により得られた事実に加え、専門的な知見を総合してアセスメントを行う。このアセスメントの結果、「介入しなかった場合のリスク」が「介入した場合のリスク」を上回れば、介入計画を立て、関係機関と連携しながら計画を実行することになる。このような調査・アセスメント・援助計画・介入のプロセスにおいては、場面場面で適切な判断が求められ、それを相談支援専門職が個人としてではなく、所属機関が組織として決定することが必要不可欠である。

▶ ②　機関連携がもつ意味について、本事例を通して考えてみましょう。

　児童相談所が関わる以前に、小学校・福祉事務所・警察のそれぞれが世帯に関する情報はもっていた。それらの機関は、ハイリスクの世帯との認識はあったものの、連携した取り組みには至らなかった。児童相談所が加わり、調整機能を発揮することで、点として存在していた情報が面的な広がりをみせ、世帯の全体像が浮かび上がる結果となった。

　本事例では、母には医療・公的扶助・母子福祉、祖母には高齢福祉・介護保険、兄には司法、G君には司法・児童福祉・教育など、さまざまな分野の機関が関与する可能性があった。多くの問題を抱える家族へアプローチする場合、複数機関が協働することによって、単独機関では困難な状況に変化をもたらすことができる。

　実効性のある機関連携を行うためには、機関同士が「顔のみえる関係」にあることが重要であろう。要保護児童対策地域協議会などのフォーマルな場に加え、日常的な情報交換などを通じて、他機関の特徴や機能を理解することも大きな意味をもつ。

　複数機関の協働には、中核となり調整するキーステーションの存在が不可欠である。本事例において、小学校を起点に、主動する機関が児童相談所へと変化するなかで、ほかの機関はキーステーションに全面的な責任を委ねるのではなく、児童相談所が調整するなか、小学校・福祉事務

所・警察などの各機関がそれぞれの役割を遂行することで、G君世帯を援助する「ソーシャル・サポート・ネットワーク」として機能したといえよう。

▶ ③　児童相談所の介入が1つの契機となり、家族が別々に生活することになったことについてどのように考えますか。

　家族は児童の成長発達を保障する最も基本的で重要な単位であることはもちろんであるが、時として、その家族が児童の安定した生活を脅かすものにもなり得る。したがって、本事例のように、身体生命の安全確保や健全な発達を保障するため、児童自身や保護者の意向に反してでも、児童を家庭から分離し、社会的養護（児童福祉施設や里親）の枠組みを利用しなければならない例も少なくない。しかしながら、分離したことで援助を終結すれば、当該児童は永久に家族を喪失することにもなりかねない。

　児童相談所が強制的介入した場合においても、児童や保護者に対して、家庭分離の判断を行った理由を示し、同時に家族が再びともに生活するための条件を明示しなければならない。さらに、家族再統合に向け、児童や保護者が達成しなければならない課題に沿った専門機関としての援助を行うことも、児童相談所の重要な役割である。

3−3の演習課題の解説

▶ ①　9月20日に民生委員から第一報が伝えられた時の対応について、留意すべき点を挙げてみましょう。

　第一報を受けて、訪問せずに処遇方針を決定したことは、本当に正しかったのかという疑問が残る。結果的には、次の訪問まで大事には至らなかったが、リスク管理からいうと十分な対応ではなかったのかもしれない。緊急時対応をすべきかどうかを判断する必要があったかもしれないということである。このような場合、少なくとも一度訪問して、今後のアセスメントにつながる情報収集をするべきだったのではないかということである。

　ただし、センターはかぎられた人員と時間で運営されているため、いつも万全の体制を敷くことができるとはかぎらない。このような場合でも、センター内の専門職でカンファレンスを行い、ベストでなくてもベターな処遇方針を決定し、情報を共有しておくことが大切になる。

　この観点からいうと、姪夫婦が車を所有していること、平日昼間に動ける時間があることを確認したうえで、水分補給などの具体的な指示をしたのはベターであったと思われる。

▶ ②　9月22日に同行訪問を行った際に、初回訪問時に観察すべき点、必要な行動は何だと思いますか。

初回の訪問時に着目するところは、ケースによってさまざまである。心身状態の悪化があり、かつ本人から状況を聴取できない場合は、住宅環境の観察や近隣からの情報収集が欠かせない。また、専門職間の連携は不可欠で、日ごろからこのような体制づくりを意識しておかねばならない。また、地域での活動が中心となるため、地域住民の感覚に肌で触れて慣れておくことも大切である。

　体調の確認等は最終的には医療職に委ねるべきであるが、ごく初期での対応や正確な内容の通報のためにも、基本的な医療知識はもっておくべきであろう。現場であわててパニックになり、冷静な判断ができないようでは、プロの相談援助専門職としては失格である。このケースのようにやむを得ない事情により、すぐに対処できない場合でも、次につなげるという意味で、家族への指示や関係機関への予備連絡をしておくことは極めて重要である。

▶ ③　今回関わったチームは、それぞれどんな役割をもち、どのように協働したでしょうか。保健師、社会福祉士、主任ケアマネジャーのほか、医師や民生委員、老人福祉員なども視野に入れた分析を行ってみましょう。

　本節のテーマである「チームアプローチ」について解説する。このケースでは、第一報が入った直後に地域包括支援センターの3人の職種でカンファレンスを行い、当面の対応についての検討を行った。情報を共有したうえでそれぞれの専門性からの意見を出し合っている。

　援助の過程で一番大切なのは情報の「共有」と「管理」である。また、援助が進むにつれて保健師や医師からの意見をもとに、対応策を変化させてきた。第一報時は水分補給と翌日の経過観察を姪夫婦に指示し、次の初回訪問時には医師の診察を要請した。結果的には、現場での診察は実現しなかったが、もしチームアプローチによる冷静な判断をしていなければ、2階にいる利用者を無理に搬送しようとして、利用者にけがをさせたり、あるいは関係者に被害が出ていたかもしれない。またこの時、医師が総合病院への受け入れ要請をしたことで、姪夫婦は精神的に大きな安心感を得られたと思われる。

　一方、意思能力が低下している高齢者の権利を守るために、このケースのように早期に法定後見制度の紹介・手続きをはじめることが大切である。これらは、一般の人には制度理解と手続きが複雑であり、利用開始までのハードルが高く感じられることが多い。社会福祉士が地域包括支援センターに必置となった経緯は、措置社会から契約社会への変化のなかで、少子化や地域での共助意識が脆弱化している背景を考慮し、各センターに相談援助専門職を配置することで高齢者の権利を守っていこうと判断したからであろう。

　チームアプローチで大切な点は、主たる担当者を決めることであると最初に述べた。今回は、主任ケアマネジャーが中心となって、チームのなかで主導的にかつ積極的に行動した。その場での判断と姪夫婦への対応、他の専門職や地域の住人との調整などを一手に引き受けた。このように責任と指揮系統を一元化することで、正確で迅速な対応が可能になると思われる。

　最後にチームアプローチの成功の素地として、地域社会の成熟が上げられる。いわば顔のみえ

る関係であり、昔からお互いの顔を知っている地域であることが、援助が円滑に進む理由の1つであると思われる。

　相談援助の仕事は、自分たちチームが「地域社会」のなかに入っていく仕事であり、主役はあくまで「地域社会」である。このなかで相談援助専門職は「地域の力」を高める手助けを、チームとして側面から行っていく必要があるのである。

3−4の演習課題の解説

▶ ①　Y美さんのニーズとはどんなものか、考えてみてください。

　T君を「知的障害児通園施設に入れたい」「いや、やっぱり保育所に戻りたい」というY美さんの訴えは、要望であるとすれば、その発言の奥に隠されているニーズを汲み取らねばならない。Mさんなどには「家で2人を育てたい」という姿勢をみせたY美さんではあるが、実際、母である自分1人で子どもたち2人を育てることが精神的・身体的な負担を与えていることは間違いないだろう。特に多動な傾向をもつT君とR君の世話をするには、身体的にかなりの負担を与えていることであろう。無理して家で抱え込んで育て続けることで、R君は不登校となり社会から隔絶された生活となってしまっている。そして、保育所の遠足で走り回るT君について、他の親たちに謝る気力を失ってしまっているほど、Y美さんは疲れきってしまっているのも事実である。

　援助計画としては、1つには、2人の子どもを何とか自分の手で育て続けたいと思うY美さんのこれまでのがんばりを認める援助、そしてもう1つは、T君の希望やR君の希望をまずは聞くところからはじめる援助をしたい。その次の段階で、将来3人で住み慣れた家で暮らすために、今やらねばならないことを考えていきたい。たとえば、R君の学校生活を再開し、社会との接点を取り戻すこと。また、適切な生活訓練などを受けるために、R君とT君が交互に療育施設などに入所して、Y美さんの負担を軽減すること。交互に入所することができれば、T君もY美さんという母親とじっくり関わることができる時間を得ることができる。

▶ ②　Y美さん家族のニーズを満たすために活用されるべき社会資源はどんなものが挙げられますか。

　福祉事務所のケースワーカー、子育て支援課の職員、精神科クリニックのソーシャルワーカーには、Y美さん家族の真の自立に向けた関わりを期待したい。また、R君の小学校の担任の先生には、R君を不登校にせざるを得ない状況であるこの家庭にアプローチしてほしい。通園施設のワーカーであるMさんには、たとえT君が施設を退所しても、地域に開かれた施設の相談員としての役割を継続し、母親の負担に耳を傾け、母のがんばりを認め続ける援助をしてほしい。そして、施設を利用しているほかの母親らとの交流会などもY美さんを支える資源の1つとして視野

に入れたい。また、かつてT君が通っていた保育所の先生たちには、T君の暮らしぶりをよく理解している専門家として、今後の方針決定のために助言をお願いしたい。さらに、疎遠だと思い込んでいるY美さんの母親から、家事等の負担を軽減するために協力を得ることができないかという点も確認する必要がある。

▶ ③ Y美さん家族を地域の専門職が援助していくためには、どのようなことが必要だと考えられますか。

　Mさんが施設内の職員を集めてケース検討会を開催したように、地域の専門家とともに、今後Y美さん家族をどのように援助していったらよいかの方針を話し合い、一定の目標にむかって支えることができるように、ケース検討会を開催してほしい。Y美さん家族に対しては、1つの目標のもと、さまざまな組織に属する専門職であっても役割を分担しチームでアプローチする施設が必要である。

3−5の演習課題の解説

▶ ① なぜ、母親（D子さん）は障害のあるC男さんを抱え込み、離そうとしなかったと思いますか。

　医療的ケアが必要ななかでは、父親がC男さんの介護に関わらない、地域や友人からの支援も難しいというなかで、サービスを利用しなければ母親1人で介護していかなければならないという客観的な状況がまずある。そこに、施設での利用を拒否されたということの意味が大きい。サービスに頼ろうとした思いをサービスの側から拒否されたならば、もう自分でするしかないと思わざるを得ないのは当然のことである。加えて、デイサービスの対応が、母親にとっては自宅で行っているケアにはほど遠いものであったということがあった。家で母親がケアしている程度までは子どもにとってどうしても必要であるという思いがあり、それが外部サービスで確保できないということである以上、自分でするしかないということになる。そもそも、障害者を母親が介護するということは、母親にとっては子育てと同じ文脈やその延長上ととらえてしまう傾向があり、母親の責任という意識を強くもってしまいがちである。そして、日常的に母子関係の距離がとれない状況があれば、結果として子どもにかかわることが母親にとっての人生そのものとなってしまわざるを得ない現実がある。

▶ ② 社会からの疎外感をもち、心を閉ざした利用者の心を、この事例の場合、なぜ開くことができたのか考えてみましょう。

　本事例では、養護学校時代には学校に通うことが可能であり、母親と障害のある子どもとの距

離はとれていたという経験があった。その後に、施設利用を拒否されたことや、デイサービスでのケアへの不満ということがあって、社会から孤立していったという経緯がある。そこでUワーカーが距離をとれていた時代のことを語ってもらうことからはじめたことで、スムーズに話を聞くことのできる関係がとれたのではないかと思われる。当然、それは、相談援助専門職が現状を問題視し、サービスにつなぐことから入らず、時間をかけて話を聞くというスタンスをもっていたことが前提としてある。障害児・者分野においては、利用者が相談援助専門職と出会う機会が実は結構少ない場合が多い。医療機関や行政機関、そして学校との関わりだけでこれまでやってきたケースも多く、とくに相談機関となれば行政機関というイメージが未だに根強い。相談援助に関するプロでもなく、十分な知識もない行政の窓口での体験から相談援助への拒否感をもってしまっている場合も多い。相談援助専門職はゼロからのスタートではなく、不信感をもつマイナスからのスタートの場合も多いのである。したがって、本事例のように、同じ目線で話を聞かせてもらい、置かれている状況から学び共感するということからはじめないと、信頼関係を築くことができないであろう。

▶ ③ 社会資源が存在しない時、相談援助専門職として、どのような支援や活動が可能であるか話し合ってみましょう。

　社会資源が存在しない時にどうするかというのは非常に難しい。現実には相談援助専門職自らが一部分について支援に動くという場合も少なからずある。社会資源には福祉サービスなどのフォーマルな資源と、近隣地域や家族・親族・友人などのインフォーマルなサービスがある。フォーマルなサービスの不足については、行政への働きかけということになるが、これは1人の相談援助専門職という問題を超えて、事業所なり事業所の連合体なり、当事者運動などとの連携といった話になってくるだろう。インフォーマルな部分でいえば、社会福祉協議会などの地域活動体への働きかけなどコミュニティワーク的な手法が必要となってくるだろうし、家族・親族ということであれば、家族内の特定の人に介護負担が集中している現状を広く家族・親族内で分担しあうための働きかけなどが考えられる。

3－6の演習課題の解説

▶ ① 事例（2）の段階での調査において、何をしなければならないかを考えてみましょう。

　まず、即刻なされなければならないことは、K君の安全確認である。児童相談所運営指針では、「迅速な対応を確保する観点から、48時間以内とすることが望ましい」としている。K君の場合、幼稚園の登園が3日間滞っていることから、かなりの緊急性を要する。また、K君だけではなく、姉のNちゃんの安全確認も行う必要がある。もし、リスクが高いと考えられる状況・状態である

ならば、一時保護の要否を検討することとなる。K君やNちゃんへの虐待の実態をはじめ子どもらやS子さんの現況、家庭環境・家族全体の状況、生活歴・生育歴などについて情報収集し、子どもの気持ちやS子さんの子育てのしんどさや負担に寄り添うことを心掛けて話を聞き、それぞれの意向を踏まえてどうすることが子どもにとってよいのかを一緒に考えていくこととなる。

安全確認では子どもを直接目視すること、また情報収集でも訪問による現地調査により事実を確認することが基本である。関係機関の職員や近隣住民からの聞き取りでは、客観的事実を把握し、個人情報の保護に配慮しながら進めていくことが大切である。

▶ ② 事例（2）・（3）の母親がK君の施設入所を希望したところまでの経過から、子どもたちの一時保護の要否について検討してみましょう。

虐待の有無について、K君には古い傷と新しい傷が混在していることから、K君への虐待は常態化してきていたと考えられよう。幼稚園教諭の気づきやS子さんの話から、虐待はS子さんが働きに出はじめたころからととらえられよう。幼稚園からの目を気にして、Nちゃんに学校を休ませてK君の面倒をみさせているような状況は、誰からも2人の安全が確認できないばかりか、K君への虐待の悪化やNちゃんへの虐待への発展も懸念される。かといって、2人を学校や幼稚園へ通わせても、K君への虐待は現況では抑えられない可能性が高いと考えられる。この時点では、K君を一時保護し、K君の安全を確保することが妥当であろう。S子さんにとっても、K君と一時離れることで冷静に現況をみつめ、今後のことを考えられる機会ともなり得る。

Nちゃんについては、虐待はないとみられ、S子さんにとっては心の支えともなっていることから、S子さんからNちゃんを離すことはS子さんにとってマイナスになるとも考えられる。このように家族全体の関係性をみれば、Nちゃんの一時保護は必要ないと判断した方がよいであろう。

▶ ③ 離婚成立後に、K君がS子さんやNちゃんと新たに生活していくうえでのニーズを挙げ、社会資源の活用を含めた具体策について検討してみましょう。

まず、新たな住居を構えること、S子さんが職を得ること、それに伴いS子さんが仕事に出ている間のK君やNちゃんの家庭の代替をする所を得ること等が考えられる。職を求めるにあたって、自力で得られなければ母子家庭サービスによる職業訓練や資格取得支援を受けることも考えられる。K君、Nちゃんの居場所については、保育所や学童保育の利用や、場合によっては特別保育や送迎等の子育て支援サービスの活用も必要となろう。あるいは、母子に対し住居と自立のための支援を行う母子生活支援施設に入所することも1つの方法である。S子さんのインフォーマルな支援としては、地域のネットワークにより児童委員等がS子さんのよき隣人として精神的・物理的な支援を求めていくこともできよう。

S子さんのストレスが子どもに向いてしまうといった虐待の再発防止にも気を配る必要があ

る。児童相談所あるいは地域での生活が安定してくれば市町村の児童家庭福祉部署による継続的な面談や、上記のような地域の人びととの関わりをもつ。また、子どもに対する自制がきかなくなりそうな時などは、適宜あるいは定期的にショートステイを利用することも効果的かもしれない。

3－7の演習課題の解説

▶ ① T子さんとNさん、それぞれからみた在宅生活の課題を挙げてください。

　T子さんとNさん母子は、T子さんが要介護状態に陥るまでどんな生活をしてきたのかを考えてほしい。まずNさんが独立するまで、次にNさんが独立しT子さんと別居してから、とライフヒストリーをみていくとよい。2人の社会関係や経済基盤がどのように築かれてきたかを知ることによって、2人の在宅介護生活がどのように行き詰まっていったかについて、時間と社会の面からとらえることができる。ことに高齢者虐待では、長いライフヒストリーを通して築かれてきた近隣関係や職業・社会参加など社会的関係が、支援を要する事態に陥る原因となっていることが多いからである。
　経済的基盤は、要介護高齢者の＜いま・ここ＞でなくそれまでの職業生活や社会関係などの結果である場合が多く、年金や資産を親のためでなく自身の生活費やギャンブルなど遊興につぎ込んでしまう家族の場合、その立ち直りや支援後の関係修復を考えるときに不可欠な要素になっている。

▶ ② T子さん、Nさん親子のような虐待の恐れがある家族に対するアプローチを思いつくかぎり挙げてください。

　日本の家族は社会関係において「ウチとソト」の態度の二面性がある。家族メンバーの態度にも現れるが、えてして「ウチ」の問題は「ソト」の他者に漏らすことを嫌い、他者を受け入れるハードルが高い場合が多い。引き戸の敷居にたとえられるが、要介護状態となった場合では介護サービスの利用への拒否感につながっていることも多い。
　本事例では、長年別居していたNさんが母親T子さんの介護のために同居するようになるが、近隣との関係からみるとそれが「近所からどうみられるか」等を気にすることへつながることもある。またライフヒストリーのなかで築かれてきた家族関係は他者を容易に寄せつけない態度につながっている。このなかで、どのようなアプローチがこの家族に受け入れられるのかは、家族を多面的に、かつ全体的に理解することが不可欠である。

▶ ③ 虐待を受けた高齢者、介護家族それぞれにとって「望ましい将来」とはなにかについて考えてみましょう。

今日の高齢者虐待防止の法制度は、虐待を受けた（あるいはその恐れがある）高齢者の保護を目的に制度化された。しかし、施設等での虐待であればそれは一定の効果が期待されるが、在宅での介護家族による虐待では、介護家族もまた支援を要する存在である。

　したがって、支援を考えていくためには、支援の段階を追ったチャンスごとに、高齢者と介護家族双方に対する支援の目標が考えられなければならない。その大きな目標として見失ってならないのは家族としての全体性を踏まえた目標と、家族それぞれにとっての「望ましい将来」である。高齢者のいる家族にとってのライフステージとは、家族がともに老いていく時期なのであってやり直しがきかず、一生に一度の重要な時機であることを考えてほしい。T子さんの望ましい将来だけを考えるのでなく、これから老いていくNさんの老後も重要であり、T子さんにだけ支援が偏ることは、Nさんが人生のロールモデル（役割モデル）を学ぶ機会を奪うことにつながるだけでなく、Nさんが将来支援を要する状態となる「支援を再生産」する恐れもあるからである。

3－8の演習課題の解説

▶ ① DVから逃れてきた母子は当初どのような問題を抱えているでしょうか。

　DV被害者といってもその様態は、暴力の程度や期間、逃れるための準備状態等によってさまざまである。事例のA子さんのように、長期的な恐怖と緊張から心身ともに疲労感を深め、病んだ状態になることはよくみられる。それまでは緊張感で張り詰めた生活だったため、病気になる余裕もなかったのである。

　支援にあたっては、就労支援など自立に向けた援助をすぐにはじめるのではなく、まず、母親の健康の回復が優先される。母親にとっては、これから自己決定していかなければならない問題がたくさんある。当面の生活はもちろんのこと、離婚、仕事、子育て、住居等の問題である。それらを判断し、決定していくためにはかなりのエネルギーが費やされるため、健康状態を保っておくことが必要となる。

▶ ② 母子生活支援施設における子育ての考え方とその支援のあり方について考えてみましょう。

　母子生活支援施設のような生活施設では、母子の関わりがいい面も悪い面も含めて目につきやすい。不適切なかかわりを見かけたときは、事例のような関わりをしてしまう母親のストレスやしんどさに耳を傾け、受容していくことが大切である。不適切な関わりを注意することに意識が集中すると、利用者との信頼関係が築けなくなる。B指導員はA子さんの話にしっかり耳を傾けることによって、A子さんと援助関係を徐々に形成し、仕事面の相談ではA子さんの真のニーズをとらえている。

また、子育てへの支援は、母親が1人で子育てができるようにすることではなく、母親が周囲のサポートを受けながら協力関係のなかで子育てしていけるようにすることでもある。世間では子育ては母親の仕事という意識が強く、その重圧に苦しめられてきた母親は多い。みんなで行う子育てを促し、支えていくことは、母親だけでなく子どもにとっても有益であろう。

▶ ③　DV家庭で育った子どもに対しては、どのような配慮や支援が必要だと思いますか。

　DV家庭では、子どもも暴力の被害を受けていることが多い。それは母親と同じように父親から受けている場合もあれば、母親から受けている場合もある。直接暴力を受けていなくても、母親が暴力を受けている場面を目にすることは、子どもにとって大きな衝撃である。「児童虐待の防止等に関する法律」においても、子どものDVの目撃は心理的虐待と位置づけられている。
　DV支援では、被害者は母親だけではなく、子どもも含まれることを認識しておくことが大切である。子どもにとっては母親の状態が落ち着き、前向きな生活をはじめることが安心感につながる。そういう意味では、子どもの心理状態に配慮しながら、母親の支援にしっかり取り組んでいくことが先決といえるだろう。母親からの虐待が続いており、子どもの心的外傷が深い時には、児童相談所や医療機関との連携も視野に入れておく必要がある。

3-9の演習課題の解説

▶ ①　ホームレスの自立支援等に関する特別措置法の第2条に「「ホームレス」とは都市公園、河川、道路、駅舎その他の施設を故なく起居の場所とし、日常生活を営んでいる者」とありますが、「故なく」の意味を考えてみましょう。

　ホームレスの自立の支援等に関する特別措置法が審議される際、「故なく」の意味が議論された。「故（ゆえ）」の語意は、理由やわけ、特別な事情であり、「故なく起居の場所とし」は「理由なく起居の場所とする」と解釈される。しかし、住居を失ったからその場所にいるのであり、「理由なく」という解釈になると、その場所から退去を求め、排除することになる。審議において「故なく」は、公園や施設などの設置目的とは異なるという意味だと示された。したがって「理由なく」起居の場所としていると誤解しないよう注意が必要である。

▶ ②　TワーカーはなぜSさんの自尊心を損なわないように心がけるのか考えてみましょう。

　支援のあり方として、利用者の自尊心を高めることが原則的に言われているが、ホームレス生活を送ってきた利用者が自尊心を損なわないよう、相談援助専門職は特別に心がけねばならない。その理由は2点ある。

まず、望んでホームレス状態になった人はいない。誰もが何とかして居宅生活を維持しようと、あるいは仕事を続けようと努力した。しかし、どうすることもできない状態になって、自尊心を切り崩しながら路上で横になる。ホームレス生活を送ること自体が自尊心を損なわすことを、相談援助専門職は理解せねばならない。

　２点目は、誰もがこの問題について、自己責任を追及しがちであり、追及するからこそ、自尊心を低下させるのである。一般の人々はホームレス状態に陥った理由を推測するとき、自己選択の結果であり、自己責任であると述べることが多い。しかし、それ以上に利用者自身も自己責任であると述べる。自らの能力や忍耐力が足りなかったから、あるいは自暴自棄になったからホームレス状態に陥ったと述べるとき、利用者は自己を否定し、そして自尊心を低下させる。私たち相談援助専門職は、貧困を社会構造の歪みの体現として考える。自尊心を高める取り組みは、主体的な社会参加に向けた力を利用者が発揮することにつながると信じる。さらにこの取り組みは、多様な社会参加を受けとめられる社会づくりへとつながり、社会構造の歪みを解決させる。自尊心を高めることが、その一助になると信じるのである。

▶ ③　居宅生活の技能を獲得するだけでなく、使い続けるためにTワーカーは何を心がけているか考えてみましょう。

　居宅生活で必要とされる技能を使うために、小規模共同生活支援施設は、健康管理、家事家庭管理、金銭管理などの側面からプログラムを展開する。ホームレス期間が長期になるほど、ホームレス生活特有の技能を――人によってはゴミ袋を開くことさえ――身につける。ただ生きるためでない。社会に迷惑をかけないように生きるために、特別な技能を身につけていく。そういった技能を、居宅生活へ移行しても使い続けていたら、周囲との人間関係に摩擦を生じさせ、つながりを分断させるだろう。

　地域のなかで、人とつながって生活し、願わくば充実感をもつためには、たとえば食事をつくるという共同作業を通して達成できるかもしれない。Tワーカーが、食事の訓練で他者の分もつくるように提案するのは、その技能を通して他者とつながっていくことができると考えるからである。居室のなかで自分１人の生活を維持するためだけでなく、他者とつながって生きていくために、生活上の技能は活かされるのである。

3－10の演習課題の解説

▶ ①　支援の開始前と後で、D子さんの生活にはどのような変化が生じたと思いますか。エコマップを作成して比較してみましょう。

このケースの開始前と開始後のD子さんを中心としたエコマップは、以下のようになる。

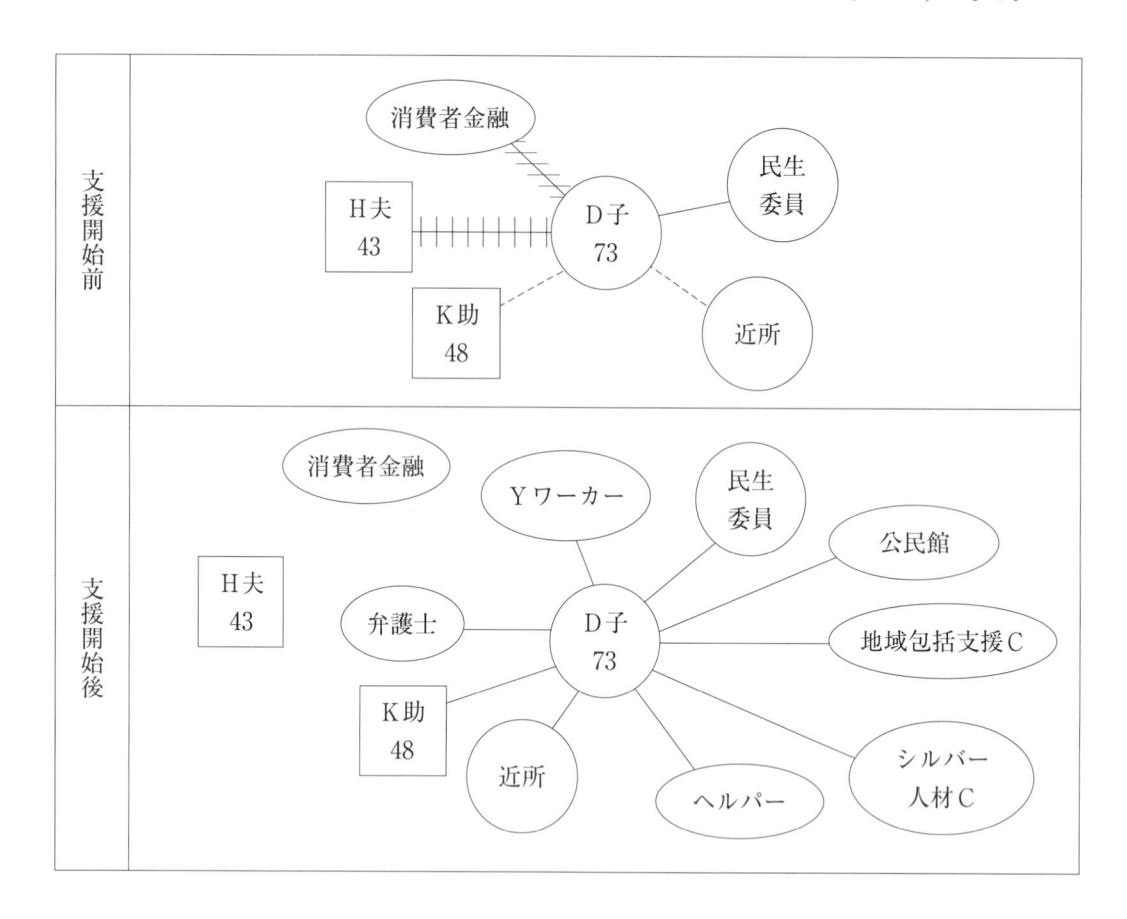

支援開始前	(消費者金融 ——— D子73、H夫43 ——— D子、K助48 ---- D子、民生委員 — D子、近所 ---- D子)
支援開始後	(消費者金融、Yワーカー、民生委員、公民館、地域包括支援C、シルバー人材C、ヘルパー、近所、K助48、弁護士、H夫43 が D子73 を囲む)

この事例では、支援開始前のD子さんは利用している社会資源がほとんどなく、人間関係も希薄化している、つまり「孤立」した状態になっていたことがわかる。支援開始後は、Yワーカーが中心となり、関係者のネットワークを構築し、それぞれの役割を明確化したことで効果的な支援体制をつくることができていた。これらのことをエコマップ上に示すことができるだろう。

▶ ② 支援計画策定の段階で事前にD子さんの意向を聞いていたのはどうしてだと思いますか。

　相談援助の原則である「バイスティックの7原則」にもあるように、相談援助専門職は、利用者個人を尊重し、自己決定を促進するように働きかける必要がある。
　Yワーカーの対応は、D子さんの自己決定にできるだけ寄り添う形で支援を形づくったことにある。利用者にとっての新たなストレスにならない環境をつくり、支援をすることは相談支援専門職にとって不可欠な要素である。

▶ ③ 「ゴミ箱」を息子の生活する施設に持参することは、D子さんにとってどのような効果が期待できると思いますか？　話し合ってみましょう。

D子さんにとっての「広告でつくったゴミ箱」は何を意味するのか。単なる趣味ととらえることもできるが、この場合は適切ではない。演習課題①のエコマップを活用すると、支援開始前のD子さんは社会的に孤立した状態だった。そのなかでの唯一の楽しみが「ゴミ箱」を折るということだったととらえることができる。知的障害や認知症のある人にとって、自分1人で1つのことをやり遂げるということには多くの困難を伴う。「ゴミ箱」は、D子さんが1人でやり遂げることのできるものであった。その繰り返しを通じて、日常生活のなかの達成感を経験していたと推察できる。

　自分のつくったものが人の役に立つことを知るという、これまでの生活になかった経験をすることは、高齢のD子さんにとってのエンパワメントとなる可能性がある。それにより、K助の生活する施設に出かけることを喜びに感じ、新しい社会資源とのつながりをD子さん自身の力で切り開くことにつながっていく。

3-11 演習課題の解説

▶ ① 最初に主治医が看護師と行った協議について、どのような点が問題と考えられるでしょうか？

　主治医は、Оさんの病状が安定したこと、Оさんがリハビリを嫌がっていること、Оさんには介護が必要なこと、Оさんにはよく面会に来てくれる家族がいることを考え、施設入所がОさんにとって一番よい方法ではないかと考えた。そして、施設入所に困ることのないようにソーシャルワーカーに相談援助を依頼した。これらの判断や行動は、主治医なりにОさんのためを思って行ったことである。

　Оさんは、現在、突然の脳梗塞の発症により身体が不自由になり、またそのような状況に対してどのように対応したらよいのかわからない状態となっている。身体に不自由があることや介護が必要な状態ではあるが、Оさんは人としての尊厳を失ってしまったわけではない。Оさんのことを思いやった結果であったとしても、専門家がその人のことを一方的に判断、決定することはパターナリズムということができる。Оさんの考えや決定を尊重するためには、専門家がよいと考える方法だけではなく、まずはОさん本人の思いや考えをよく聞くことが大切である。

▶ ② Оさんが自己決定を行うために、大切なことは何でしょうか？　事例のなかから読み取ってみましょう。

　Оさんが現在の自分の病状を「ちっともよくなっていない」と感じていることから、脳梗塞という疾患やその後遺障害（片麻痺）についての理解が不十分なことが考えられる。「元のとおりの身体になること」が治療のゴールではなく、医学的リハビリテーションと同時に生活のなかで

の本人のモチベーションに基づいたリハビリが能力の回復と維持につながることを理解しなければ、「今後どこで、どのように、誰と暮らすのか」というこの後の生活の方向についての選択や決定は困難となる。そして、主治医から出された退院や施設入所の話にOさんが納得をしていないことも見落としてはならない。

　Oさんの自己決定を支えるためには、Oさんが病状やリハビリについて正しい理解をすること、再発しないためにはどのような生活をするのが望ましいのかを知ること、つまり主治医によるインフォームド・コンセントが重要となる。また介護が必要な場合には、どのような制度やサービスがあり、それらがどのような特徴を有しているのかということを知ることも必要となる。同時に、そのような理解や同意、選択決定の過程において、ソーシャルワーカーが常に寄り添い、必要であれば援助を行えることを伝えることも大切である。何より、患者や家族のなかなか口にできない思いを傾聴し、共感することが欠かせないことは言うまでもない。

▶ ③　Oさんは、主治医の話に納得していないにも関わらず、「お世話になっている主治医の先生には言えない」と言っています。この時、Oさんはどのような気持ちだったのかを想像してみましょう。また、自分も同じような体験をしたことはありませんか？

　患者からみると、医師は自分の生命や健康を委ねている存在といえる。そのため、自分の発言や態度が主治医の気分を害することがあれば、きちんと治療してもらえなくなるのではないかといった不安をもちやすい。また、治療や病状に疑問をもっていたとしても、それをどのように伝えればいいのかわからないということもあるだろう。医師や看護師は常に忙しそうであり、声をかけるのがためらわれるという場合もある。せっかく説明してもらったのに、「よくわからなかった」とは言いにくいという遠慮もあるだろう。

　このようなことを感じた経験はないだろうか？　そのような時、患者がもつ不安、不信といった感情を想像してみよう。

第4部　地域福祉の基礎と開発にかかる演習（コミュニティワーク演習）

4-2の演習課題の解説

▶ ①　事例を通じて、地域の福祉課題に取り組むための地域住民の役割について考えてみましょう。

　この事例では、地域住民として、まず自治会役員と民生委員が登場する。
　自治会役員や民生委員は、日ごろから地域住民の自治活動や福祉活動のために活動している代表的な地域住民であり、地域福祉を担う中心的な住民であるといえる。
　地域には、そのほかにも婦人会、PTA、老人会、子ども会などさまざまな住民組織がある。また、ボランティア団体やNPOなどのそれぞれの目的をもった団体が活動している。さらに、福祉に関係する機関や団体、施設なども幅広い意味では、地域住民の一員というとらえ方ができる。
　このような組織や団体、そして、個々の地域住民が、地域の福祉課題の解決のために取り組む役割には、どのようなものがあるだろうか。
　この事例では、ひとり暮らし高齢者の孤独死という地域の福祉課題に対し、友愛訪問や給食会などの見守りや助け合い活動、あいさつ運動を通じて、地域福祉活動が展開されている。地域住民の役割は、このように、生活課題を抱えている当事者の生活を支えたり、支えられたりする「助け合い」の精神と活動をいかに育んでいくかが期待されているところである。
　このためには、地域住民は、各自の地域の福祉課題をいかに知ることができるか、また、その福祉課題に関心をもち、自らの地域の課題として共感し、さらに、課題解決のために、いかに助け合いの活動ができるかが重要なポイントになる。
　この事例では、まず自治会役員や民生委員が福祉課題について、学習し、対策を検討し、地域福祉活動を実践している。その一方で、広報紙やシンポジウムを通じて、地域の福祉課題を広く、団地内の住民にも共有できるよう取り組んでいる。そのなかで、これらの福祉課題に共感し、助け合いの活動を担う住民が組織化され、あいさつ運動、友愛訪問、給食会などの地域福祉活動を展開してきていることに注目してほしい。

▶ ②　事例を通じて、地域住民が福祉課題の解決に向けて活動していくための、コミュニティワーカーの役割を挙げてみましょう。

　この事例では、地区支援員というコミュニティワーカーが配置されている。コミュニティワーカーの役割は、コミュニティソーシャルワークの展開に応じて、1）アセスメント、2）プランニング、3）計画実施、4）評価・モニタリングの4つの段階に大別される。
　そのなかで、コミュニティワーカーの最も重要な役割は、地域組織化である。これは、地域住民の主体性を高め、当事者を含めて住民の参加を促進し、課題解決のために地域福祉活動を行う

住民を組織化することにある。

　1）アセスメントの段階では、情報収集と共有、そして状況の分析を行うことである。この事例では、団地内で起きた孤独死の問題について、自治会役員会で話し合うこととされ、自治会や民生委員から、孤独死が起こった団地内の課題について、情報収集及び共有がなされた。この段階で、地区支援員は、さらに状況の分析を行うとともに、次の対策をプランニングするため、地区社協内に「孤独死防止検討会」の設置を提案している。

　次に、2）プランニングの段階では、課題を解決するための具体的な対策を検討している。この事例では、検討会において、孤独死を防止するために、自治会、民生委員自らが実施できる対策を検討しており、コミュニティワーカーはその話し合いの場の提供と、その対策の優先性、効果性等について議論できるように援助することが大切である。また、共有された課題や対策を、団地内で共有するため、広報紙への掲載やシンポジウムの企画が行われるように援助を行っている。これらは、さらに多くの住民の住民参加を促進し、地域福祉活動を担うことを目的としたものである。

　次に、3）計画実施の段階では、計画された対策を実施する段階であり、住民主体による「助け合い」である地域福祉活動が実施されるように援助することが重要である。この事例では、「孤独死防止110番」や「なんでも相談所」、「高齢者台帳」の整備が自治会や民生委員の活動により実施されるとともに、地域住民の参加により、あいさつ運動や友愛訪問、給食会などの地域福祉活動が展開されてきている。

　最後に、4）評価・モニタリングの段階では、計画実施されたことを踏まえ、コミュニティワーカーは、関係者と地域福祉活動の評価を行うとともに、モニタリングのなかで、活動の改善や見直しを行い、さらに次の活動へと反映していく時期である。この事例では、当初は、孤独死があった時にどうするかという活動が主体であったが、活動の評価を繰り返すなかで、孤独死をいかに防ぐのかという予防の活動へと移り変わっている。

　このように、コミュニティワーカーは、地域組織化の役割のなかで、コミュニティソーシャルワークの展開を踏まえた役割があることを理解してほしい。

▶　③　地域住民が、地域福祉活動に参加するきっかけやしくみづくりについて、どのような方法があるか考えてみましょう。

　地域住民が、地域福祉活動に参加するためには、さまざまなきっかけやしくみが必要となる。具体的には、まず、地域の福祉課題を知ることが大切である。

　この事例では、広報誌やシンポジウムを通じて、地域住民に情報発信しているが、そのほかにもビラをまいたり、福祉バザーや福祉フェア、地域イベントなどを通じて、広く情報発信することもできる。また、福祉座談会、懇談会、各地域団体の会議等を通じて、福祉課題について考える機会をもつことも有効である。その場合、ワークショップやシンポジウム、講演会など地域住民に興味、関心をもってもらうような情報発信する方法が必要である。

次に、福祉課題について共通の関心を抱いた地域住民を組織化することが重要である。課題解決のために、何が必要なのか、そのために何ができるのかを考えるとともに、まず、自分たちの段階で無理なくできることを検討し、各自ができることから活動をはじめることが大切である。

そして、他の地域で行われている活動事例や先進事例に学ぶことも有効である。最初から負担が大きい活動や共感が得られない活動は長続きしない。また、活動のための費用もどのように調達するのか、活用できる制度や社会資源がないかなどを調べることも大切である。そして、地域住民のなかでリーダーとなる人材を発掘し、主体的な住民組織が形成されるように、側面的に支援することが必要である。

4－3の演習課題の解説

▶ ① 日本社会には韓国・朝鮮だけでなく、ほかのさまざまな国籍をもつ住民が216万人居住しています。在日コリアンをはじめ、これらの人々が生活するうえでどのような障壁が日本の社会にあるのでしょうか。5～6人の班に分かれ、外国籍住民を生きづらくしている壁、そして、さまざまな国籍をもつ住民が暮らしやすくなるために必要な条件を考えてみましょう。

外国籍住民は、①「言葉の壁」、②「制度の壁」、③「こころの壁」という3つの壁をもっているといわれる（田村，2005）。言葉や文化、習慣による生活のしづらさは気づきやすいものだが、「制度の壁」「こころの壁」についてはどうだろう。NPO法人Aも取り組んでいる在日無年金問題や、学齢期にある日系ブラジル人の不就学問題は「制度の壁」を鋭く表している。1997（平成9）年の愛知県に暮らしていた14歳の日系ブラジル人の少年が同世代の少年に集団リンチにより殺害された「エルクラーノ事件」は、「こころの壁」を表している。このような事件や問題に対して、学生の皆さんは普段からどのくらい関心をもっていただろうか。

統計的にみると、100人の学生がいれば2人の学生は外国籍である。これまでの学校生活のなかで、ほかの国にルーツをもつ友人や級友がいた学生も少なくないだろう。社会で起こっている出来事だけでなく、自分自身の身近な体験から考えることも重要である。

▶ ② 演習課題①で考えた課題、必要な条件を地域社会のなかにつくりだすようなプログラム（タイトル、プログラムの目的、プログラムの内容、実施主体、実施場所、資金の調達方法）を考えてみましょう。

地域福祉において、課題を理解するだけでなく、それを解決するための実践をどう起こしていくのかがたいへん重要である。①で考えた課題は多岐にわたるため、すぐには解決できないものがほとんどかもしれない。しかし、小さな実践でもまず1歩を踏み出すことが重要である。深く考え込むより、気軽に柔軟にアイデアを出し合ってみよう。

「言葉」の問題に着目し、外国籍住民が日本語を学ぶ場づくりを考えた学生もいるかもしれない。逆に、"日本国籍"住民が中国語や朝鮮語、ポルトガル語などさまざまな言語を学ぶ取り組みもあるかもしれない。「こころの壁」を越えるために互いの文化を学びあう交流活動は考えやすいプログラムであろう。では、具体的に何を通して交流すればいいのか。スポーツ、祭りなどのアイデアが出るかもしれない。しかし、比較的大人数が参加するイベントは広い場所が必要となる。いったい地域のなかのどのような施設を借用すればよいのか。何をするのかが大まかに決まってくれば、場所や実施団体、資金などのプログラムの骨格を検討する必要があるが、実はあまりふだん考えていないことばかりかもしれない。実施団体は単独の場合もあるだろうが、複数の団体で共同で実施したり、実行委員会形式で行う場合もあるだろう。プログラムを実施するために必要な資金は自己資金なのか、参加費を徴収するのか。参加費が高額な場合は、参加者が減ってしまい、肝心の交流の意味が減ってしまうかもしれない。さまざまな外部からの資金獲得方法は、地域における社会資源開発をめざす相談援助者としては必須の知識である。

　１コマ、２コマといったかぎられた時間で学生がプログラムづくりに取り組むのならば、１日中や数回で実施できるプログラムが作成しやすいであろう。複数週にわたって取り組める場合は、すでに行われている多文化交流プログラムを探して参考にすることもできるだろう。

▶　③　演習課題②で考えたプログラムを発表し、a.実行性（提案されたプログラムを確実に実行できるか）、b.社会性（プログラムに社会的意義があるのか）、c.効果性（プログラムを行うことで実際に地域課題の解決、コミュニティ形成が図れるか）について、評価してみましょう。

　プログラムづくりは、細部を考えていけばいくとほど困難に陥るかもしれない。そうやって苦労して作成したプログラム案だが、その案が本当に有益なものとなっているのだろうか。なによりもプログラムがめざした目的に沿ったもの、究極的に外国籍住民が暮らしやすい地域づくりにつながっているだろうか。プログラムを自分たちでつくる難しさと比較して、ほかの学生のつくった案の問題点はよくわかるものである。本当に実行できるのか、想定した参加者・参加数が見込めるのか。質疑応答してみよう。

【参考文献】
田村太郎『多民族共生社会ニッポンとボランティア活動』明石書店　2000年

事例中心で学ぶ相談援助演習

2010 年 2 月 10 日　初版第 1 刷発行
2021 年 3 月 1 日　初版第 7 刷発行

編　　　者	中 川 千 恵 美
	峯 本 佳 世 子
	大 野 ま ど か
発 行 者	竹 鼻 均 之
発 行 所	株式会社　みらい
	〒500-8137　岐阜市東興町40　第5澤田ビル
	TEL　058 - 247 - 1227 ㈹
印刷・製本	サンメッセ株式会社

ISBN 978 - 4 - 86015 - 184 - 3　C3036
Printed in Japan　　　　　乱丁本・落丁本はお取り替え致します。

みらいの福祉関係書籍のご案内

新・社会福祉士養成課程対応
ソーシャルワーカー教育シリーズ
社会福祉士養成カリキュラムに対応しつつ、その枠にとどまらない「ソーシャルワーカー」としての専門教育・養成をコンセプトに、視点、枠組み、歴史、資質、倫理、理論、方法、技術を体系的に学べるよう3巻シリーズで構成。

新版 ソーシャルワークの基盤と専門職
〔基礎編・専門編〕
相澤讓治監修　植戸貴子編
B5判・約200頁・予価／2,640円（税10%）

新版 ソーシャルワークの理論と方法Ⅰ
〔基礎編〕
相澤讓治監修　津田耕一・橋本有理子編
B5判・約200頁・予価／2,640円（税10%）

新版 ソーシャルワークの理論と方法Ⅱ
〔専門編〕
相澤讓治監修　大和三重編
B5判・約200頁・予価／2,640円（税10%）

新・社会福祉士養成課程対応
障害者福祉論
相澤讓治・橋本好市・津田耕一編　障害者福祉の根幹である理念・思想、施策・制度の仕組み等の基礎的理解とともに、障害者福祉実践における今日的視点や障害者ケアマネジメント等、ソーシャルワーク実践の視点を学ぶことができる。
B5判・約290頁・予価／2,860円（税10%）

新・社会福祉士養成課程対応
貧困に対する支援
渋谷哲編　生活保護制度の仕組みや運用について、支援の実際が学べるように具体的な事例を用いながら解説するとともに、その他低所得者へのさまざまな福祉サービスや現代の貧困問題としてのホームレスの問題等も取り上げている。
B5判・248頁・定価／2,640円（税10%）

新・社会福祉士養成課程対応
権利擁護を支える法制度
山口光治編　権利擁護の担い手として期待される社会福祉士として必要となる法の理解と法を駆使する実践力を学ぶことに加え、ソーシャルワークとしての権利擁護実践を進めるための視点や関わり方についても盛り込み、包括的に権利擁護について学ぶよう構成。
B5判・約260頁・定価／2,750円（税10%）

新・社会福祉士養成課程対応
地域福祉と包括的支援体制
木下聖・佐藤陽編　地域福祉の基本的な考え方や視点、地域共生社会の実現に向けた多機関の協働による包括的な支援体制の仕組み等をわかりやすく解説する。また、地域福祉の推進に欠かせない「地域福祉計画」の策定プロセスや実際についても網羅。
B5判・約270頁・予価／2,860円（税10%）

ソーシャルワーク演習ワークブック
〔第2版〕
ソーシャルワーク演習教材開発研究会編　社会福祉士養成等における相談援助演習の科目のために開発。学生用のワークブックと指導者用マニュアルを分けて制作し、「学生が考えながら具体的なワークを通して演習を進める」テキストとした。学生用には必要最低限の記述や解説を掲載し、指導者用にはワークの目的、進め方、解説を詳細したワークシートを収載。
B5判・228頁・定価／2,420円（税10%）

ソーシャルワーク演習ケースブック
ソーシャルワーク演習教材開発研究会編　相談援助演習の事例演習教材として開発。ソーシャルワークの価値や倫理などを事例の中から読み取れるよう工夫するとともに、支援プロセスの事例では、ソーシャルワークのモデルやアプローチを援助過程の中から具体的にイメージできるようにした。指導者や教員が演習をねらいどおりに効率よく行うための指導者用マニュアルを別途作成。
B5判・252頁・定価／2,420円（税10%）

ソーシャルワーク実習
－より深い学びをめざして－
深谷美枝編　「相談援助実習」を「ソーシャルワーク実習」として捉え、実習生が能動的に利用者に関わり、関係を形成し、支援を自ら考えられるように編集。実習とは何かを概念化し、それに向けて現実的に可能な実習の形を模索しつつ実習を組み立てていくことを目指した内容。指導者用ガイド付き。
B5判・192頁・定価／2,200円（税10%）

実習生必携　ソーシャルワーク実習ノート
〔第2版〕
杉本浩章・田中和彦著　相談援助実習・精神保健福祉援助実習に臨む実習生が、計画書・日誌・報告書作成にあたっての思考を促すワークシートを中心に構成。連続した18のワークに取り組み、オリジナルノートを作ることで、実習の達成課題を導き出し、ソーシャルワーカーとしての視点を養う。
B5判・96頁・定価／1,650円（税10%）

ご注文
お問い合わせ
みらい

〒500－8137　岐阜市東興町40　第5澤田ビル
TEL：058－247－1227　FAX：058－247－1218
http://www.mirai-inc.jp
info@mirai-inc.jp